臼杵陽

「ユダヤ」の世界史

一神教の誕生から民族国家の建設まで

作品社

「ユダヤ」の世界史　目次

第Ⅲ部 近代――内と外からの改革 155

第8章 市民革命の時代とユダヤ人解放 157

第17章　両大戦間期の中東（2）——イラク　315

「ユダヤ」の世界史

一神教の誕生から
民族国家の建設まで

■本書の舞台となる主な国々

まえがき

本書はユダヤ人の歴史を世界史の流れの中で叙述したものである。ユダヤ人は民族集団あるいは信徒集団としての長い歴史をもっている。ユダヤ民族史を有史以来続くものとして描く立場さえもある。「ユダヤ四〇〇〇年の歴史」といった表現も人口に膾炙している。本書は私なりの立場からのユダヤ人あるいはユダヤ教徒の世界史である。

私がユダヤ人やユダヤ教の具体的な等身大の姿に触れるようになったのは、一九九〇年から二年近くにわたってエルサレムに滞在してからである。もちろん、それ以前にも何度もエルサレムを訪問していた。一九九一年一月に勃発した湾岸戦争をはさんでエルサレムに滞在した時に、ヘブライ大学のウルパン（ヘブライ語学校）で現代ヘブライ語を集中的に学んだ。その後は世界各地に住むユダヤ人のいろいろなコミュニティを見て回ることになった。その時に実感したのが、世界に離散するユダヤ人の多様性とユダヤ教あるいはユダヤ的な絆で結ばれた統一性という共通したテーマの重要性であった。それと同時に私自身、イスラエルというユダヤ人国家を「離散民の集合《ミズーグ・ガルヨート》」という観点のみならず、ディアスポラ（離散）という観点からも見るようになったのである。

本書もそのようなグローバルな文脈でユダヤ人あるいはユダヤ教を位置づけるという流れに棹差すものである。したがって、本書の構成も、時代という縦軸と世界の各地域の広がりという横軸から構成されている。もちろん、両軸に沿って万遍なく記述していくと膨大なものになるので、そのようなスタイルはとっていない。あくまで私の関心にしたがってこの『「ユダヤ」の世界史』の内容は構成されている。

ところで、本書のタイトル『「ユダヤ」の世界史』をご覧になった時、どんなことを思い浮かべただろうか。最近でこそ、書名に世界史を冠して、ユダヤ人やユダヤ教を世界史あるいはグローバル・ヒストリーの中で位置づける研究書もようやく出版されるようになってきた。これまでは「ユダヤ人の歴史」、「ユダヤ民族史」、あるいは「ユダヤ教の歴史」といったようなタイトルをもつ書籍が一般的であった。その意味では世界史を掲げた本書のタイトルは類書とは対照的である。

そもそも、本書のタイトルでは「ユダヤ」という表現を使用している。欧米諸語では、たとえば英語のJewsという単語には、民族集団としてのユダヤ人と信徒集団としてのユダヤ教徒の意味が同時に含まれているので、さほど問題は起きない。しかし、一神教的な伝統がない、あるいはその歴史がきわめて浅い日本語の世界においては、Jewsという表現は訳しづらい。私個人としては「ユダヤ人／教徒」という表記が妥当だと考えており、本文中でもこの表記をしばしば使用しているが、この表記の仕方は煩雑である。本書では原則として前近代ではもっぱらユダヤ教徒、近代以降はユダヤ人という表記の仕方をしているが、文脈に応じてユダヤ人／教徒、ユダヤ人、あるいはユダヤ教徒という表記も適宜使用している。

本書には「ユダヤ」という表記で「人」も「教」も省いて使用している箇所もある。しかし、場合によってはそのような表現はかなり乱暴な（そして場合によっては反ユダヤ主義的な意味で危うい）表現だと受け止められてしまうこともある。さらに、これまでの日本における出版物（特に出版年代が古い翻訳など）を眺めてみると、三つの一神教の信徒を並べるときには「ユダヤ人、キリスト教徒、イスラーム教徒（ムスリム）」とする場合が多いように見受けられる。つまり、前近代であってもユダヤ教徒だけは「ユダヤ人」と訳されることが当たり前だという状況が広く受け容れられているように思われるのである。

もちろん、民族集団名として「～人」という表現はしばしば使用される。ユダヤ人／教徒と同じような歴史的な環境を生きたアルメニア人がいるが、日本語の世界ではキリスト教徒であるアルメニア人を特定の文脈を除いてはあえてアルメニア教徒と呼ぶことはあまりないようだ。逆にエジプトのキリスト教徒であるコプト教徒を「コプト人」と呼ぶ例はほとんど見受けられない。いずれにせよ、宗教と民族の問題が重なり合いながら登場すると、長らく「単一民族国家」だと自称していた日本語の世界では、それを表現することが突然不自由になってしまうのもたしかなのである。

本書は全二〇章で以下のように構成されている。第1章「「ユダヤ」の歴史を考えるために」、第2章「古代ユダヤ人の離散」、第3章「聖書の成立以後のユダヤ教」、第4章「ラビ・ユダヤ教とキリスト教」、第5章「拡大するイスラーム世界のユダヤ教徒」、第6章「十字軍からレコンキスタへ」、第7章「オスマン帝国におけるユダヤ教徒の繁栄」、第8章「市民革命の時代とユダヤ人解放」、第9章「ユダヤ啓蒙主義と改革派ユダヤ教徒」、第10章「ハシディズム世界の盛衰」、第11章「近代のイスラームとヨーロッパのはざまで」、第12章「万国イスラエル同盟の活動」、第13章「シオニズム運動の始動」、第14章「アリヤーと新旧ユダヤ共同体」、第15章「オスマン帝国からトルコ共和国へ」、第16章「両大戦間期の中東（1）――パレスチナ」、第17章「両大戦間期の中東（2）――イラク」、第18章「アメリカ社会のユダヤ系移民」、

第19章「ホロコースト生存者とイスラエル建国」、終章「イスラエル建国後のアラブ諸国・パレスチナとの関係」である。

なお、終章はイスラエル国とアラブ諸国との関係を略述したもので、ユダヤ人／教徒の世界史という文脈ではいわば番外編のような位置づけになっている。ユダヤ人ディアスポラ史と現代イスラエル国家史は別枠で議論しなければならないことをここであらかじめ指摘しておきたい。

世界史の中のユダヤ人／教徒のありようは、それを論じる者によって様々な記述の仕方がある。本書は私なりのユダヤ人／教徒の世界史である。いうまでもなく、本書をどのように読むかは各読者に任されている。イスラーム世界のユダヤ教徒の世界から出発した私の世界史の中のユダヤ人／教徒の歴史叙述を批判的に読んでいただきたい。そして本書が、ユダヤ人／教徒にとって歴史とは何なのかを改めて考え直す機会になれば望外の喜びである。

第1章　「ユダヤ」の歴史を考えるために

はじめに――「統一性」と「多様性」

イスラエル第一の商業都市テル・アヴィヴの北部にラマット・アヴィヴという場所がある。「テル」は「丘」という意味、「アヴィヴ」は「春」という意味だが、「ラマット」とはもう少し高い丘を指す（ちなみにイスラエルの東北に位置するゴラン高原の「高原」にもこの「ラマット」という単語が使用される）。このラマット・アヴィヴにテル・アヴィヴ大学があり、キャンパス内に「ディアスポラ博物館」（「ベイト・ハ・テフツォート」(Beit Hatfutsot) はヘブライ語で「ディアスポラの家」の意味。英語名はThe Museum of the Jewish People）と呼ばれる施設がある［図1－1］。

この博物館では、出身地域ごとにユダヤ人が伝承している様々な諸文化のありようが展示されている。私が最初に訪れた一九九〇年代頃には、家屋から始まりシナゴーグ（礼拝堂）等まで、すなわち日常生活から信仰まで、ユダヤ人の具体的な姿が、それぞれ地域によっていかに異なっているのかが示されていた。ユダヤ人は居住する地域の文化に大きく影響を受けていると言えるが、まさにその点をこの博物館で実感することができる。

当然のことながら、文化には言語も含まれるので、ユダヤ人たちの話す言葉はその居住する地で話されている言葉となる。東ヨーロッパからロシアにかけては「イディッシュ語」という、ドイツ語によく似た言葉を話す人々が多い。イディッシュ語とは『広辞苑　第七版』（岩波書店）によれば「東欧系のユダヤ人に用いられる言語。中世、フランス西部からライン川中流域に移住したユダヤ人の習得したドイツ語が基礎。一四世紀にポーランド・リトアニアでスラヴ語の要素が加わり混合言語を形成。インド‐ヨーロッパ語族ゲルマン語派の西ゲルマン語群に属する。ヘブライ文字を使用」という意外に長い説明になる。しかしながら、ユダヤ人は同時にそれぞれの地域における多数派を占めるキリスト教徒の諸言語をも話すバイリンガルでもある。諸文化のはざまで暮らすユダヤ人は多言語を話さざるを得ないのだ。

だからと言って、ユダヤ人が地域によってばらばらなのかと言うとそうではない。ユダヤ人をユダヤ人として結び付けるものは一体何か？　本書ではそれが問題となる。もちろんユダヤ教は大きな要素の一つだが、それ以上にユダヤ人としての歴史性を共有している点が指摘できる。ユダヤ人は長い間迫害されてきたというイメージが我々の中にはある。もちろん迫害の歴史は連綿と続いてきたわけだが、ユダヤ人たちは同時に、自分たちが居住している地域の一員として生活してきたという自負も持つ。このように本書では、ユダヤ人の世界を「多様性」と「統一性」という観点から捉えていきたいと思う。

離散／定住——歴史を貫くディレンマ

ユダヤ史、英語で表現するとJewish historyあるいはhistory of the Jewsは、何を問題とするのかにより

図1-1　ディアスポラ博物館

まったく異なった記述となる。書き手や語り手の立場によって歴史の叙述の仕方が変わるのは当然だが、ユダヤ史の場合はとりわけそう言える。近代以降の散り散りばらばらになった離散の状態を、正常な状態と見做すか、変則的な異常事態と見做すかという問題でもあり、これはユダヤ人内でも長く論争が続いている。この問題は、ユダヤ人にとって祖国とは何処か？　という問題につながってくる。一つの答えとして、「自分たちが生まれた場所」がある。対して、近代以降のシオニズム、所謂ユダヤ人のナショナリズムの台頭に見られるように、聖書に書かれている「〈イスラエルの地《エレツ・イスラエル》〉」（現在のパレスチナについてのユダヤ人の呼称）に戻り、そこに祖国を再建するべきである、という答えもある。ディアスポラ状態の離散が常態となっているのが正常なのか、パレスチナに移民して定住するのが正常なのかの対立は長く続いている。いずれを採るかによって、ユダヤ人の歴史観は大きく異なってくる。

「離散」について、我々日本人から見ると「迫害」という面が強調される場合が多い。有名なのは「バビロン捕囚」であり、紀元前六世紀にユダ王国が征服されてユダヤ人はパレスチナからバビロン（現在のイラク）に約半世紀間捕虜として集団連行された歴史である。我々は「バビロン捕囚」と日本語では表現するが、ユダヤ人はその「捕囚」を「ガルート」というヘブライ語で表現している。「ガルート」とは「強制的離散」、つまり自らの意志に反して連行されたという意味である。英語ではexileという「亡命」に近い意味の単語で表現されてきた。この「ガルート」という言葉はユダヤ人の歴史を語る際の一つの重要なキーワードである。祖国「エレツ・イスラエル」から切り離されてしまっていたのだから祖国に戻らなければならない。これが否定的な意味が濃厚な「ガルート」なのである。したがって、祖地パレスチナに戻ることが当時の文脈での素朴な意味での「ユダヤ人ナショナリズム」の最終目標となる。

それに対して、ユダヤ人が元々は「エレツ・イスラエル」に居住していたのは間違いないが、自ら進んで「エレツ・イスラエル」以外の場所へ離散していったユダヤ人も現実に存在する、との主張がある。ディアスポラ、つまり「自発的離散」である。先ほど冒頭で挙げたディアスポラ博物館のヘブライ語名称の中の「テフツォート」に相当する。「ディアスポラ」とは元々ギリシア語由来の言葉で、種が飛び散るように広がっていくイメージを指す。英和辞典におけるDiasporaの項目は、ほとんどの辞書で一番目の項目に定冠詞を付した大文字表記のものが挙げられ、「ユダヤ人の離散」という意味が付されている。二番目以降に、小文字で「散り散りばらばらになること」という一般的な意味が紹介される。現在ではさらに広い意味で使われているが、この言葉は元々ユダヤ人に対して使われたということである。広い意味の場合、ある国家権力の軍隊が侵入してきて追い出される、あるいは連行されるという話ではなく、むしろ現在における「移民」に近い意味となる。つまりより良い生活を求めて、あるいは何らかの事情で、自らの意志でパレスチナの地から離れていった、という積極的な離散のイメージで捉えられる。

このように離散か定住かという常に対立する考え方がユダヤ人の歴史をずっと貫いているわけである。いずれの立場を採るかによって、歴史叙述がまったく違ってくる。実際にユダヤ人の中でもこの二つの流れはずっと対立したままで、現在に至るまでその対立は解消されていないと言える。

近代以降になると、ユダヤ人が故郷エレツ・イスラエル、つまりパレスチナに戻り国家を建設すべきだという、ユダヤ人ナショナリズムと呼んでもいい「シオニズム」が生まれた。この考え方は何よりもまず「離散」の状態を否定するものである。つまり「離散の否定」がユダヤ人ナショナリズムとしてのシオニズムの最大のテーマになってくる。離散の地での散り散りばらばらの状態においては、ユダヤ人はずっと差別、迫害される。キリスト教社会、特にカトリック教徒には決して受け容れられることがない。このようなユダヤ人に対する宗教的差別は、近代以降になると人種的差別へと転化される。これもユダヤ人の近代史を考えるうえで重要なテーマである。

結局、近代ヨーロッパのキリスト教社会の中では、ユダヤ人は建て前上、法律の下で平等だと言っても、決して問題は解消されない。必ずすぐに排外主義的な動きが出て、ユダヤ人排斥が起こる。したがってユダヤ人は自分たちの国家を持つしかないという考え方に容易に至る。このような考え方が「ガルート(捕囚)」という離散の状態を否定し、国家建設を唱えるナショナリズムとしてのシオニズムである。この考え方により、近代以降、歴史上のテクニカルタームとして使われる「ユダヤ人問題」(der Judenfrage)——ホロコーストに至るユダヤ人に対する組織的迫害、すなわち国家権力による集団迫害を鍵括弧付きで「ユダヤ人問題」と呼ぶことにする——を解決できるとする。

シオニズム的な考え方に対して、住んでいる場所こそが「故郷」である(居住地での市民としての自由・平等を求めていく)というのが非シオニストのユダヤ人の立場である。リベラルな流れにはじまり、左翼的立場、あるいはマルクス主義まで、そのような発想の下で、ユダヤ人は市民として非ユダヤ人と平等になっていくなど、潮流によって温度差はあるものの、自分の居住している地で解放されていくのだ、という立場である。ユダヤ人/教徒が他宗教や他宗派の人々と市民として対等になっていくことを求めるという考え方である。典型的なものが、西ヨーロッパで言えば市民革命以降のイギリス、フランス、オランダ等、そしてアメリカのような国を理想とする考え方だ。すべて法の下に平等であり、ユダヤ人であることが問題にならない場所を求める。

ところが実際には、経済的不況に陥って恐慌が起こったり、あるいは政治的混乱が起こったりした際には、ユダヤ人がこの状態に責任があるのだ、という非難の言説が出てくる。必ずや反ユダヤ的な発想が出てきてしまう。法の下に平等であるにもかかわらず差別される。結果的に「故郷」と考えているはずの場所で安心して暮らせないということが現実問題として起こる。

一九世紀から二〇世紀初頭にかけては、少なくとも西ヨーロッパやアメリカにおいては、多くのユダヤ人にとって自分たちが住んでいる場所で市民として平等になっていくことが大きな目標だった。しかし、結果的には、第二次世界大戦中にナチス・ドイツによるホロコーストが起き、六〇〇—七〇〇万人のユダヤ人の同胞が殺された。多くのユダヤ人はそのような歴史的な現実を受け、やはり最終的には何処かに自分たちが安全に暮らせる場所が必要だというシオニストの主張を受け容れる方向に行ってしまう。自分たちの生命の安全を保障するための担保として、イスラエルというユダヤ人国家を、消極的にではあるが認めるという流れも出てきたのである。

ユダヤ人にとっては現実に住んでいる場所とイスラエルという将来の祖国になるはずの場所の「二つの祖国」ができてしまう。このはざまにある状態は小説家・山崎豊子が『二つの祖国』（一九八三年）という小説で描いた日系アメリカ人の問題と同様である。対日戦争が起こると、アメリカで生まれてアメリカ国籍を獲得していた日系二世、三世が、敵対する国家の市民として強制収容所に入れられた。アメリカに忠誠を誓っているにもかかわらず日本人だとして差別された。これと同じような問題をユダヤ人は常に歴史的に抱え込んでいる。どこが自分にとって一番安全な場所なのか、という問題がずっと続いているということである。

このように、ユダヤ人の歴史の中では離散と定住は常に二つの相反する、ある意味では宿命的なディレンマと言っていい、解決することがない問題であり、それがずっと続いている。

「ユダヤ人」の定義

そもそも「ユダヤ人」はどのように定義されているのか。日本の代表的な大辞典を並べてみると随分と表現が異なっていることに気付く。まず、『広辞苑　第七版』を見てみよう。

（ヤコブの子ユダ（Judah）の子孫の意）ユダヤ教徒を人種と見なして呼ぶ称。現在イスラエルでは「ユダヤ人を母とする者またはユダヤ教徒」と規定している。十字軍時代以降、ヨーロッパのキリスト教徒の迫害を受けた。近世、資本主義の勃興とともに影響力を増し、学術・思想・音楽方面にも活躍。

『広辞苑』ではかなり現代的文脈の解釈を掲載している。「ユダヤ教徒を人種と見なして呼ぶ称」という定義がまず掲げられており、「人種」という言葉自体が意味を持ってくるのは一九世紀末以降だからだ。この点は辞書の定義としては問題があることになるだろう。「ユダヤ人」というのは、キリスト教徒側からユダヤ教徒を意味する表現であるため、普通であれば「キリスト教徒の側から見た別の宗教、宗派であるユダヤ教に属する人」あるいは「キリスト教以外のユダヤ教の信徒」等、宗教的な話に限定して述べられなければならないはずだが、「ユダヤ人」という表現で「人種」に置き換えられたところに「ユダヤ人問題」の深刻さがある。単に宗教が異なることだけに留まらないことが定義の難しさにつながっているからだ。

三つ目の文にある「現在イスラエルでは「ユダヤ人を母とする者またはユダヤ教徒」と規定している」という部分は、すべてのユダヤ人はイスラエルに戻ることができるという「帰還法」(一九五〇年)による定義である。実はこの定義も極めて曖昧なところがある。「ユダヤ人を母とする」は血統を示し、血でつながっていることを意味するが、続けて「またはユダヤ教徒」とある。つまり信仰の話になる。「血でつながった」と言うと閉鎖的な集団になるが、「ユダヤ教徒」だとすると、改宗の問題が出てくる。例えばキリスト教からユダヤ教に改宗したらユダヤ人になるのか? 答えはyesとなる。つまりこの規定自体が外に対して閉鎖的であり同時に開放的であるという矛盾を含んでいる。ところがこれは、イスラエルにおける基本法のみならず、ユダヤ宗教法(ハラハー)によっても規定されているのだ。

それは、ユダヤ人たちが自分自身を規定するときに、外側からの問題が内側に入り込んできているからである。様々な議論があるが、一番分かりやすいものを挙げると強姦でできた子供についてのものである。ユダヤ人は常に差別、迫害されてきた。例えば、ローマ軍の支配下において強姦でできた子供の処遇について、「ユダヤ人の母」という規定であればはっきりするということである。まさにユダヤ人の苦難の歴史の集約的表現となっている。そのような問題がユダヤ教の宗教法の中に規定されているところに、出発点から悲惨な歴史が垣間見られる。

なお、イスラエルでの帰還法におけるユダヤ人の定義には、母親がユダヤ人であること、およびユダヤ教徒であることという規定に加えて、一九七〇年には帰還法の改定により、定義の第三項として「他宗教に改宗しない者」が付け加えられた。

第二次世界大戦前にカトリックに改宗し、ホロコーストに直面するユダヤ人たちを救った、ダニエル神父（オズワルド・ルフェイセン）という人物がいる。この人物が、イスラエル建国後、自分は宗教はカトリックであるが民族はユダヤ人である、だからイスラエル国籍を付与してほしいと申請した。当然だが国籍は宗教とは関係がない。したがって本来的には彼には国籍が付与されなければならないが、管轄するイスラエル内務省は拒絶した。裁判となったが、最高裁の判決は、イスラエル帰還法は適用されないというものだった。そのため帰還法の整合性のために法的整備が必要になり、「他宗教に改宗しない者」という第三項が付け加えられた。それまでの「母親がユダヤ人、またはユダヤ教徒」という定義では、民族と宗教のあいだのバランスが取られていたが、この判決以降、第三項の追加によりユダヤ人の定義がより宗教に引き寄せられる形になった。

『広辞苑』の定義では、十字軍による迫害にも触れている。ユダヤ教徒に対する迫害が激しくなるのは一一世紀以降であり、間違いなく十字軍以降である。世界史上の位置付けでは、十字軍の時代は中世ヨーロッパ社会の商業復活、要するにコミュニティ間のモノ・カネの動きが活発になっていく時代だった。それはイタリア商人を中心とする東方貿易の展開という形で表れる。十字軍以前は、それぞれの封建社会において土地に縛られた農奴の人々と封建領主がおり、領主間のモノの流通は主にユダヤ教徒が担っていた。

それが十字軍以降、キリスト教徒の商人たちが台頭してきた。つまりユダヤ商人たちは邪魔だとして排斥の対象となったのだ。結果、十字軍以降、民衆レベルでもユダヤ教徒への迫害が激しくなる（本書第6章）。

実際、十字軍はイスラーム教徒によって占領されているエルサレムを奪還するという建て前ながら、遠征時に最初にやったことは、自分たちの眼の前にいるヨーロッパに住むユダヤ教徒を殺戮することだった。まずはユダヤ教徒を殺害することによってイスラーム教徒との戦いのための戦意を高揚させたのだ。十字軍時代、ユダヤ教徒をヨーロッパという場にいる「内にいる敵」、イスラーム教徒を地中海の向こう側の「外にいる敵」と位置付け、ユダヤ教徒はイスラーム教徒と内通しているとして殺されたのだ。

そのような迫害があった一方で、ユダヤ教徒は商業資本主義勃興と共に実力を蓄え、各方面で活躍するようになる。中世において封建領主の間を結ぶのがユダヤ教徒だったと述べたが、彼らはしっかりと蓄財していた。とりわけドイツから東の地域においては、「宮廷ユダヤ人」（ホフ・ユーデン）と呼ばれ、それぞれの貴族たちと結び付いていた。そこで富を蓄えたユダヤ教徒たちが初期段階の商業資本主義を担った。この状況こそが我々がイメージしやすい「ユダヤ人」の姿である。例えば、地中海貿易の商人の町を舞台にしたシェイクスピア『ヴェニスの商人』で描かれたシャイロックなども商業資本主義に依拠する金融業者である。後の時代になると、ユダヤ教徒は北方の宮廷にも結び付き蓄財していく。いわゆる借金の帳消しもしばしば行なわれ、危うい立場でもあったが、いずれにせよユダヤ人たちは富を蓄積していった。有名な家系としてはロスチャイルド家が挙げられるだろう。

以上のように『広辞苑』では、短い定義の中にユダヤ人の苦難の歴史が集約的に表現されている。また、どちらかと言うと近現代を強調する記述が特徴である。

ちなみに、関連項目として挙げられている「シオニズム」は『広辞苑　第七版』ではどのように定義されているだろうか。

シオニズム【Zionism イギリス・sionisme フランス】パレスチナにユダヤ人国家を建設しようとする民族主義・運動。一九世紀末ヘルツルの主導下に興起し、一九四八年イスラエル国家を実現。

この定義で興味深いのは、ドイツ語圏で生きたテオドール・ヘルツル（本書第13章）の名前を挙げながら、見出しの原語としては英語とフランス語しか挙げていない点である。ちなみに、ヘルツルの代表的著作『ユダヤ人国家（*Der Judenstaat*）』はもともとドイツ語で書かれているのである。

別の大辞典も見てみよう。『大辞泉』（小学館）ではどうだろうか。

パレスチナを原住地とし、ユダヤ教を信仰する民族。バビロン捕囚ののち、イスラエル人の総称となった。ヘブライ語を使用する。西暦70年、ローマ帝国によるユダヤ王国の滅亡後、世界各地に離散。以後、中世を通じてキリスト教社会から差別・迫害を受け、多くの職業から排斥されたため学問・芸術・金融業・商業に従事して成功者を出した。近代に至って新たに起こった反ユダヤ主義の迫害の中でシオニズム運動を起こし、１９４８年にイスラエル共和国を建設。

『大辞泉』は、まず人種ではなく「ユダヤ教を信仰する民族」、そして「ヘブライ語を使用」と説明する。

しかし、実はヘブライ語が日常用語として復活するのは近代以降であり、それまでは礼拝の際にしか使用されていなかった。ヘブライ語は神の言葉、聖なる言葉であるため、日常生活等で無暗に使用しないことがユダヤ人の習慣であった（日常ではそれぞれの地域の言葉を使った）。したがって、「ヘブライ語を使用」については限定して記述されなければならない。

また「離散」については、現在ではローマ帝国により滅ぼされる以前にすでに離散していたことが歴史的事実として明らかになっているため、この記述は正確ではない。だが、大量に離散したのはこの時期であることから一般的にはそう言われる。

「多くの職業から排斥されたため学問・芸術・金融業・商業に従事して成功者を出した」とあるが、例えばアメリカでユダヤ人たちが成功したのは、今風の言葉で言えば「隙間産業」である。つまり他の人々が就かない職業に就いたのだ。例えば、映画やメディアは比較的新しい職業であるが、ハリウッドで成功を収めている人にはユダヤ人が多い。もちろん伝統的な金融業である銀行経営にも成功しているが、普通のキリスト教徒たちが就こうとしないような新しい分野に積極的に進出したのだ。

『大辞泉』の最後の記述は、『広辞苑』とは対照的にシオニズムにまで触れている。現在イスラエルに住むシオニストたちから見ると、正統な考え方ということになる。すべてをイスラエル建国に帰着させる歴史観である。しかし、そこでシオニズム史が終わるわけではなく、中東地域にユダヤ人国家を作ったために戦争が始まることになるのだが、少なくともシオニズムの正統な歴史記述では、一九四八年のイスラエル建国で終わることになる。それ以降はイスラエルの国家の歴史であり、シオニズムの歴史ではないという立場なのだ。また「イスラエル共和国」と記述されているが、正確には「共和国」（republic）ではない。

正式名称は英語表記にすると単に「イスラエル国」(the State of Israel) である。

いずれにせよ、『大辞泉』はシオニズム的、すなわちナショナリズム的、民族主義的な考え方に基づいた記述であると言える。それに対し『広辞苑』では、イスラエルについては一切触れていない。むしろ「シオニズム」として別途立項していることは先ほど指摘したとおりである。ユダヤ人とシオニズムを一緒にするかしないかという相違は、先に述べたようなユダヤの世界史を語る際の微妙な立場の違いに通ずる。日本語の大辞典だけでもこのような大きな違いが出てくるのであり、研究者、ナショナリスト、あるいは国家によるユダヤ人についての議論になれば、非常に多様になることは明白だろう。

もともと英語の名詞「Jews」の日本語訳については、①(信徒集団としての)「ユダヤ教徒」と言うべきか、②(民族集団としての)「ユダヤ人」と言うべきかという問題がずっと残っている。「民族」概念が登場するのは近代になってからなので、②はもっぱら近代において使用される。しかし、①の集団意識はずっと続いている。したがって、本書では、①+②で、「ユダヤ人/教徒」と表現する場合もある。

この曖昧さは日本語独得の性格による。日本語以外においては、一つの言葉で宗教(信徒)集団と民族集団を区別しない表現は当たり前に使われている。日本の場合、宗教と民族の問題は、かつての神仏習合ではないが、元々非常に曖昧になっていた歴史があり、それほど問題とはならなかった。したがって、日本語の中に宗教的な信徒集団という意味と民族的な集団の意味が重なるような想定はなされていなかった。そこに問題が出て来るわけである。

英語だけでなく、ドイツ語(Juden)、フランス語(Juifs)、ヘブライ語(Yehudim)、そしてアラビア語(Yahūd)ですらも、宗教集団と民族集団の表現は区別されていない。文脈で判断するしかない。しかし日本語の場合は、ユダヤ教徒とユダヤ人ははっきり区別されねばならない。場合によっては、キリスト教徒のことを「キリスト者」と表現することもある。よく冗談で言われることだが、例えば仏教徒を「仏人」としたら別の意味になる。日本語ではこのような入れ替えが不可能であり、民族概念と宗教・宗派・信徒概念の区別が明確になされてしまう。それを回避するために、本書では「ユダヤ人／教徒」という表現を用いるが、当然コンテクストによって判断されなければならない。

「民族」という概念が登場するのは近代以降なので、「ユダヤ人」とした場合には近代的文脈で使用していることになるが、ただし近代以前の話であっても、多くの書籍（特に翻訳）をひも解くと、ことユダヤ人だけは、キリスト教徒との対比であっても「ユダヤ人、キリスト教徒」という並べ方をされる。本来は疑問に思わなければならない。これは、ユダヤ教徒はキリスト教社会では差別されており、別の集団と位置付けられているからである。

最近ではキリスト教徒とユダヤ教徒が結婚するなど、相互の通婚が進んでおり、宗教性については曖昧になってきている。また、アメリカの文脈においては、ユダヤ教内の宗派問題が顕著となっている。改革派ユダヤ教徒（本書第9章）がアメリカ国内では主流だが、彼らはイスラエルでは超正統派ユダヤ教徒（本書第10章）が牛耳る首席ラビ庁からは「ユダヤ教徒」としては認められない。改宗を余儀なくされるのである。

様々な「ユダヤ人の歴史」

以下、ユダヤ人の歴史についての、邦訳のある著作の一部を見ていくことにより、立場によっていかに記述が異なっているかを明らかにしていきたい。

まず、非常に早い時期（一九六七年）に邦訳が出版されたA・シーグフリード『ユダヤの民と宗教』[1]は、キリスト教徒が書いたユダヤ人の歴史書であり、原著はフランス語である。この著作はどちらかと言うと聖書学的観点から書かれているが、すでに内容的にも古びているとも言える。しかし、プロテスタントの立場からユダヤ教を理解しようとしている内容として読むことができる。

私は、カトリックよりも、聖書により忠実なプロテスタントの伝統の中でそだったが、ユダヤの宗教思想を理解し、なぜユダヤ教がキリスト教という分派を生ぜしめ、もともとユダヤ教に属していたにもかかわらず、どうしてそれが独自の驚くべき道を辿っていったかを知りたかったのである。[2]

著者のシーグフリードは、自分がカトリックではなくプロテスタントであることを強調している。一般的にカトリックは教義の中に反ユダヤ教的なものを組み込んでいるが、カトリックを否定するプロテスタントは親ユダヤ的な契機を組み込んでいるからだ。

乱暴に一言で説明すると、カトリックの場合、ローマ教皇を頂点とした位階制（ヒエラルキー）があり、上位の者の言うことはすべて真実として受容し、一般信徒は聖書そのものを直接読むことはなく、あまり重要視しない。反対にプロテスタントは、聖書をないがしろにするのでは本当の信仰とは言えない、聖書を通して直接神と向き合うべきだという立場である。そのために聖書そのものに戻っていった。神父の言葉からではなく聖書から直接情報を得るためだ。だからこそマルティン・ルター（一四八三―一五四六年）がまず、ラテン語で書かれた聖書をドイツ語に翻訳した。つまり世俗的な言葉で市井の人々にも分かるようにしたのだ。これにより旧約聖書も新約聖書も皆が世俗的な言語で読めるようになった。

そしてプロテスタントでは新約聖書のみならず旧約聖書の伝統も強調するようになる。イエスがキリスト（メシア）として再臨し神の国ができることがキリスト教信仰の最終目的である。そのためにまず旧約聖書で書かれている預言が成就されねばならない。それは何かと言うと、ユダヤ教徒がエレツ・イスラエル、つまり今のパレスチナの地で復興すること。これはあくまでも神学上の議論であるが、それが前提となってイエス・キリストの再臨が叶うと聖書では言っている。このように聖書解釈により旧約聖書も重要視することになり、プロテスタントのユダヤ教に関する関心が生まれたわけである。シーグフリードは、以上の立場から議論を展開している。

このような立場は、イギリスのピューリタン、そしてアメリカのジョージ・W・ブッシュ（ブッシュ・ジュニア）の支持基盤であったアメリカの宗教右派の人々（キリスト教福音派が主体である）の考え方と合致する。つまりイスラエル支持を信仰レベルから行なうのだ。そのような、キリスト教徒でありながらイスラエルを支持する人々の考え方を「キリスト教シオニズム」（Christian Zionism）と呼ぶ。この問題については本書においては繰り返し論じられることになる。

日本において広く読まれてきたユダヤ人研究者の歴史書、シーセル・ロス『ユダヤ人の歴史』(3)は、ユダヤ人がいかに悲惨な歴史、いわゆるホロコーストの灰燼の中から復興したか、という立場から書かれている。苦難の歴史を機軸に据えた記述であり、ユダヤ人の歴史書の代表的な記述の仕方である。

ロスの著作は、ユダヤ人はいかほどの苦難を受けようとも、神は最終的にそのような不正義は絶対に許さないという確信がある、という論旨になる。ユダヤ人たちの根底に正義の神への絶対的信頼があると言うが、はっきり言うと実は神はユダヤ人をそれほど助けてはいない。広く認識されているのが、聖書の冒頭に出てくる「出エジプト」である。エジプトで奴隷に近い状態で生きていたユダヤ人たちを、モーセが「約束の土地」へと連れ出したという話である。紅海を渡る際に海が割れたというのは有名だ。神によるユダヤ人の救済は、実はこのくらいしか見当たらないのだが、ユダヤ人たちは聖書にある「出エジプト」の記述を信じ、どれほどの苦難があろうと神は最終的には我々を救ってくれるという確信を持って生きてきた、という。ユダヤ教的歴史観に基づくある種の楽観主義である。

それはユダヤ教徒の祭祀によく表れている。代表的なものは、「過越《すぎこし》の祭り」(ヘブライ語では「ペサハ」と呼ばれる)である。キリスト教の復活祭とほぼ同じ時期に開催される、七日間続く春の祭りだ。ユダヤ教の暦は日没から始まるが、ユダヤ教徒たちは祭りの最初の夜に食事を共にしながら「ハガダー」を読む。「ハガダー」とは「物語」という意味であり、内容は「出エジプト」である。これを三、四時間読み続け最後に全員で「来年はエルサレムで会いましょう」と肩を組んで円陣を作って踊りながら祈る。この祭りは親から子供へ子々孫々にまで伝えていくために毎年行なわれている。世代を通じ出エジプトの話を伝承していくことを目的として構成された祭りなのだ。この話をずっと語り継ぐことにより、どんな苦難でも乗り越えられるという確信、神への信頼を保ち続けるわけである。ロスの『ユダヤ人の歴史』はこの立場から書かれている。

ロスの歴史記述は、どちらかと言うとヨーロッパ中心的な発想であるが、さすがに最近の世代による歴史記述は少しずつ変化している。次にレイモンド・P・シェインドリン『ユダヤ人の歴史』(4)の記述を見ていく。シェインドリンは一九四〇年にペンシルヴェニア州フィラデルフィアで生まれている。

〔……〕ユダヤ人の歴史物語をそれだけ単独に取り出して語るというのも不可能である。なぜなら、ユダヤ人というのはその歴史の大部分において、より巨大なあるいはより強力な民族の中の少数派以上の立場は持たなかったからである。ユダヤ人の歴史を把握するためには、理想的には、まずその舞台となった地域、イランから地中海沿岸に至る西アジア、ヨーロッパ、北アフリカ、そして大西洋を渡って北アメリカでの歴史を理解することである。これらの多くの地域の歴史およびその文化の移動と変遷が、ユダヤ人自身が成し遂げたものと同等にユダヤ人の歴史を形作ってきたからである。(5)

シェインドリンの視点の特徴は、イスラーム世界におけるユダヤ教徒の歴史をも含んでいることだ。シェインドリンが元々コロンビア大学でアラビア文学を専攻しており、スペインにおける中世アラビアの詩文学を教えていることも大いに影響しているだろう。スペインのイスラーム時代は、同時にユダヤ教徒にとっても栄光の時代だったと言われている。つまり、この時代に注目すると、まったく違うユダヤ人像が出てくるということが分かる。どの時代に注目するかによって、ユダヤ人の歴史の書き方はまったく異なってくるのである。

イスラーム社会におけるユダヤ教徒に注目するのは最近の傾向である。中世ヨーロッパにおけるユダヤ教徒/ユダヤ人の歴史は迫害ばかりだったが、同時代のイスラーム社会に目を転じると、もちろん差別・

迫害がまったくなかったわけではないが、相対的にはキリスト教社会よりもはるかに寛容であった。これはどんなユダヤ人研究者も指摘するところである。このようにヨーロッパとイスラームという二つの世界の歴史を並べてみると、ユダヤ人／教徒にとって世界は常に真っ暗闇ではなかったことを強調することができる。シェインドリンはそのような視点から記述している。

もっとも、現在の過激なイスラーム教徒たちは、新しい解釈を有し、預言者ムハンマドはユダヤ教徒たちがイスラームを信じないので排斥した、と強調する。イスラームの聖地である、メッカとメディナ、とりわけメディナは、元々ユダヤ教徒の町であった。預言者ムハンマドはメッカでの迫害を逃れてそこに逃げたわけだが、その時にユダヤ教徒の世界はムハンマド派とそれ以外に分裂する。確かにムハンマド派以外の人たちはムハンマドを攻撃したが、現在の過激なイスラーム教徒たちはその部分だけを切り取り、ユダヤ教徒はイスラームの教えをまったく信じない連中なので殺してもいいとしてジハードの対象にした。これもまた解釈の問題の一つだろう。現在ではそのように解釈が変わってきているが、かつてはそうではなかったことがこの著作では強調されている。

シェインドリンは、ユダヤ人の歴史は時代、地域によりまったく異なるという前提から入っていく。常にユダヤ人は大きな国家、大きな文化、大きな文明の中の少数派として生きてきた。したがって、その国家、文化、文明が彼らをどのように扱ったかによって、ユダヤ人の歴史の様相は異なってくる、と指摘する。そのために、まずそれぞれの地域のユダヤ人に対するありようを理解することが重要であると述べる。

この著作ではアジアに触れていないが、例えばインドにもユダヤ教徒コミュニティが存在する。ヨーロッパや中東のシナゴーグ、具体的に言えば中東のトルコのイスタンブルにあるシナゴーグは、かつては観光客も入れたが、現在は入れない。テロの対象になるため完全に封鎖されているからだ。ヨーロッパでも、現在は比較的入り難くなっている。いわゆるホーム・グロウン（現地生まれ）の過激なイスラーム教徒たちがユダヤ教徒を狙うからである。ところが、インドにおけるシナゴーグは開けっ放しである。誰も攻撃しない、つまり誰も関心がないのだ。このように地域によりまったくユダヤ人／教徒のあり様は変わってくる。インドのようにユダヤ人／教徒であることが問題にならない地域では事情がまったく異なり、当然の話だがその歴史も変わってくる。

一九二八年にイギリスのマンチェスターで生まれたポール・ジョンソンはユダヤ人ではないが『ユダヤ人の歴史』[6]を著した。その中で、「ユダヤ人は多くの社会に入りこみ、そのすべてに足跡を残した。ユダヤ人の歴史を記述する仕事は、ほとんど世界史を書くのに等しい」とまで述べている。[7]この記述は、ユダヤ人たちが様々な場所に様々な形で離散していることを示している。

そして、ユダヤ人の歴史とは、迫害される側、差別される側から見る歴史であることを指摘している。これはC・ロスらとも共通の認識である。ジョンソンは、第二次世界大戦中にヒトラー暗殺計画に加担し、強制収容所に入ったプロテスタント神学者ディートリッヒ・ボンヘッファーに言及している（ジョンソンもキリスト教徒である）。

ユダヤ人の立場に自らを置いて歴史を解釈しようとすると、新鮮な洞察が得られる。ディートリッヒ・ボンヘッファーはナチの強制収容所に居たとき、同じことに気がついた。1942年、彼はこう記している。

「世界史における偉大な出来事を、下から見上げること。除者《のけもの》にされ、疑われ、虐待され、抑圧され、抵抗する力となく、あざけられる者の目でものを見ること。すなわち苦しむ者の立場に身を置くことを、われわれは学んだ[8]」

一方で、自らもユダヤ人で、プリンストン大学、コロンビア大学などを経て最終的にはニューヨーク大学で教鞭を執ったノーマン・F・キャンター（一九二九―二〇〇四年）は、中世史の専門の立場から『聖なるきずな[9]』を上梓し、同書の中で、迫害の中でのユダヤ人の「賛美」からなる歴史観は感傷的で退屈になるという挑発的な立場をとる。

彼ら〔米国の上流中産階級のユダヤ人〕が慣れっこになっているユダヤ人の歴史の雛形というのは、不当な迫害そして賛美とからなる歴史、すなわち、過去二千年間キリスト教徒から受けた受難、近年では、ナチスによる受難に対し適切な悲しみを表しつつ、感傷的に賛美する、そういう歴史なのである。ユダヤ人は時おり知的な面で偉大なことを成し遂げる、二〇世紀には、イスラエルの場合、政治的、軍事的に偉大なことを成し遂げる、それらは、自分たちの運命を形成するのに与ってきたとする。ほかの面ではユダヤ人の歴史で問題にすべきことなど何もない、こうして不当な迫害ばかり連なる退屈な歴史となる[10]。

以上の引用を見て分かるように、キャンターは、これまで見てきた議論のような、ユダヤ人たちは、迫害されホロコーストという悲劇もありながらも、イスラエル建国を成し遂げた、という描写に対して疑問を投げかけている。ユダヤ人の歴史研究はそうした描写が枠として決まった観があるが、それでは一面的だ、というのがキャンターの立場である。多くのユダヤ研究の学者たちの書く論文もそのような枠組みを継承しており、それに対して疑問を呈することもないと批判する。

さらに、シュロモー・サンド『ユダヤ人の起源』(11)は、これまでのユダヤ史、ユダヤ教の理解に対して革命的な挑戦をしている。ユダヤ人の歴史は聖書に基づき発明された、もっと言えば捏造された、これまでの歴史記述は間違っていると主張したのだ。

サンドは現在、テル・アヴィヴ大学で教鞭を取っているが、一九四六年生まれの、日本で言えば「全共闘世代」であり、若い時分に学生運動等に身を投じた新左翼の歴史家である。元々はフランス政治史が専門である。サンドは、聖書で書かれている「エレッ・イスラエル」とは本当なのか、という疑問から出発する。実は聖書の舞台は今のパレスチナではなく、アラビア半島であったという議論もあるほど、聖地については様々な解釈がある。この著作は大変な反響を呼び起こし、イスラエルでも大論争になった。

サンドはまだイスラエル国籍を持っているが、次に紹介するイラン・ハレヴィ(一九四三―二〇一三年)はユダヤ人でありながら、PLO(パレスチナ解放機構)幹部となった人物だ。生まれはフランスのリヨンであるが、一家の出身はモロッコの北部である。ハレヴィはパレスチナ側の視点から『ユダヤ人の歴史』(12)を記した。つまりアラブの歴史の一部としてユダヤの歴史を記述するという立場である。主流のユダヤ史から見ると信じがたいような記述も見られる。ここまで来ると、ほとんどのユダヤ人たちは認めない。しかし日本ではこのような本も翻訳されて読むことができるわけだ。

「悲哀史観」をめぐって

ハワード・N・ルポヴィッチ『世界史におけるユダヤ人とユダヤ教』[13]は最近の研究であり、本書で論じるテーマに通じる内容となっている。基本的に、ユダヤ人の歴史は宗教史ではない、宗教を超えるものである、という立場から書かれている。

ユダヤ史はユダヤ教と呼ばれる宗教の歴史以上のものである。ユダヤ教が中心的要素であるにもかかわらず、ユダヤ史は複雑な社会的秩序、政治文化、そしてユダヤ人の間あるいはユダヤ人と非ユダヤ人の間の数世代にわたる社会関係の発展を物語っている。[14]

ユダヤ教は、ユダヤ人の生活の中の中心的要素であるが、それ以上にユダヤ史にとって重要なのはユダヤ人と非ユダヤ人の間の関係なのだ、という点を強調する。ルポヴィッチは、これまで見てきた大きな歴史、大きな文明の中の少数派のユダヤ人という観点よりは、ユダヤ教vs．非ユダヤ教という観点から記述するのだ。しかし、ユダヤ教徒たちは大きな文明の下で生きてきた、したがってそれぞれの地域の文脈で考えねばならないという立場は同じである。

冒頭でも触れたように、ユダヤ人の歴史を語る際、「集団」としてどのような性格なのか、という定義はかなり難しい。ルポヴィッチも次のように書いている。

問題はまだ残っている。ユダヤ人は民族〔people〕としてもっともよく定義できるのか？　あるいは、信仰集団の成員〔members of a religious faith〕としてか？　さらに、国民〔nation〕か？　エスニシティ〔ethnicity〕か？　この名称すべてについて過去においていろいろと試みられてきて、少なくともユダヤ人の生活のいくつかの様相を示しているということでは有効な定義であり続けている。

ある点ではユダヤ人はこの定義の一つあるいは複数を組み合わせれば簡単に認識し、規定できる。集団としてユダヤ人を定義する問題は、表面的には分類上、あるいは意味論上であるにもかかわらず、ユダヤ人の体験の多様性をある一つの語りの中に封じ込めるというもっと大きな問題になってしまう。しかし、ある一つの歴史的語りの中でこのような多様性と複雑性を包摂することは可能なのか？[15]

そこで、ルポヴィッチは、ユダヤ人の歴史をどのように考えていけばいいのか、提示する。個々別々のそれぞれを見ればそれぞれ異なるが、「ロープ〔綱〕」として見れば捉えられると述べるのだ。

この問題に答えるべく、歴史家マイケル・メイヤーはロープのたとえを提案している。ロープは、両端に伸びた端が区別つかないような撚糸《よりいと》によって作られているが、しかしながら撚糸は同時に全体を一つのものとしてまとめている。

ユダヤ人の歴史も同じである。二〇世紀のユダヤ人の歴史は、古代のユダヤ人とはまったく違っているので、古代から現代までのユダヤ史の全領域を貫く共通の撚糸はないかもしれない。このように、現在の読者や書き手にとってのユダヤ史の挑戦は、このようなロープの撚りと、そして、その撚りが相互にどのように違っているかを無視することなくその間の関係を膨らませていくことなのである。[16]

世界全体のユダヤ人の歴史が一本のロープであるとするならば、個々のユダヤ人の歴史はそれぞれの撚糸であり、相互に緊密に関係し、お互いに分離できないものなのだ、と比喩を使って説明しているわけである。

そのような視点を前提とした上で、ユダヤ史は三つの側面から考えるべきだと述べる。[17]

まず第一点目に、これまで繰り返し述べてきたように、ユダヤ人の歴史は大きな文明に囲まれた歴史である、という点を挙げる。

第二点目として、ユダヤ人は、一つの統一された民族なのか、それともそれぞれ異なったものなのか、というせめぎ合いの中にずっと置かれてきたことを挙げる。ユダヤ人は一枚岩ではない、しかしながらユダヤ人としての一体性を持っている、という綱引きの中で歴史が進んできた、ということである。ここで言っているのは、したがってユダヤ教、そしてユダヤ人の文化も大文字の単数形で語るべきではない、ということである。複数のユダヤ教があり、複数のユダヤ文化があることを見なければならない、しかしながらユダヤ人として一つである、というかなりアクロバティックな議論の仕方をせざるを得ない、ということを指摘している。

第三点目は、ユダヤ人の歴史は、移民という形で移動、離散していく中で作られたことを押さえておくべきだ、ということである。

以上の三点の観点から歴史を記述するのがルポヴィッチの立場である。

このような悲哀史観を支持する人は、一連の逆境の間にある諸事件を結びつけざるをえなくなる。すなわち、十字軍、黒死病、追放の時代、イタリアのゲットー、フメルニツキーによる虐殺（一六四八年に反乱を起こしたウクライナ・コサックの指導者によるユダヤ人虐殺事件）、ロシアのポグロム、ヒトラーによるヨーロッパ・ユダヤ人の絶滅といった事件の諸点を、である。

しかし、このような事件は何世紀といった時間と何百マイルといった空間とで隔てられている。ユダヤ人が長い間離散状態で安楽に暮らしていた、さほど劇的ではない時代もこれらの事件の間にはあったのである。これらの事件を過度に強調すべきではない。

しかし、迫害がユダヤ史の否定できない特徴である一方で、それだけが特徴ではないのである。ディアスポラというユダヤ人にとっての状況は完全でも、完全に恐ろしいものでもないのである。(18)

「悲哀史観」と呼ばれる歴史観をルポヴィッチは厳しく批判している。ルポヴィッチが掲げるような、離散こそが大多数のユダヤ人にとって安らぎの場所であった、つまり迫害ばかりではなかったことを見ていかねばならない、という立場が新しいユダヤ史の見方である。そのようなことを上記の引用で述べている。「悲哀史観」は「迫害史観」とも言うが、そのような見方がこれまで中心であった。しかし、それだけではないことを強調する視点である。

以上、ユダヤ人は一枚岩ではない、複数のユダヤ人、ユダヤ教の形がある、しかしながらやはり大きくそれを一つにまとめるものがある。統一性と多様性が一体化しているのがユダヤ人の歴史である。ユダヤ史を語る際には、冒頭で紹介したようなせめぎ合いが必ず問題にされるのだ。このことは今後の議論でも前提となる。(19)

第I部

古代「民族／教徒」の誕生

第2章　古代ユダヤ人の離散

はじめに――イスラエル旧市街と神殿崩壊

ユダヤ教の成立については、旧約聖書そのものの分析による歴史研究が、ドイツの聖書学者ユリウス・ヴェルハウゼン（一八四四―一九一八年）等により一九世紀にすでに行なわれており、新規のものはほとんど出てこないというのが現状のようである。現在は発掘調査で当時の状況を確認するという考古学的観点からの研究が主であるという。実際、イスラエルがエルサレムを一九六七年の第三次中東戦争時に占領して以降、かつて神殿があった場所である旧市街のユダヤ人地区の発掘調査を旺盛に進めている。イスラームの「アル＝アクサー・モスク」や「岩のドーム」がある、壁に囲まれた地域であるアル＝ハラム・アッ＝シャリーフ（聖域）は、預言者ムハンマドが夢の中で「夜の旅」を行ないアル＝アクサーから昇天して大天使ジブリール（ガブリエル）に連れられて天を廻ったという言い伝えがある。その地下をイスラエル側が掘り進めている。そのため、聖域の外壁が一部壊れるという被害も出ている。エルサレム旧市街に行くと分かるが、ユダヤ人地区はムスリム地区やキリスト教徒地区に比べ、数メートル低い位置に観光スポットとなる場所がある。一世紀前後のローマ支配下の古代ユダヤ国家があった状況をその地下の発掘で再現しているからだ。

古代には、エルサレムにはダヴィデ、ソロモンを中心としたユダヤ人の王国があった。その王国の分裂後は、北のイスラエル王国が崩壊し、南のユダ王国はしばらく続くが、最終的にはバビロン捕囚の憂き目に遭って、ユダヤ人の古代国家は消滅する。同時に第一神殿も破壊されるという悲劇を経験する。ユダヤ人はペルシア帝国によってパレスチナに戻ることが許され、現在のユダヤ教の直接的起源となる第二神殿が再建される。さらに紀元後には、今度は第二神殿がローマ帝国により破壊されてユダヤ人は再度離散するという運命を辿る。

エルサレムからユダヤ人自身が離散していく中、彼らが住みついた土地にはシナゴーグが建設された。そんな状況下で神殿なしでも信仰が成り立つような状況が生まれてくる。シナゴーグにおける礼拝を執り行う人をラビと呼ぶが、このラビを中心にユダヤ教の信仰が守られていくことになる。「ラビ」（英語では rabbi）とは、「主」という意味の言葉「ラッブ」（rab）に由来する言葉である。ラッブは元々神を指す言葉であった。ヘブライ語やアラビア語等のセム語系は、名詞の後に接尾辞を付けることにより、「誰々の」という意味合いを帯びる。「イー」（-i）を付けると「私の」という意味となる。つまりラビとは転じて「わが師」という意味である。元々は神を意味していた言葉が、ユダヤ教における礼拝を執り行う指導者を指すようになった。ユダヤ教徒に引き寄せられる形で変わっていったのだ。第二神殿崩壊後は、このラビを中心にユダヤ教の信仰が保たれ、これ以降を「ラビ・ユダヤ教」という言い方をする。

ところが伝統を墨守するラビ・ユダヤ教に対する反発が、近代以降、政治的な宗教ナショナリズムとつながり、ユダヤ教は新たな展開を迎えることとなる。とりわけ、二一世紀に入った現在、特に第二次ネタニヤフ政権（二〇〇九年三月―）になってから、このエルサレム旧市街にある「神殿の丘」（「モリヤの丘」）［図2-1］に、イスラエルにおけるユダヤ教の宗教行政を統括する、ラビたちによって構成される首席ラビ庁の警告にもかかわらずユダヤ教徒がどんどん入り込んでいる。実際、ムスリムの激しい反発を引き起こしている。この熱狂的なユダヤ教徒は、「神殿の丘」にメシアが来臨し、新たな神殿（つまり「第三神殿」ということになるが）が再建されることを信じているのだ。第三神殿が作られることになれば、イスラーム教徒にとってはアル＝アクサー・モスクと岩のドームが破壊されることを意味し、当然ながら両者の間に想像もつかないくらいに激しい衝突が起こることになるだろう。このこと自体は現在深刻な政治的問題として三つの一神教の共通の聖地であるエルサレムそのものを危険にさらしている。

図2-1　神殿の丘　手前（南側）にアル＝アクサー・モスク、中央に岩のドーム、左側に西の壁（嘆きの壁）

首席ラビ庁は現在、第二神殿跡（イスラーム教徒たちが「アル＝ハラム・アッ＝シャリーフ」（聖域）と呼んでいる場所）にユダヤ教徒が入ることを禁じている。だが、その禁止を遵守する熱狂的なユダヤ教徒は少ない。ユダヤ教徒の間でも、かつての第二神殿跡をどうするかという問題で対立しているという状況になっているのだ。政治的紛争が宗教的対立を掻き立てているのが現在の状況である。イスラエルは国家建設時、世俗的なナショナリズムであるシオニズムに基づく国家であった。しかし、イスラエルが第三次中東戦争で、かつてのユダヤ王国があったとされる神殿跡地を支配下に置いたことにより、新たな政治的な展開が起きているのだ。

しかし、これはあくまでパレスチナあるいはエルサレムという聖地を中心に見た観点である。当然のことながら、離散しているユダヤ人、つまりパレスチナから離れて暮らしているユダヤ人にとっては、こうした聖地での展開には距離を置いている。この点にも留意しておいてほしい。

さて、市川裕『ユダヤ教の歴史』[1]で古代ユダヤ教史の三つの時期区分が示されているので、参照してみる。第一期はエジプトとメソポタミアという二大文明の影響下にあった「聖書時代の古代イスラエル時代」。第二期はアレクサンドロス大王の東方遠征（紀元前三三四年）以来、ヘレニズム文化の影響下に置かれた「ヘレニズム・ローマ時代」。第三期はエルサレムの神殿の崩壊後（七〇年）の「ミシュナ・タルムード時代」（ラビ・ユダヤ教成立の時代）。「ヘレニズム文化影響下」とは基本的にはギリシア語の受容ということである。このギリシア的影響がギリシア語訳聖書の登場とともにユダヤ教を大きく変えていくことになる。

出エジプトとカナンの地への定着――古代イスラエルの宗教の成立

ユダヤ人の歴史は元々メソポタミア（現在のイラクの領域を指すが、チグリス・ユーフラテス両河地帯という意味である）から出発するとされるが、パレスチナにおけるユダヤ教の成立を考える際には「出エジプト」が重要な問題となってくる。[2]当時、エジプトのファラオの下で奴隷状態であったユダヤ人たちが、モーセに率いられてその隷属の状況から脱出するためにエジプトから逃げて行く。紅海を渡る時に海が割れたという奇蹟も含め、よく知られている物語である。モーセの強い指導力の下、ユダヤ教が出発することになった。ヤハウェという神がユダヤ人たちをエジプトから救い出したと考え、この神を一神教として崇拝することで一同が団結したのである。

なお、瑣末なことに聞こえるかも知れないが、ユダヤ教の神の名前をどう呼ぶかは実は深刻な問題である。なぜならば、ユダヤ教徒は、自分たち人間の存在を超えるもの、つまり超越神として崇めているので、神の名そのものを呼ぶことを禁止しているからだ。モーセの十戒の一つにも「神の名をみだりに唱えるなかれ」とあるので、ユダヤ教徒は神の名前自体を呼ぶことができない。聖書でも英語のアルファベットで言うとＹＨＷＨのヘブライ語の四文字が記されているだけである。ヘブライ語は基本的に子音のみで表記されるので、それに母音記号を付けると様々な読み方で神を呼ぶことができる。ユダヤ教徒たちはこの四つのヘブライ文字が現れると、「アドナイ」（我が主）という呼び方で一貫して通してきた。長らく「アドナイ」と呼んできたために、元々は四つの子音にどのように母音を振って読んでいたのか分からなくなってしまったのである。ヘブライ語の場合、Ｗをドイツ語のように「ヴ」と読む現代ヘブライ語的な発音と、「ウ」と読む聖書ヘブライ語的な発音のパターンがある。そのため古代は「ウ」と呼んでいたのではないかと推測されている。今でも議論が続き確定されていないが、多くの人がこのＹＨＷＨは「ヤハウェ YaHaWeH」あるいは「ヤーウェ YaHWeH」であろうと考えている。「エホバ YeHoWaH」という呼び方も日本では人口に膾炙している。ユダヤ教徒が十戒の中の禁止を守っていたら読み方が分からなくなったということは、神を絶対的存在として崇めていることの一つの証明と言えるかもしれない。

出エジプトの後、ユダヤ人はカナン（現在のパレスチナのこと）の地に定着していくことになる。この地域に住んでいた人々と共に生活を始めたのだ。ただし、エジプトから脱出した人々のすべてが定着したわけではなく、しばらくの間は荒野をさ迷っていた。砂漠の流浪民であった状態は半世紀ほど続いたという。つまりエジプトを脱出した次の世代がカナンに定着したことになる。

カナンの地に元々住んでいた人々のことをペリシテ人（現在のパレスチナ人に通じる呼び名である）という。カナンの地にユダヤ人の定着が始まると、このペリシテ人との争いが始まっていく。カナンの土地に侵入し定着したユダヤ人は、ヤハウェからこの土地を与えられたと考えるようになった。

ユダヤ教の成立という観点から考えると、出エジプト、カナンの地への定着という二つの事件を通じ、現在のイスラエル民族と呼ばれる人々の信仰集団が成立したことになる。加藤隆『一神教の誕生』は、この時期の信仰は他の地域の古代宗教と類似したものであり、ユダヤ教の特別な性格は未だこの段階では賦与されていない「古代イスラエルの宗教」と考えるべきだと言う[3]。

イスラエル王国の成立と分裂

カナンの地に定着した後、様々な諸部族（イスラエルの十二部族）が連合する形で新しい国家が成立していく。最初は諸部族が並立していたが、時代が下ると周辺に大きな国家が成立してその侵略に晒されるようになり、ユダヤ人にも中央集権的な体制が求められるようになった。王国として自らを強化して強固な国家を築く必要に迫られたのだ。

初代イスラエル王のサウルの後、ダヴィデとソロモンの親子の時代、とりわけソロモンの時代は「栄華の時代」と言われる。加藤隆は重要な点として「一、まずは、イスラエル民族の統一王国を実現したこと」「二、それからダヴィデが、エルサレムを首都として定めたこと」「三、ソロモンが、エルサレムに神殿を建設したこと」の三つを挙げている。(4) 周辺国と同じような政治体制の古代イスラエル国家が成立し、軍事的には領土拡大、経済的には繁栄が実現した。

繰り返すが、ペリシテ人とはカナンの地に元々住んでいた人々で、現在のパレスチナ人という呼称の元になった人々である。ペリシテ人とダヴィデの戦いは、旧約聖書(『サムエル記』)でもかなり詳細に書かれている。その描写に基づき、ゴリアテを石礫《いしつぶて》で打ち倒して首をとったダヴィデを描いた美術作品は、ミケランジェロやカラヴァッジョをはじめ数多い[図2-2]。当時はペリシテ人の方がはるかに強い立場にあったことを象徴するために、ゴリアテは巨人として描かれることが多い。それに対してダヴィデは、石礫を巨人の眉間に打ち込んで倒した少年として描かれることになる。

ユダヤ人は、現代になってイスラエル国家を建設した際、自らをダヴィデに喩え、周囲のアラブ諸国をペリシテ人、つまりゴリアテに喩えた。いたいけな少年に過ぎない弱小のイスラエル国家の建設は強力な巨人ゴリアテというアラブ世界に対する戦いであるという位置付けとしたのだ。それがイスラエルの「建国神話」になっている。現在に至るまでこの小国イスラエルが大国アラブ諸国を破ったという神話的効果をもってイスラエル国家が正当化されているわけである。

図2-2 カラヴァッジョ《ゴリアテの首を持つダヴィデ》1609-10年、ローマ、ボルゲーゼ美術館

なお、ダヴィデはイスラームにおいても預言者として位置づけられている。アラビア語ではダヴィデをダウードと呼ぶが、ダウードという名の人は今でもたくさん見られる。ソロモンはイス

ラーム的に言うとスレイマーンとなる。オスマン帝国のスルタンを想起する人もいるだろう。

しかし、ダヴィデ、ソロモンという中心的役割を担う人物が没すると、紀元前一〇世紀後半、王国は北のイスラエル王国と南のユダ王国に分裂していく。

ダヴィデとソロモンは南の部族（ユダ族）の出身だったので、王国はエルサレムのある南部が中心となった。また、「ソロモンの栄華」は国民からの収奪によって成り立っていた。そのため、周辺部である北部の人たちは中央に対し不満を持ち、南北の分裂を招いた。ユダヤ人の国は、分裂したことで、さらに追い打ちをかけるような不幸がもたらされる。

ユダヤ国家の南北の並存状態は二〇〇年で終わる。北メソポタミアのアッシリアがパレスチナの地まで勢力を伸ばし、前七二二年には北王国が滅ぼされたのだ。その後は国際的状況の変化に翻弄される事態にイスラエル民族は直面していく。しかし結果論となるが、ユダヤ教信仰の観点から見ると、このような事態はプラスの方向に機能したようだ。つまり国家そのものの崩壊が信仰をより重要なものにしたのである。

バビロン捕囚以後――「記憶」に基づく信仰

悲劇はさらに続く。それがバビロン捕囚である。紀元前五八七年に南王国もアッシリアの後に興ったバビロニアのネブカドネザル二世（在位前六〇四－前五六二）によって滅ぼされるが、その時、ユダヤ人たちはバビロニアに連行される。第1章で触れたとおり日本語では「捕囚」という字をあてているが、原語のヘブライ語では「ガルート」（galut）という言葉を使う。「ガルート」はもともと自分たちが住む地から切り離されるという意味である。英語からの直訳的な表現の「捕囚」(captivity)では囚われの身になるというイメージだが、ユダヤ人たちはパレスチナから切り離され離散を余儀なくされたというイメージで捉えている。バビロン捕囚の「離散」は、英語で言う「exile」(亡命)に近い。不本意に自らの国から離れざるを得ないという意味がある。

これも第1章で触れたとおり「離散」を表わす言葉としては「ディアスポラ」もある。ディアスポラそのものはヘブライ語では「テフツォート」(tefutzot)と呼ぶ。「ガルート」と「テフツォート」という両表現の違いは、「離散」の状態を、正常状態と捉える立場と、否定的なものとして捉える立場の差異である。バビロン捕囚の「ガルート」はマイナスのイメージで捉えられた表現である。つまり離散は異常な状態であり、元の故郷に帰るべきだという立場である。一方、ギリシア語由来の「ディアスポラ」に由来する「テフツォート」は、植物の種が撒かれるように散らばるというイメージなので、マイナスのイメージはあまりない。イスラエル以外の土地で生きる現在のユダヤ人の多くは、「テフツォート」として捉え、自分たちが離散していることにそれほどマイナスのイメージを持ってはいない。しかし、ナショナリズムとしてのシオニズムの考え方では「ガルート」に力点を置き、バビロン捕囚を強調することになる。ユダヤ人は世界中に離散しているため、イスラエルという国家に戻って一つになり、正常な状態にならなければならない、というものがイスラエル建国の基礎となったシオニズムの考え方だからである。

紀元前五三八年アケメネス朝ペルシアのキュロス二世(在位前五五九−前五三〇年)によりバビロン捕囚が終わったこともあり、一般的にペルシア(現在のイラン)に対してユダヤ人は非常に良いイメージを持っている。ホメイニーが登場するイスラーム革命(一九七九年)前のイランとイスラエルの関係が良かったのも、この神話的なイメージが作用していたことは間違いないだろう。

ユダヤ人は解放されると、一部はバビロンに残り、一部はパレスチナに戻った。バビロン捕囚の後に一旦パレスチナへ戻り第二神殿が建設されるが、ローマ時代に再び神殿は崩壊する。最終的にユダヤ人が完全に国を失うのが六六―七〇年のユダヤ戦争である［図2-3］。この時点から徐々にキリスト教が成立していき、ユダヤ教と分裂していく。

信仰のレベルからバビロン捕囚を論じると、独立王国がなくなった時も、ユダヤ人はヤハウェが自分たちを見捨ててはいないと考えた。この悲劇的な状態が生み出されたのは神のせいだとユダヤ人が考えてもおかしくはなかったであろうが、そうはならなかった。亡命を余儀なくされた状態でも神への信仰は消えなかったわけである。その理由としては、神と人間の間での「契約」という概念が新たに作られていたことがあった。前八世紀の北王国の滅亡を契機として契約の概念が重要なものになった。北王国が滅亡したという事態は、神が民に恵みを与えなかったということを意味する。神は動かず、沈黙していた。どうしてか。アッシリアに滅ぼされる前の北王国の民の態度は、ヤハウェ以外の神を崇拝しており、神の前では適切なものとは言えなかった。神に対する民の義務がきちんと果たされてこそ、神は民に恵みを与える。だからこそ、ヤハウェを駄目な神だとしなければならないという事態は回避されたのである。換言すれば、神は「義」とされたのである(5)。

「罪」の概念については、次章以降問題にするが、キリスト教的な「原罪」とはまったく異なるものである。ユダヤ教では、神の決まり、つまり律法を破ることを「罪」と言っているだけで、非常に単純なものである。旧約聖書に書かれていることから逸脱することを「罪」と呼んでいるだけに過ぎない。つまり

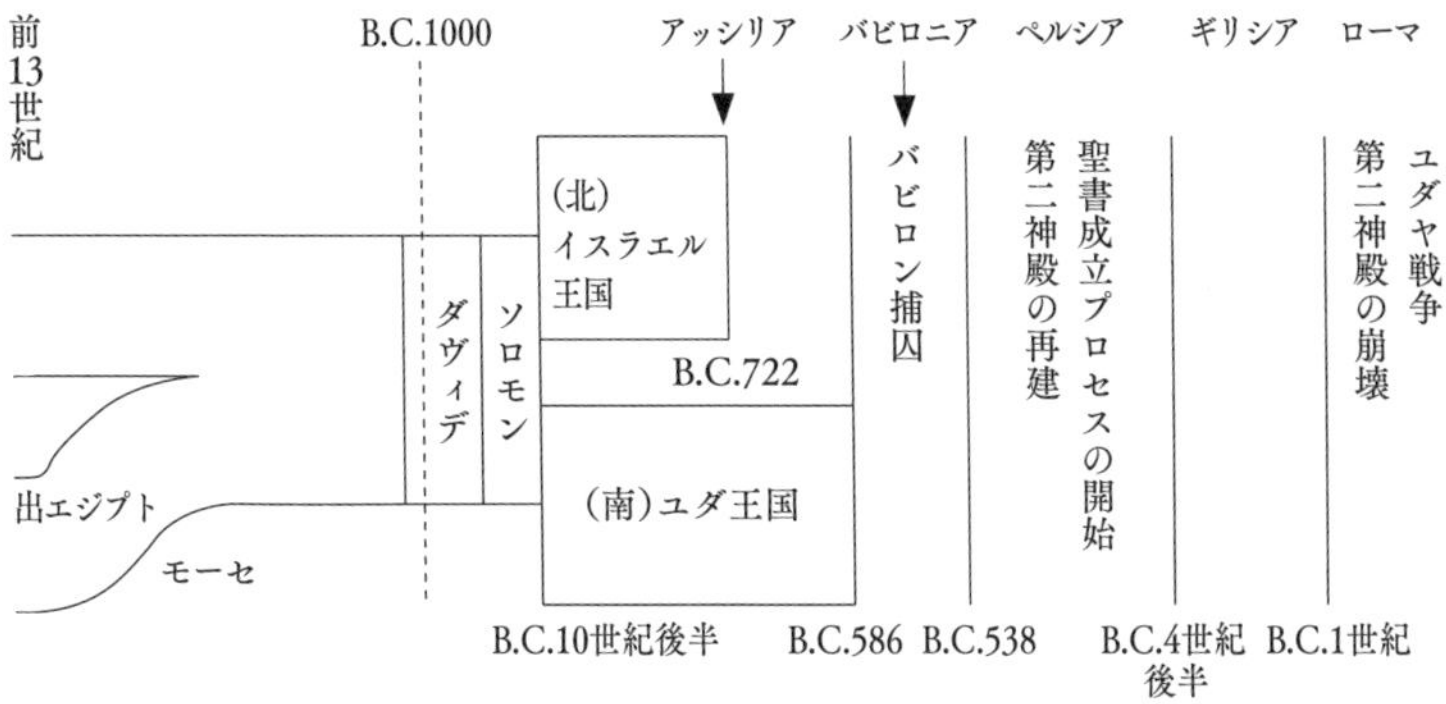

図2-3　ユダヤ教の大きな流れ（加藤隆『一神教の誕生——ユダヤ教からキリスト教へ』、講談社現代新書、2002年、45頁の3図、77頁の7図をもとに作成）

キリスト教のように内面の問題は問わないのがユダヤ教の特徴なのである。キリスト教ではアダムとイヴが知恵の実を食べたところから原罪が始まるという話になるが、ユダヤ教徒はそのようには考えない。よく誤解されるが、「罪」の概念がキリスト教的なものとはかなり異なっていることは重要なポイントである。

古代民族の王国は、民族の神とのつながりを柱にして成立しているのが一般的な在り方であるが、それには、土地（領土）、王、神殿が必要である[6]。しかしイスラエルはそれらをすべて失ってしまう。つまり神殿もない、王国もない、しかしながらヤハウェ崇拝、信仰は残った。そうしたことで、ユダヤ人の在り方は非常に特殊なものになっていく。加藤は次のように述べている。

> ユダヤ人は神と民を繋ぐ具体的な要素をすべて失ったような状態になった。奴隷状態になって、身の回りには何もないのである。しかし、まだ残っているものがあった。それは一言で言うならば「思い出」である。
>
> 個人の人生にもさまざまな出来事が生じるが、具体的なものとして結局のところ残るのは思い出だけである。これは民

族という集団にも当てはまる。神と民の具体的な繋がりとして、奴隷状態にある民に残っていたのは、過去における神との繋がりの思い出だった。そしてさまざまな思い出の中で、やはり神との繋がりが良好だった時の思い出が重要になる。その中で特に重要なものとなったのが、「出エジプト」の思い出だった。(7)

すべてを失ったユダヤ人たちがヤハウェ崇拝を維持できたのはなぜか。重要な点として挙げられているのが、「思い出」である。ユダヤ人たちの思い出とは当然、苦難の記憶のことである。加藤は「思い出」と表現しているが、むしろそのまま「記憶（ザホール）」と取る方が理解しやすいだろう。(8)

そして、神との良好なつながりの記憶である「出エジプト」が彼らにとって重要であった。結果論的に見て、出エジプトが唯一ユダヤ人にとって救いとなった出来事だったわけである。歴史的には、それ以外はユダヤ人にとってはマイナスのことしか起こらなかった。再び我々に出エジプトのような奇蹟が起きるかも知れないと、世代と時代を超えて延々と出エジプトの記憶を伝えていくのである。

この姿勢がその後続く悲劇でも繰り返される。例えばイスラームの下での一時的な繁栄などもあったが、多くは裏切られることばかりだった。しかし彼らは常に出エジプトに戻り、必ず良いことが起こると考え、神に対する信仰を失わずに保った。この記憶（思い出）がユダヤ人の歴史観の基本にある。ユダヤ人はそう信じることによって、一九四八年のイスラエル国家建設まで待っていたわけである。

神殿が破壊されても、ユダヤ人たちはヤハウェへの信仰を持ち続けることができた。現在もそうである。このことを考えれば、第三神殿が再建されることになると、第二神殿の崩壊以後二〇〇〇年近くにわたって保たれてきたユダヤ人の信仰が根底的に覆ることになるかもしれない。これは第二神殿崩壊以降のラビ・ユダヤ教の根幹にかかわる問題なのだ。だからこそ冒頭に述べたように、現在のイスラエルの首席ラビ庁は、神の意思のままの状態にある第二神殿跡地には入ってはならないと命じて、イスラーム教徒たちが作り上げたモスクはユダヤ教徒には手つかずの状態にあるのである。また、神殿再建運動の推進派は、神殿の再建をメシア到来と重ね合わせている面があるため、伝統的なユダヤ教徒としては、それも認めることができない。つまり人為によってメシア来臨を早めるようとするのは、神の意思に反するということになるからである。現在のネタニヤフを中心に行なっている第二神殿跡に新たな第三神殿を建設するという運動は、ユダヤ人のこれまでの歴史を抜本的に切り崩す可能性を孕む大変深刻な問題なのである。

第3章　聖書の成立以後のユダヤ教

はじめに――聖書はいかにして権威となったか

ユダヤ教の聖書とは旧約聖書のことであるが、「旧約」、つまり「旧い契約」などという呼び方自体はもちろんキリスト教からの呼び方である。そのユダヤ教の聖書の成立時期については、学問的レベルではかなり確定している。加藤隆によれば、紀元前五世紀から四世紀に成立し始め、全体的な形が確定したのは紀元後一世紀末で、五〇〇年ほどの時間がかかっているという[1]。

ユダヤ教徒は三部構成から成るものとして理解している［表3］。ユダヤ教徒たちが呼ぶ正式な名前は「律法《トーラー》」（Tora）、「諸預言者《ネビイーム》」（Neviim）、「諸書《ケトビーム》」（Ketvim）である。その頭文字をとって一般には「タナフ」とか「タナハ」などと呼ばれている（T＋N＋Kh＝TaNaKh）。英語では「the Bible」と呼んでいるが、ユダヤ教徒たちは三つの本の名称を並べて呼んでおり、「聖書（the Holy Bible）」という言い方はない。

まず「律法」（モーセ五書）が始めにくる。次に「諸預言者」があり、これは「前の預言者」「後の預言者」「十二小預言者」の三つをワンセットとしている。したがって「ネビイーム」は正確には複数形であり、「諸預言者」と表記しているのである。最後はその他の諸々の文書ということで「諸書」と呼ぶ。こ

表3　タナフ（ユダヤ教の聖書）の構成

律法（モーセ五書）Tora		創世記、出エジプト記、レビ記、民数記、申命記
諸預言者Neviim	前の預言者（四つの歴史書）	ヨシュア記、士師記、サムエル記（上・下）、列王記（上・下）
	後の預言者（大預言書とも）	イザヤ書、エレミヤ書、エゼキエル書
	十二小預言者	ホセア書、ヨエル書、アモス書、オバデヤ書、ヨナ書、ミカ書、ナホム書、ハバクク書、ゼファニヤ書、ハガイ書、ザカリヤ書、マラキ書（ヨナ書は、知恵文学として諸書に属する性質のもの）
諸書Ketvim		ルツ記、歴代誌（上・下）、エズラ記、ネヘミヤ記、エステル記、ヨブ記、詩篇、箴言、コヘレト（伝導の書）、雅歌、哀歌、ダニエル書

の表現はヘブライ語で言えば単に「本」という単語の複数形である。ただ、しばしば「律法」（トーラー）が、イコール聖書として使われることもある。したがって「トーラー」がモーセ五書を指す場合と、「旧約聖書」全体を指す場合とがあり、その辺りの混乱は時折見受けられる。

最も重要なものが「律法」、いわゆる「モーセ五書」である。敬虔なユダヤ教徒は、この律法を毎日少しずつ読み進め、一年間で五つの文書を読み上げることを毎年繰り返している。シナゴーグ（礼拝堂）で、カーテンが引かれたその裏側に、巻物になっている律法が収められているのを目にしたこともあるかと思う。もともとは皮に記された文書の両端に棒切れが付いており、右から左へと少しずつ巻き取りながら一年間で読み進めるわけである［図3-1］。シナゴーグに置かれているのはモーセ五書が書かれているトーラーのみである。神の言葉が書かれているものを礼拝堂で読み上げるのがユダヤ教の在り方なのである。これはイスラームのモスクにおける在り方と似ている。このようにユダヤ教のシナゴーグはキリスト教の教会とはいささか性格が異なることには留意しておいてほしい。いろいろな名前が連ねられている「諸預言者」の書は、要するにユダヤ民族の歴史そのものであるとみなされている。

また、ユダヤ教徒は、聖書のそれぞれの本の呼び方を最初の言葉で代表させる、例えば『創世記』であれば、ヘブライ語版では冒頭に来る語句「まず初めに」という意味の「ベ・レシート」（二〇一九年四月に月面着陸を試みたイスラエルの民間宇宙船の名称としても知られている）と呼ぶ。つまり「律法」（モーセ五書）の『創世記』（『ベ・レシート（初めに）』）、『出エジプト記』（『ウェ・エレ・シェモート（そしてこれらは名前）』）、『レビ記』（『ウァ・イクラ（そして仰せになる）』）、『民数記』（『ベ・ミドバル（荒野で）』）、『申命記』（『デヴァリーム（言葉）』）は、後にヘブライ語からギリシア語に訳された時に命名された名称ということになる。現在に至るまでユダヤ教徒たちは、『創世記』『出エジプト記』等の呼び方をしておらず、それぞれの文書の最初の単語をその本の名称としていることをここで確認しておきたい。イスラームのクルアーン（コーラン）の章名も、旧約聖書のような最初の単語そのものではないが、このやり方を基本的に継承している。

図3-1　トーラーを読む様子

一九世紀以降、聖書は科学的分析の対象となった。聖書学という形で、神の言葉である聖書は人間が作ったものであることを文献学的に証明する学問が進んだ。著名な研究者にユリウス・ヴェルハウゼンがいる。彼は原資料と言われる、旧約聖書が成立する元となる資料を分析し、成立した時代により神の呼び方が異なっていることに注目した。その時代区分は大きく四つに分けられるとし、「ヤハウェ」と神の名が表現されている資料が最初期のものであり、そして、「エロヒスト」

（エロヒームと複数形で呼ぶことが多い）と北王国で表記されるようになるのはその次の時代であろうと考えた。[2]

律法はユダヤ人でペルシアの高級官僚であったエズラによって編纂された。元々、ユダヤ教に特別に権威のある文書集は存在しなかった。この時期にこのような文書が出現したのは、ペルシア帝国との関係からであると、加藤は見ている。

律法には、ペルシア当局の命令によって作られたという面がある。ペルシアは支配下の諸民族にかなりの自治を許すという統治政策を行っていたと述べた。しかし諸民族をまったく野放しにしていたのではない。そして諸民族を管理する手段の一つとして、民族が従うべき掟を文書の形にして当局に提出させようとした。このためにユダヤ人においては、律法が作られたのである。このことは律法の作成の中心的指導者であるエズラが、ペルシアの高級官僚であったということと見合っている。[3]

いささか世俗的な話になるが、当時の国家権力によって保証されない限りは、このような形での聖典は成立しないだろうと見ているわけである。ペルシアは様々な民族を包括した古代の帝国であったので、聖典が諸民族統治のために利用されたのだ。傘のように帝国が被さり、その下ではそれぞれの民族が自治を行なっていた。しかしながら完全に自由にさせたわけではない。近代的な意味の自治とは異なるわけである。統治の一つの手段として、それぞれの民族が従うべき掟を文書の形にして提出させた。このためユダヤ人においては律法が作られたわけである。つまり現在私たちが神の言葉と呼んでいる聖書とは、ペルシア帝国の下で、統治のために作られた文書だということである。

いったん外部の権威によって保証されて成立した文書は、自らの手で変えられなくなってしまう。変更にはペルシア帝国の許可を得ねばならないため難しくなるのだ。その結果、その文書、つまり聖書が権威として固まっていった。役所に対する文書と同じように、一度提出したら変えられないものであったためだという。時代が変遷していってもその文書が一つの権威として保証されるという命運は、成立時から決まっていたことになる。

聖書における「矛盾」の意義

加藤隆は、人間と神との関係という文脈において聖書の成立を位置付けている。前提条件としてあるのが、神は絶対的存在であり、人間は神の意思に背くことはできないということである。しかし、人間の都合で神の意思を解釈することが行なわれていった。加藤の議論では、このことが常に問題を引き起こしてきたという見方を取っている。

もし人間が自分の知恵で何が正しいのかについて知ることができて、そのようにして発見された掟が神の前で正しければ、人間は神にではなく、その掟に従えばよいということになる。そしてそのような掟に従っている人間を、神が義としなければならないことになる。神は、人間が発見した掟の原則に服従すべきだとされているのであって、いわば人間は自分の掟を神に押しつけているのである。権威をもっているのは掟であって、人間も神もその掟に従うべきだとされている。このような神は、もはや神ではないのではないだろうか。

これはつまるところ、人間の知恵が神を支配できるとする立場である。単純な御利益宗教の場合とは別のあり方で、神に対して人間が再び優位に立っていることになる。これは「神の前での自己正当化」の問題ということができるだろう。

こうした枠組みにおいて、自分が発見した善悪の原則に自分が完璧に従っているのだから「自分は正しい」とする態度も出現してくる。(4)


人間が自分で作り上げた掟(この場合、一般的に「法律」「法」と言っていいだろう)に従うことになった時、人間という枠の中で捉えてしまうという問題が生じる。時を経るにつれ、一度成立した掟、法律が人間を拘束し始めると、神がないがしろにされていくプロセスが始まる、ということである。主体である神が、いつの間にかいなくなっていき、文書に書かれたものが中心となって動き始める。それを自分の都合で自分に引き付けて人間が解釈することにより、自身の正当化の文脈で使われるようになる。加藤はこれを「神の前での自己正当化」と言った。このような態度は時代が下るにつれて多くなる。先述したように、ペルシア帝国に提出した文書であり、変更不可能なものということになると、新解釈が出てくるのは仕方がないことだが、神よりも現実に文書が存在していることの方が重要な意味を持ってきてしまったわけである。恣意的な解釈によって神の意思を自分に都合よく変えていく。これは一神教が常に抱えている問題である。

「知恵による人の「神の前での自己正当化」の問題は、聖書の成立の時期においてたいへん大きな問題だった。そしてこのことが、第二神殿の再建とその維持、聖書の成立とその維持の最大の理由だったと思われる」と加藤は述べる。[5] 恣意的な判断を避けるために、神殿と律法がユダヤ教における正しいものとされた。ここでそれぞれの役割分担が派生し、神殿の運営を司る人々と、聖書に書かれたことを解釈する人たちの二つのグループが出て来る。

ここで問題になるのは、神の命令を完全には人間は守ることができないということである。繰り返すが、ユダヤ教においては、神の命令に背くことのみを「罪」と言う（キリスト教的な意味の「原罪」とはまったく異なる）。神の命令は聖書に書かれているので、文字通りに実行されていれば罪の状態にはならないが、実際問題として人間にはそれができない。つまり罪の状態であることが恒常的な状態だということになる。ユダヤ教の立場からすると、人間は常に神と断絶した状態にあるわけである。そうなると神殿で様々な儀式を行なうしかなくなっていく。

ユダヤ教の神殿の儀式は、羊や山羊の動物を焼いて、その煙によって神と通信を行なうというものである。つまり捧げものにより神との意思の疎通を図るわけである。「ホロコースト」というと、我々はナチス・ドイツによるものを思い起こすが、元々は「焼き尽くす捧げもの」という意味で、当時の信仰の在り方を象徴するものであった。

しかしそれではやはり十分ではない。人間の心の中の問題である「自己正当化」ではなく、行為によって神とのつながりを保証してもらうわけだが、しかしこれでも完璧な正しさには到達しない。加藤は、律法の権威を認めても同様だと述べている。

神殿の儀式の場合と同じように、律法を「正しい」とすることは、勝手な自己正当化には価値がないと認めることを意味する。正しくなりたいのなら、神殿の儀式を繰り返し行うのと同じように、律法を守らねばならない。しかし律法の権威を認めると、神殿の権威を認めた場合と同じように、完璧な正しさには絶対に到達しないのである(6)。

難しい論点だが、早い話が、聖書には矛盾することが沢山書かれているということである。聖書は成立時において様々な人の意見を取り込んでいるので矛盾が沢山ある。それを自明のこととしているわけである。これでは律法に書かれていることを正しく実行することは不可能に近い。このことが結論として見えているわけである。人間も分かっているのだが、それでも聖書を信じようとする。神によって人間が試されていると考えるわけだが、いずれにせよ、加藤が指摘するように完璧な正しさには絶対に到達できない。律法を権威として掲げても、そもそも書かれていることが矛盾しているので、実行することは不可能だと明確に述べてしまっているわけである。

したがって、律法の意義とは、「実は神の前での「正しさ」の実現ではなく、神の前での自己正当化の回避であると考えざるを得ないことになる(7)」。こう言われると元も子もない話になるが、聖書は、遵守すれば神の正しさが自己の行為において現われるのではなく、要するに神の前で人間が自己正当化することを回避するための否定的手段でしかない、という入り組んだ構造になっているということである。

旧約聖書は様々な時代のいろいろなことを詰め込んでいるので、矛盾がたくさんある。そのため、一八世紀には啓蒙主義者から「聖書には価値がない」と批判が上がった。合理性という観点からは矛盾がありすぎるのだが、加藤はそう簡単に済ませられる話ではないと言う。ある部分を取ってきて解釈したら、他の部分を示して否定することができる。同じ本の中から何かを持ってくれば反論は簡単にできてしまう。「ある程度の妥当な体裁をもつ調和的解釈が見つかることもある。しかしとても調和できないような矛盾もある。こうして律法全体の「理解」が無限に不可能になる」[8]。それが聖書の機能であるというのが加藤の意見である。つまり聖書とは、部分的に抜き取って、それが神の意思だと解釈するのを排除するためにある、というのがとりあえず中間的な結論である。

神殿と律法——サドカイ派とファリサイ派

ユダヤ教の聖書は、歴史的にはどのように位置づけられるのか。

バビロン捕囚により現在のイラクのあたりの場所に連行されたユダヤ人たちは、解放後、すべてはパレスチナには戻らなかった。そのままバビロニアに残った者もおり、そこにユダヤ人の共同体が複数できることになった。

ペルシア統治は、傘をかけるだけで全体を統合する機能はなかった。帝国の指導者の意向は反映されるが、それぞれの共同体はそれぞれに動いていた。いわば分割統治という形で、お互いが干渉せずにそれぞれの共同体の中で生きていた。ペルシア期の状況については資料が少なく研究上よく分かっていないが、少なくとも統治下の人々がばらばらに住んでいたのは間違いないと言われている。

ディアスポラはヘレニズム期に本格的に拡大していった。この時期は同時にギリシア化が進み、ユダヤ人たちはギリシア語を話すようになり、コミュニティの在り方も大きく変わっていくことになる。

しばしば、七〇年にローマ帝国に第二神殿が破壊された後にディアスポラが始まったという言い方がなされるが、それ以前からディアスポラは始まっていた。しかし、エルサレムに神殿があっても、ばらばらになってしまっている状況では、多くのユダヤ人は神殿に実感を持つことはなかった。ディアスポラのユダヤ人たちも神殿税を依然としてエルサレムに送っていたが、神殿は信仰の保証にはなっていなかった。

そこで、それぞれのコミュニティにシナゴーグが作られ、信仰の中心になっていた。その際に使われるのが律法である。シナゴーグでは犠牲祭は行なわれない。律法を読み上げることにより信仰が成就すると考えられたのだ。つまりシナゴーグが実質的にユダヤ教の信仰の中心になっていくわけである。律法という表現をしたが、言い方を変えれば旧約聖書である。聖書を中心とした信仰が行なわれるようになる。

したがって、離散する以前の指導的グループには、神殿における犠牲祭の儀式を執り行うサドカイ派と、聖書を解釈するファリサイ（パリサイ）派がいたが、離散後サドカイ派は権威を失くし、ファリサイ派が中心となっていく。

黙示思想の登場

聖書＝律法を中心に信仰が行なわれるようになると、先述の「自己正当化」の問題が生じてくる。律法について自分が理解した範囲で自分は正しいとする態度、つまり勝手に解釈する態度である。ここで出て来るのが黙示思想という新しい展開であると加藤は指摘する。

黙示思想は、律法（モーセ五書）には依拠していない。それ以外の、いわゆる諸書によって示されている立場である。黙示思想は律法主義を批判する立場になるので、黙示思想には旧約聖書の中でお互いに矛盾する立場が書かれていることが示されているということになる。したがって聖書（律法）に従おうとすると律法主義の立場を超えねばならない、ということになると加藤は述べている。[9] つまり聖書は自己否定する内容をその中に含んでいるわけである。

さらに黙示思想は神殿主義、つまりサドカイ派による捧げものをする思想にも関係がないという。つまり黙示思想は、「反律法主義・反神殿主義」だということになる。[10] エルサレムに神殿があった頃、指導的立場にあったサドカイ派・ファリサイ派をも否定するような内容が聖書に書かれているということになる。

ユダヤ教の基本的立場は、神と人間は契約関係に入っているということである。神が何らかの形で救いをもたらしてくれるには、人間が神から与えられた掟を守らねばならない。しかし人間は罪の状態にある。つまり、人間はその命令に従っていない。つまり、神と人間は契約関係にあるが、その契約が人間の側から履行されていない状態がずっと続いているわけである。

このような考え方はユダヤ教独特のものである。神は、ユダヤ人の歴史の中で出エジプト、ファラオの圧政からユダヤ人を救い出したこと以外は何も良いことをもたらしてはいない。だからユダヤ人は、我々が神からの命令を守っておらず、契約を履行していないために神は動くことがなく悲劇が起こるのだと考え、耐えるのだ。ナチスによるホロコーストもそのように解釈する人々がたくさんいる。この問題はユダヤ教を考える上で非常に特徴的な点である。

加藤は、「黙示思想は新しい観点から、罪の問題を解決しようとする試みだと捉えることができる」と言明する。[11]

罪の状態にあるのに、何とかして義の状態になろうとするのは、考えてみれば、人間の側の勝手な要求である。このような勝手な要求を考慮に入れることに固執するから、神殿主義・律法主義のようなおかしなものが生じるのである。

人間の側のこうした勝手な要求を考慮しないで、罪の問題そのものを素直に分析すべきである。罪の状態にある世界や人間は、論理的には、どのようになるべきだろうか。答えは簡単である。そのような世界や人間は、滅ぶしかない。

〔……〕この世が罪の状態にあるという状況で神が動くならば、罪ある世界や人間を滅ぼすということになるしかない。[12]

罪あるものは滅ぶことになる、と述べている。罪の状態にある時に神が動くとするならば、人間は滅ぶしかないという話である。加藤は、黙示思想の新しさを、神の自由を認めている点において評価している。終末思想の文脈では神が動く可能性があるからだ。

創造神としての神は、この世界を「選んだ」。また神はイスラエル民族を「選んだ」。しかしこの「選び」は、神が一方的に取り消すことになるのでもはや無効である。

神はこの世界を創造することによって、この世界を選んだということができる。しかし神は自由である。この世界を神は自由に創造した。しかし神がこの世を破壊するのも、神の自由である。また別の新たな世界を神が造ることも、神の自由である。[13]

黙示思想によれば、神は「この世」（＝悪）を「来たるべき世」（＝善）に作り替えるという。その際には「選ばれた一部の者」だけが生き延びることができるという構図になっている。

このような終末思想は、ユダヤ教の歴史においてしばしば出てきている。ユダヤ人の危機の時代に、来たるべき世の創造が、メシア降臨と重ね合わせながら現実味を帯びて語られたのだ。それらはユダヤ史における事件として着目される。

最も有名なものが、オスマン帝国下で登場したシャブタイ・ツヴィの運動である（本書第7章）。これらは正当なユダヤ教とは別の流れの中で、民衆的なものとして終末思想と絡み合いながら登場する。

加藤の著作ではこの後はキリスト教の話になっていく。[14] 元々加藤はキリスト教や聖書研究の専門家なので、キリスト教の立場から見たユダヤ教との関係がこの著作の基本的主題である。つまりメシア思想がキリスト教に導入され、新しい形で登場するという説明となる。世界史的にはイエスが登場することがあまりにも重要視され、その先のユダヤ教の歴史はほとんど語られないのが現実である。

しかしユダヤ教の文脈ではそれで終わらない。イエス登場にユダヤ教がどう関係したかという議論を見た上で、その後ユダヤ教はどのような展開をしたか、論じていく。

第4章　ラビ・ユダヤ教とキリスト教

はじめに――ユダヤ教とイエス

前章まで、ユダヤ教が成立するプロセスを追いかけてきた。本章では、ユダヤ教から生まれてきたキリスト教との関係を議論していく。両者の関係がどのようになっているかを理解することが、その後のユダヤ教の発展を見るためにも大変重要である。

一言でキリスト教とユダヤ教の違いを言えば、救世主（メシア）を誰と考えるかの違いということになる。メシアはユダヤ教の概念である。日本では、「イエス・キリスト」を姓名として理解している人がかなり多いようだが、「救世主であるイエス」という意味である。イエス処刑後に、弟子たちによって「イエスこそが救世主（キリスト）である」という言説が広められ、キリスト教が成立する。ユダヤ教における救世主の理解が前提となり、キリスト教的な救世主としてイエスが出てきたのだ。

だが、ユダヤ教の立場からはイエスが救世主だとは到底認められない。ユダヤ教の場合、メシアがこの世に来臨した時に神の国が作られると考えるので、現在に至るまでメシアは登場していないことになる（もっとも、ユダヤ史においても現在に至るまで「メシア来臨」と謳う偽メシア運動あるいは議論は頻繁に出ている）。「イエス・キリスト」という呼称自体がユダヤ教の考え方とは衝突するわけである。この観点をきちんと押さえておかないと、ユダヤ教的立場からキリスト教を理解できなくなる。

キリスト教がヨーロッパにおける主要な宗教として大きな影響力を持ったので、我々はユダヤ教についての理解が浅い。しかし「ユダヤ教とは何なのか」を踏まえた上でキリスト教を見ると全く異なる観点から議論ができる。もちろん最近はユダヤ教の研究者も増え、ユダヤ教の文脈でイエスを捉える議論が行なわれているが、(1) やはりキリスト教の観点から見たユダヤ教についての議論が圧倒的に主流を占めている。

イエスの時代、つまりまだローマがエルサレムを支配していた時代、ユダヤ教には主に三つの派があったとされる。すなわち、律法に携わっているファリサイ派、神殿の儀式を司るサドカイ派、そしてエルサレムを中心とするエリートとは一線を画して荒野に出て行き、そこで信仰を実践したエッセネ派である。このエッセネ派の中からイエスが登場したとも言われている。また、洗礼者ヨハネもこの派に属していたのではないかと言われている。

イスラエル建国直前に、死海の南東岸より少し上ったところにあるクムランという場所の岩山の洞穴で、たまたまそこを通りかかったアラブ人の遊牧民の少年が甕に入れられた羊の皮に記された文書を発見した。世紀の大発見とされ、その後「死海文書」[図4-1]という呼び方で知られている。ユダヤ系の人々がほとんどを買い占めたので、イスラエルに文書が保管されており、エルサレムに行けば博物館でその一部を見ることができる[図4-2]。そこに書かれていることの分析から、エッセネ派がイエスに重要な影響を与えたのではないかという議論が出てきた。

ともあれユダヤ教徒の中にイエスが生まれ、旧来のユダヤ教とは違った形での信仰の在り方を主張するようになり、そこから後々にキリスト教が出て来ることになる。

ギリシア化の問題

再び加藤隆によれば、こうした流れの発端はマカベア戦争（紀元前一六八―前一四一年）と、それに続くハスモン朝（紀元前一四二―前三七年）の成立にあるという[2]。

前四世紀後半のアレキサンダー大王の征服以降、パレスチナはエジプトのプトレマイオス朝の支配下にあったが、前二世紀になるとセレウコス朝シリアの支配下に入った。プトレマイオス朝もセレウコス朝も、ギリシア系の王朝である。そして特にアンティオコス・エピファネス王（セレウコス朝シリア

図4-1　死海文書の一部

図4-2　死海文書館（イスラエル博物館）

の王。在位紀元前一七五―前一六三年）の時に急激なギリシア化政策が行われ、これに対してユダヤ教の伝統を守ろうとしてユダヤ人たちが抵抗して生じたのがマカベア戦争である。セレウコス朝の正規軍に対して、ユダヤ人側はゲリラ戦で対抗することになった。そしてともかくもユダヤ人側が勝利するという形になって、ハスモン朝と呼ばれるユダヤ人の独立王朝がパレスチナに成立した。

マカベア戦争に勝利してハスモン朝が成立したといっても、セレウコス朝シリアが滅んだのではない。またエジプトにはプトレマイオス朝が大きな勢力を維持していた。ハスモン朝の王国は、大国にはさまれた小国に過ぎなかった。(3)

アレキサンダー大王遠征後のギリシア系王朝（プトレマイオス朝エジプト、セレウコス朝シリア）の支配、つまりギリシア化の問題をどう捉えるかは、ユダヤ教理解には大変重要だ。ギリシア語が日常の言葉として入り込み、同時にヘブライ語による聖書のギリシア語訳が登場する。単に支配者の交代に留まらず、言語そのものが変わるのである。

ギリシア化が急速な勢いで進むとそれに対する反発が出てくる。これは歴史上の話に限らず、現代イスラエルにおいても、このような文脈での政治問題化がしばしば見られる。現在、イスラエルにおける極右と言われている勢力の中にも、アメリカに居住するユダヤ人を指して「英語化している」と批判する人々がいる。聖書を英語に訳し、信仰を成就したと言っている連中がいるが、それは間違いだ、ヘブライ語に戻れ、などと言う。このような状況はまさに現在における「ギリシア化」として政治問題化している。そのような主張をしたのは、メイール・カハネ（一九三二―九〇年）という極右の政治家である。一九七〇―

八〇年代にかけて活躍、極右政党「カハ」を作り人種主義的な主張をした。「イスラエルはユダヤ人国家であるべきであり、その中でギリシア的要素を取り入れた連中はすべて排斥すべき」と主張し、妥協的なユダヤ教徒を排斥すると同時にイスラエルに住むアラブ人の排斥も訴えた。このようにユダヤ人の「ギリシア化」問題は、人種主義がユダヤ人の中に出てくる元になった。現代も政治問題として利用する人々がいることを見ても、この「ギリシア化」がその後相当な問題を引き起こしていくことになったという点は確認しておく必要がある。(4)

律法主義への一元化

いずれにせよ、ギリシア系の二つの王国に挟まれて生きていたエルサレムのユダヤ人たちは、ユダヤ人の王朝を守るべく頑張っていた。そのような政治的状況下、内部でも様々なことが起こる。

戦時には敵に対して全面的に対立して戦っていればよいが、平和になると、王国の独立を維持するために、周囲の大国との妥協的な関係を保たねばならない。文化的・宗教的にもさまざまな妥協を強いられる。それを容認する方向の立場をとるか、それを拒否するかで立場が分かれることになる。

妥協的な体制派がサドカイ派とファリサイ派、そうした妥協を潔しとしなかったのがエッセネ派と、まずは位置づけることができるだろう。(5)

儀式を行なうこととユダヤ教の信仰の問題は、必ずしもそのまま重なるものではないことがここで指摘されている。同じユダヤ教徒でも、神殿等での儀式の中に信仰を見出している人、それに反対の立場をとる人がいた。

神殿勢力のサドカイ派はユダヤ人社会では上流階級にあった。神殿の破壊は、ある意味では既得権益を持っていた人々の地位を切り崩すことになり、結果的に律法だけが信仰の拠り所であるという理解が確立していく。神殿そのものが存在していた時期においても、離散したユダヤ教徒にとっては神殿があまり権威を持たない状態がすでに出ていた。だからこそ逆に、エルサレムがローマ軍により破壊され神殿がなくなってしまっても、信仰そのものは続くのである。神殿破壊以降、ファリサイ派的な律法に基づく信仰が確実に主流になっていく。

新約聖書に出てくるファリサイ派は頭が固く、守旧派としてイエスを迫害する役割である。だが、ユダヤ教の文脈では大変重要な役割を果たしている。ユダヤ教的には彼らこそが新しい流れの中心的存在であった。どの立場から見るかによって随分と異なってくる。この点は何度も強調しておく必要がある。というのは、我々の日本においてはユダヤ教的文脈でイエスを語ることはほとんどないからだ。生前のイエス自身は――もちろん様々な議論があるが――あくまでユダヤ教のラビとして活動していた。キリスト教の立場からは、このことが非常に見えにくくなる。

祭司階級のサドカイ派が神殿破壊後いなくなると、律法をいかにきちんと理解しているかがすべてになってくる。律法には様々な解釈があり、それをすべて身につけて行くことがラビとしての要件となる。ユダヤ人には天才が多いという言い方があるが、律法解釈について幼年時から徹底的に教育を受ける中で、信仰という枠内ではあるが、一つの文章をどのようにでも解釈できる理解力が鍛えられるという面もあるのではないだろうか。言われたことをそのまま受け容れる伝統墨守の姿勢では新たな理解には進んでいかないが、ユダヤ教の場合、伝統的に様々な可能性があることを前提として議論する姿勢がある。ただしそれは反ユダヤ教的にならない程度の議論の枠内で行なわれている。

ユダヤ教と同じような性格を持つイスラームにおいても、モンゴルが侵入して来る一三世紀頃までは神学が発展していたが、社会的に衰退していくと新しい解釈を許さない伝統墨守の訓詁学に陥っていった。つまり社会的流動性を保証するような律法解釈が続いていれば、宗教そのものの発展にもつながるわけである。

また、幸か不幸かユダヤ人はキリスト教社会においてもイスラーム社会においても人口的に少数派であったため、コミュニティ内において権威主義には陥らなかった。

ただし、ユダヤ教のプラスの側面のみならず、加藤は問題も指摘する。(6) 断言的に律法を肯定する態度を再生産していくことにより、ある種の停滞に陥ることになる。つまり訓詁主義である。また、前章でも述べた「自己正当化」が生じるとも指摘する。ただしマカベア戦争後の状況は若干性質が異なると述べている。それは律法主義が支配的になったためだという。

ユダヤ教において神と人との関係について考えるためには、律法は避けて通れない課題だった。しかも律法は、ユダヤ教の中で一部の専門家や好事家《こうずか》が孤立して研究しているようなものではなく、いわばユダヤ人のほぼ全員が、どのような動機からであれ、またどのようなレベルのものであれ、ともかくも勉強して理解を深めねばならないものとなっていた。
こうした状況においては単純な「律法に基礎を置いた神の前での自己正当化」の態度を維持することは困難になる。自分の自己正当化の根拠となる律法理解が浅薄なものであることが、社会の中ですぐに指摘されてしまうからである。(7)

律法解釈が深く行なわれている状況では、浅薄な理解による自己正当化は困難になる。「そしてファリサイ派の律法主義が支配的だった状況での問題は、「正当化」の問題というよりも、「宗教社会的差別」の問題と呼んだ方が適切である」と加藤は言う。(8)

ファリサイ派的な律法主義において生じた敬虔な態度によって、宗教的な差別が生じてくる。差別の対象とされた者は、はっきりと救われない者とされることになる。彼らを一括してどのような呼び名で呼ぶべきか微妙なところもあるが、もっとも一般的な呼び名と思われるのが「罪人」という呼称である。

〔……〕律法にいくら熱心にコミットしても契約の神の前での罪は解消しない。律法主義者はいつまでたっても罪の状態にとどまっているのである。ところが、罪の状態にあるこうした律法主義者たちは、自分たちと同じように律法にコミットしない者を「罪人」と決めつけ、救われない者として差別しているのである。律法主義者たちの主観的な誇りとは裏腹に、神学的には惨《みじ》め極まりない状況が蔓延してきたのである。(9)

熱心に律法解釈に携わっていないと「罪人」とレッテル貼りされてしまう。信仰者として評価されないことになり、その集団内では差別され、序列の下位に位置付けられることになる。

しかしそもそもユダヤ教においては、ユダヤ人は誰もが神によって与えられた律法を守らなかった罪の状態にある。罪の問題は、人間が主体となって考えている間は、結局何も解決しない。つまり神の前だけでしか解決できない問題なのだ。そうであれば、ファリサイ派の律法主義者が誰彼を「罪人」だと特定することの意味はない。このように加藤は指摘するのであり、キリスト教から見て批判的な文脈に議論が回収されていく。この点が加藤の議論の微妙なところである。

エッセネ派の思想

一方で、エッセネ派は、神と切れてしまったユダヤ人社会を離れ、神との間の関係をより直接的なものとするために登場したという視点である。

サドカイ派は神殿の権威、ファリサイ派は律法の権威を背景にして、ユダヤ人社会において指導的な立場に立っていた。つまり彼らは、ユダヤ教において神殿の支配・律法の支配を維持していたのである。そして神殿制度も律法も実は神との断絶という状況の中で成立し存続したものであることは、すでに見た通りである。この両派の立場には、社会宗教的にもさまざまな問題があったが、もっとも根本的な問題は、やはりこの神学的な問題――神との断絶――である。
エッセネ派がユダヤ人社会から距離を置いたのは、ユダヤ教の状況がこのように神から離れたものだからである。既存のユダヤ教の枠内に留まると神殿支配・律法支配のもとに取り込まれてしまい、そこには神との断絶の問題の解決の可能性はないからである。そして彼らは荒野での共同生活を送る中で、神との直接的な関係の実現を模索した。(10)

加藤はキリスト教の成立を議論しているので、論理展開はキリスト教的視点からなされる。また、加藤はエッセネ派について「神との直接的な関係を実現しようとする態度には、すでに検討した黙示思想の立場と近いところがある」と言う。(11) 前章でも触れた黙示思想は、世界に破滅が訪れるとする思想だが、これがエッセネ派の考え方には流れていたと指摘している。ただし、エッセネ派も一体ではなかった。

彼らのあり方は「神の前での正当化」を追求するものだと言うことができる。しかし知恵の浅薄な自己正当化や律法についての浅薄な理解で簡単に自己正当化してしまうのではなく、さらに厳しい模索が行われた。(12)

このように加藤は、繰り返し「正当化」をめぐる議論を展開する。こうした議論が生じるのは、人間が信仰のために集団を作ると、その集団を維持するために人間が中心となって神を解釈するようになるからだ。それを嫌ってエッセネ派は離れた。そして再び出発点と言ってもよいところへ立ち戻ることになる。

神との直接的な関係の実現を目的としてあれこれと模索をしているのがエッセネ派だと述べた。こうした関心をもたなくなってしまった既存のユダヤ教からも離れて、彼らは彼らなりに真剣にこの目標を追求した。そしてこの際に、安易な自己正当化を避けることに苦心していた。

では自分たちの「正当化」は、どのようにして実現するのだろうか。自己正当化には意味がないとすれば、残る可能性は一つしかない。それは神の側からの一方的な正当化である。つまり神が、神の側から一方的に動くのでなければ、何も解決しないということになる。人間の側からは、何もなす術《すべ》がないのである。(13)

つまり神がすべてである、というところに戻るわけである。神は隔絶した存在である、それどころか理解することもできない存在である、というのが一神教の立場である。一見矛盾があるこのような議論を「神の不可知論」という。不可能なことを議論していることになり、だから否定を続けることによってその中から逆転的肯定を見出していく論理展開しかない。

しかし、紀元後七〇年の神殿崩壊以来、ユダヤ教は律法主義に一元化してしまう。以後、二〇〇〇年近くもの長い間続いている。加藤は、それはなぜかと問う。律法主義への一元化以降エッセネ派は消えていったが、それはエッセネ派的考え方がユダヤ教に取り入れられたことを意味するのではないか、と加藤は考えるのだ。(14)つまりエッセネ派の考え方である神の側からの一方的介入が本流に取り入れられたと見ているのである。注意が必要なのは、これは加藤の推論だという点である。ユダヤ教研究の文脈からはこのような議論にはならないと思われる。ユダヤ教研究においては、ユダヤ教とは何かという議論はもっと連続性を持って語られるだろう。

一方で加藤は「ところでエッセネ派の結論は、ユダヤ教にとって恐るべきものではないだろうか」とも言っている。[15]

> 神はイスラエル民族を自分の民として選んだ。しかし断絶が生じた。神は動かない。神が自分の方から動き出すことだけが、この閉塞状況の解決の道である。ところで神が動き出した際に、イスラエル民族が再び特権的な神の民として選ばれるという保証は何もないのである。神の新しい選びの範囲は、どのようであってもよいのである。
>
> そしてエッセネ派の結論が前一世紀前後に生じたとするならば、それに続く時期のユダヤ教における神学的に最大の事件は後一世紀におけるキリスト教の出現である。〔……〕キリスト教の中心的意義は、神の新たな介入が生じたという主張にある。そしてキリスト教は、神の新たな選びの範囲が排他的にイスラエル民族に重なっていないと主張したのである。こうした主張に対してユダヤ教の主流は、民族中心主義的で律法主義的な態度を取り続けることを選択した。[16]

それまでは神の救済の対象はユダヤ民族のみであった。キリスト教の立場は非ユダヤ人に対しても福音が与えられるという立場である。となると、ユダヤ教にとってみればキリスト教の出現はまさに存在そのものの危機になるわけである。

しかし、キリスト教徒も救済の対象はイエスの福音を信ずる人のみという解釈で、それを否定するユダヤ教徒を排斥した。キリスト教も同じことをしているわけである。それによって中世以降、キリスト教によるユダヤ教徒の排斥、差別という問題が出てくる。

タルムードの成立

これまでキリスト教を意識しながら議論を進めてきたが、以下では、ラビ・ユダヤ教の成立過程を具体的に取り上げる。ユダヤ教を理解するのに大事な点は、文字で書かれた律法（トーラー）のほかに、口伝の律法（ミシュナー）があるということだ。「ミシュナー」とは、イスラームの「スンナ」と同じ語源である。これまで伝わってきたことを守っていくことを意味する。

図4-3　タルムードの一例：中心に根本となる文書（ミシュナー）があり、その周りに新しい解釈（ゲマラー）が付け加えられていく

律法というけれども、何も法律的なもの、規範的なものばかりではない。説教や伝承、物語などをも含んでいる。それらの口伝が聖典なみに重んじられるところに、ユダヤ教の特徴がある。だから、文章になっていない口伝

律法を記憶に頼って子々孫々に伝えていくのは、ユダヤ賢者の大事な役目であった。伝統が途絶えないために、弟子の養成も重要な使命であった。

賢者の最初の世代の人たちをソフェリームと言った。新約聖書にも「律法学者」という名で登場している。紀元前五世紀から紀元一世期頃までの時代に活躍した。

次の世代は、紀元一世期から紀元二世紀までの賢者たちでタナイームと呼ばれたが、ユダヤ賢者の中でも有名なヒレル、シャマイという大学者の時代から、ラビ・ユダ・ハナスィの時代までの学者をいう。彼らは、口伝律法を研究し発展させ、ラビ・ユダが最後に膨大な口伝律法を整理し、編纂した。

〔……〕

タナイームの時代は、ユダヤ民族が最も悲劇的な運命を味わった時代の一つである。紀元七〇年にエルサレム神殿をローマ軍に征服され、国が滅んだのである。それ以降、一九四八年、イスラエル国が再建されるまで、国を持たない流浪の民族となる。エルサレムが滅んだ後、賢者たちはローマ軍に願い出て、ヤブネ（海岸平野の町）にユダヤ教の学院をつくる許可を得た。ヤブネから、優れたラビたちが生まれ、やがてミシュナーが成立したのである。(17)

ヤブネという町は、現在のイスラエルにおいても、ヘブライ語教育の中でしきりに言及される。つまりこの町はユダヤ人の町としてずっと継続していたのだ。エルサレムの神殿破壊以降、パレスチナにはユダヤ人が誰もいなくなったと思われがちだが、そうではなく、ユダヤ教の伝統はヤブネの町でずっと続いた。これは現在のユダヤ人のナショナリズムにとって大変重要なことである。ユダヤ人がずっとパレスチナにいたということの論証となる。だからこのヤブネが非常に強調されるのだ。

ユダヤの賢者たちが律法を教える学院のことをイェシヴァーと称するが、現在でもラビを教育する機関として機能している。

聖書の解釈に基づき様々なミシュナーが出され、さらにそのミシュナーの註釈が登場しそれがゲマラーと呼ばれ、それらを併せたものがタルムード（ヘブライ語で、学習・研究の意）と言われるものである［図4-3］。

新しい解釈を示したこのタルムードは、それ以前のユダヤ教とは決定的に異なる要素である。しかも一つの解釈のみではなく、時代ごとに様々な学者の解釈が付け加えられていく。これがユダヤ教の伝統となる。だからタルムードはかなり大判で、縦は五〇センチ以上もあり持ち運ぶのも大変な本である。しかもそれが何巻もある。タルムードの勉強をしようとすると何年かかるか分からないという代物である。

このように、長い期間をかけて形成された旧約聖書に加え、新しい註釈書であるタルムードが成立することによって、ラビを中心にした新しい形であるラビ・ユダヤ教が成立することになった。それが現在まで続いている。

第Ⅱ部

中世・近世
国際的ネットワークの展開

第5章　拡大するイスラーム世界のユダヤ教徒

はじめに――イスラームはユダヤ教に「寛容」だったのか?

前章では、ユダヤ教とキリスト教との関係をその成立の時期に即して論じた。次に、イスラームとユダヤ教徒の関係についても考えていきたい。

イスラームの下におけるユダヤ教徒、あるいはキリスト教徒は、基本的に「ズィンミー」(被保護民)あるいは「アフル・アル＝キターブ」(啓典の民)と呼ばれ、同じ啓典を信仰する者という位置付けである。しかしイスラームの下で、少数派であるユダヤ教徒、キリスト教徒がどのように扱われていたのかについては議論が続いている。一方ではイスラームに迫害されていたという見方が、他方ではイスラームによって寛容な統治がされていたという見方がある。現状の議論はこの二極の間を揺れている。

バーナード・ルイス『イスラームのユダヤ(*The Jews of Islam*)』(一九八四年)[1]は、イスラーム世界におけるユダヤ教徒の歴史を、講義を基にして体系的に著した著作である。ルイスはロンドン生まれだが、一九六〇年代に中東研究の中心がアメリカに移った際に頭脳流出の流れの中でロンドン大学からプリンストン大学に移った。その後、アメリカのイスラエル寄りの中東政策に強い影響力を持つようになり、二〇〇三年のイラク戦争ではイラク攻撃を主張したネオコン（新保守主義）のイデオローグとして有名な人物であった。

同書は講義録をまとめたもので、ユダヤ教徒はイスラームの下で大変繁栄していたが、近現代に没落していったという観点から議論している。ルイスが何度も強調していることは、ユダヤ教徒の繁栄は一神教の宗教の下においてであるということだ。ヒンドゥー文化圏、儒教文化圏等といった具合に、東に行けば行くほど、ユダヤ教徒は顕著な形で社会的に目立つことはない。ユダヤ教徒の問題はやはり一神教の文脈で意味が出てくるのであって、そうではない非一神教の地域では、その地域がたとえ宗教的に寛容であったとしても、その前提としてこの小さな一神教の共同体には基本的には無関心なのである、ということだ。例えば東アジアの日本、インド等の一神教ではない地域におけるユダヤ教徒は、人口的にほとんどいないということもあり、問題にもなっていない。したがってユダヤ教徒の問題は、あくまでも一神教の世界における問題として議論されることが多いのである(2)。

そして、一九四八年のイスラエル建国は、イスラーム教徒とユダヤ教徒との共存の終焉であり、歴史的に見て大きな転換点になったとルイスは論じている。イスラーム文明が絶頂期に達するアッバース朝（七四九―一二五八年）の時期を高く評価するが、近現代になるとイスラームは駄目になった、つまりイスラームにおける寛容性が失われていったという視点からイスラーム史が解釈されているのである。

また、現在のイスラエルにおいては、イスラームの下でユダヤ教徒は迫害されていたという見方が強い。一九四八年のイスラエル建国と同時に、一九五六年まで国王によってユダヤ人のイスラエルへの移民が許されなかったモロッコという例外を除き、イスラーム世界に住んでいたユダヤ教徒のほぼすべてがイスラエルに移民してきたことをうけて、イスラームの下ではユダヤ教徒は厳しい生活を強いられてきたという認識が一般化している。第二次世界大戦中にホロコーストがあり、ヨーロッパのユダヤ人たちが迫害を受けた事実を、イスラーム世界、とりわけアラブ世界にも適用しているのだ。イスラエルでは教育現場でホロコースト教育が義務付けられているが、同じようにイスラーム世界についても、ホロコーストとは程度は違えども迫害は間違いなく行なわれていたとして、ユダヤ人の安全はやはりイスラエルでしか保障されないという主張がなされている。

しかし、イスラームは寛容であったかどうかについて正解はない。中世ヨーロッパに比べるとはるかに寛容であったといえるかもしれないが、かと言ってイスラーム教徒とユダヤ教徒が近代的な観点から対等であったかと言うとそうではない、というところが最近の議論の落とし所である。

三つの一神教

イスラーム側から見て、ユダヤ教、キリスト教はどのように位置付けられるのか。

基本的にイスラームはユダヤ教から多くの教義を取ってきていると言われる。預言者ムハンマド（マホメット）自身は、読み書きができなかった。ただし非常に記憶力が良かった。記憶して語っていくのはアラブの伝統である。いわゆる耳学問でユダヤ教やキリスト教の教義を身につけたのだ。ムハンマドはメッカの商人であったのでシリアの方面まで足を延ばしたわけだが、一番近くにいたのがメディナ（マディーナ）のユダヤ教徒であり、ムハンマドは彼らと話しながら聖書の知識を学んだ。そして彼がヒラー山の洞窟に籠もり瞑想にふけっていた時に突然、アッラーの声を聞く。ユダヤ教では、神がユダヤ教徒に対して啓示を下す際には「聞け」（イシュマァ）と呼びかけるが、イスラームの場合は「読め」（イクラァ）、つまり朗誦しろとなる。声に出して言えということが、神からムハンマドに下される。人間と神との関係において、ユダヤ教的な形式がそのままイスラームの中に取り入れられたのだ。

イスラーム独自の主張は、イスラームは直接アブラハム（アラビア語でイブラーヒーム）に遡れるということである。キリスト教がアブラハムの正妻サラの子供であるイサク（アラビア語でイスハーク）の系列であるのに対して、正式な妻ではない女性ハガルとの間に生まれたのがイシュマエル（アラビア語でイスマーイール）であり、その直系がムハンマドということになる。コーラン（クルアーン）にはイサクは登場せず、イシュマエルしか出てこない。預言者ムハンマドはその直系であり、イシュマエルを通じてアブラハムまで遡れるということで、イスラームは自分たちの宗教を「アブラハムの宗教」と呼ぶ。

イスラームは、預言者を通じて啓示、つまり神の言葉を受け取り、それをまとめたものがコーランであり、そしてそれを信仰する者がイスラーム教徒である、という説明をする。それを他の宗教にも当てはめていく。ユダヤ教の場合は、ヘブライ語で啓示を受けた預言者はたくさんいるが、ユダヤ教の成立に最も貢献したのはモーセだということで、「モーセの宗教」であり、ヘブライ語で啓示を受け、旧約聖書としてまとめられ、それを信仰する者がユダヤ教徒という説明になる。キリスト教の場合は、ギリシア語あるいはアラム語で啓示を受け、新約聖書としてまとめられ、イエスがその言葉をもたらしたのであり、新約聖書がその啓示を説明する文書で、イエスをメシアとして信仰するのがキリスト教徒である、という説明になる。

イスラームは、諸預言者の系列の中で最後に登場するのがムハンマドだと考える。預言者ムハンマドは最後の預言者であるということで、他の一神教（ユダヤ教とキリスト教）に対するイスラームの優位性を示す論理構造となっている。

本書のテーマに引き付けて考えると、イスラームがユダヤ教、キリスト教という一神教に対して比較的寛容であるのは、お互いに兄弟の宗教であるという認識があるからである。また、預言者の系譜の中でムハンマドの正統性を位置付けるためでもある。ユダヤ教、キリスト教が存在しなければイスラームも存在できないからだ。実際、イスラームが拡大していく過程では、この二つの宗教に対して寛容に扱った。税金さえ払えば信仰の自由は認めるという態度で接した。イスラームの教義の中にユダヤ教、キリスト教が最初から組み込まれているということを、預言者論によって明らかにしているわけである。

預言者論はムスリムの信仰箇条である六信にある。すなわち、①唯一絶対神アッラー、②霊的な存在としての諸々の天使（マラーイカ）、③ムハンマドに先行する使徒たち（ルスル）、④クルアーンに先行する諸啓典（クトゥブ）、⑤最後の審判が行われた後に来る来世（アーヒラ）、⑥この世に起こるありとあらゆることを細大漏らさずアッラーはすでに見ているという神の予定もしくは定命（カダル）であるが、③と④の使徒たち（預言者たち）と諸啓典が複数形になっていることに注意してほしい。

商人の宗教としてのイスラーム

イスラームの特性についてさらに見ていく。ここでは日本におけるイスラーム研究を牽引してきた井筒俊彦（一九一四―九三年）の著作を参照する。井筒は慶應義塾大学、カナダのマギル大学で教鞭をとった後、テヘランに滞在し、それまでは英語で著述をしていたが、一九七九年のイラン・イスラーム革命の際に帰国して、講演集等を日本語で出版し始めた。本書で参照する『イスラーム文化』[3]も講演に基づく記録である。八〇年代初頭に出版されたこの著作は、イスラームに関する啓蒙的な内容となっている。この著作では、イスラームが非常に広い範囲に広がったのはなぜなのか、という問題意識が根底にある。

イスラーム文化の国際性、これはイスラームの地理的広がりだけ考えてもすぐにわかります。ひと昔前、私どもよくサラセン帝国とか、サラセン文明とかいう言葉を耳にしたものでございます。中国のイスラームはまず考えに入れないことにいたしましても、中央アジア、東南アジアから中近東を経て、スペイン、さらに北アフリカという広大な地域に広がり、繁栄したひとつの世界的な文明、サラセン大帝国。そのサラセン大帝国の宗教と、それを生み出した文化。これを簡単にアラビア人の宗教とその文化として片づけてしまうわけにはとうていまいりません。ましてや、アラビア砂漠に視野を限ってしまいますと、イスラームを根本的に誤解するおそれがあります。[4]〔傍点強調は原文ママ〕

「サラセン帝国」という表現が、イラン革命直後のいかにも当時の時代的雰囲気を表わしている。かつてはイスラームのことをヨーロッパ側からの蔑称に従い「サラセン」と呼んでいた。今はこのようなヨーロッパ中心的な考え方は否定されているので、現在の教科書では使われていないし、メディアでもほとんどお目にかかることがなくなった。

我々は、イスラームは砂漠の宗教であり、この一神教は厳しい自然環境の中から生まれ、神は非常に厳しい父性を代表するものだという、いわゆる自然環境的観点から説明されるイスラームのイメージを強く持っている。井筒は最初にそれは間違いだと指摘している。『風土』（一九三五年）を書いた和辻哲郎の議論が念頭にあるのだろう。つまりアジアのモンスーン型、そして中東等に代表される砂漠型、ヨーロッパの牧場型というような、自然環境に基づく説明に対する疑問を提示しているのだ。人間類型として砂漠的人間の宗教ではないと明言したことは、当時では大変画期的だった。

井筒によれば、イスラームは砂漠の宗教ではなく、むしろ砂漠の中にあるオアシスの宗教であるという。砂漠を海に例えると、オアシスは大海原に浮かぶ島のようなものであり、そのような島で興った宗教だということだ。そして、モノの流通を重要視し、キャラバンという形でラクダを率いてモノを運ぶ人々は船に相当する。

つまり、イスラームはオアシスを拠点としながらモノを動かす商人の宗教である、というのが井筒の主張である。預言者ムハンマドも国際貿易の中心地メッカの商人であった。商人の考え方がイスラームの根本的な考え方になっている、ということだ。

さらにアラビア人でも砂漠の遊牧民（ベドウィン）と都市の商人とではメンタリティーがまったく異なり、実はイスラームは我々がイメージする砂漠的人間の価値観とは完全に衝突しさえする、と指摘している。

〔……〕同じアラビア人といいましても、砂漠の遊牧民と都市の商人とでは、メンタリティーも、生活感情も、生活原理もまるで違います。砂漠的人間であるどころか、預言者ムハンマドはまさに砂漠的人間のいちばん大切にしていたもの、砂漠的人間の価値体系そのものに真正面から衝突し、対抗し、それとの激しい闘争によってイスラームという宗教を築き上げたのであります。(5)

井筒はイスラームにおいては神との関係についても、商取引と同様に契約が絶対的なものとなると説明している。契約は商人間の信頼の問題であるが、それが神との関係にも当てはまる、という議論である。イスラームは厳格な戒律に基づくものというイメージがあるが、その厳格さはむしろ商業倫理に近いようなものだ。

〔……〕こうしてイスラームは最初から砂漠的人間、すなわち砂漠の遊牧民の世界観や、存在感覚の所産ではなくて、商売人の宗教――商業取引における契約の重要性をはっきり意識して、何よりも相互の信義、誠、絶対に嘘をつかない、約束したことは必ずこれを守って履行するということを、何にもまして重んじる商人の道義を反映した宗教だったのであります。(6)

上記のような議論を展開しながら、井筒は、イスラームは砂漠的なものではなく商人の宗教であることを強調する。

なお、預言者ムハンマドがメッカにおいて新しい宗教であるイスラームを立ち上げた際に迫害を受けるわけだが、六二二年、その迫害を逃れメッカからメディナ（マディーナ）に移り、新たな地で新しい共同体を築く。いわゆる「ヒジュラ」（聖遷）である。それがイスラームにおける暦の起源となる。移った先のメディナも商業地で、たいへんユダヤ教徒が多かったと言われている。イスラーム的なものが議論される際、メディナにおけるユダヤ教徒の共同体の存在については常に強調される。

井筒はさらに、拡大するイスラームについて説明していく。イスラームは拡大する過程で様々なものを吸収していくが、とりわけヘレニズム系列の文明を取り込んだ。だから「アラビア半島で誕生したそもそもの最初から、イスラームはキリスト教、ユダヤ教と密接な友好的、かつ敵対的関係にありました」と、非常にアンビバレントな関係性を持っていたことを強調している。(7)

また、『岩波イスラーム辞典』に記載されている「商人」の項には、「イスラーム世界の広がりを活用したユダヤ教徒やアルメニア人などズィンミーの商業ネットワークの堅固さが強調されるが、異教徒間の協力関係もまた顕著であった」とある（執筆は長谷部史彦）。貿易、交易に関しては、イスラームのムスリム商人と共にキリスト教徒、ユダヤ教徒の商人たちの活動も非常に盛んであった。彼らがイスラームの交易ネットワークの上に乗って活躍していた、つまり共存の関係にあったことはいくら強調しても強調し過ぎることはない。

預言者ムハンマドとユダヤ教徒の部族

次に、古い本だが、関西大学教授だった藤本勝次の『マホメット』(8)を見ていく。藤本のこの著作が出版された一九七一年は、ちょうど第三次中東戦争が終わった後、パレスチナとイスラエルの争いが顕在化していく時期である。パレスチナ解放機構（ＰＬＯ）を中心とするゲリラ活動が盛んになり、新聞等々では毎日のように報道がなされた。つまりアラブとイスラエルの対立がパレスチナ人の武装闘争を通じて非常に明確な形で出てきた時期である。そのような時期に、なぜこのようなことになったのか、一つの説明を試みた著作であるとも考えることができる。

ユダヤ教徒はメディナ（マディーナ、旧名ヤスリブ）で影響力をもっていた。最も有名なユダヤ教徒の三部族がバヌー・ナディール、バヌー・クライザ、バヌー・カイヌカーウ、であった。ユダヤ教徒の部族に属するのは約二〇〇〇人であった。ユダヤ教徒は二つの要因でヒジャーズ地方に移住してきた。第一に紀元前五八七年にバビロン捕囚でパレスチナを去り、アラビア半島の北部地域に定住した。第二の理由は、紀元七〇年のローマ人によるエルサレムの第二神殿の破壊であり、そのため、ユダヤ教徒はハイバル、ヤスリブ（メディナ）、タイマなどに定住したという［図5－1］。

当時のメディナの経済は、ユダヤ教徒によって支配されていた。ユダヤ教徒は裕福だったので、彼らは高利で金を貸した。メディナは、ナツメヤシ、ブドウなどの農業地帯であり、貧しい部族が、多くの場合、栽培のための資金を必要としていたからである(9)。

「メディナ」は、アラビア語では「マディーナ」で「都市」という意味であるが、ヘブライ語では「国家」を指す（したがって、イスラエルの正式名称は「メディナット・イスラーエール」である）。ヘブライ語とアラビア語はよく似ているが、同じ単語でも意味が異なる場合もある。

ヒジャーズ地方（アラビア半島西側の紅海沿岸）には、おそらくパレスチナから移民してきたのであろうユダヤ教徒が多く住んでいる。このような事実があるので、レバノンの歴史家カマール・サリービーは、聖書はアラビア半島からやってきたという「聖書アラビア起源説」を展開している(10)。聖書に記述のある都市名等を検証していくと、パレスチナももちろんだが、ヒジャーズ地方にも同じような地名が見られると指摘するのだ。このような議論も出てくるほど非常に多くのユダヤ人が住んでいたわけである。

　ここで重要な意味を持つのは「部族」という単位である。「部族」は古い人間の絆と捉えられがちだが、むしろ日本で言うところの「家」に近い。つまり家族のネットワークである。それがこの時代においては社会を動かす単位になっていたのである。したがって、イスラームにとってユダヤ教は大変重要な意味を持っているわけだが、現実問題としては部族間の問題として現われてくる。どのように部族間同士の条約が結ばれるか、つまり、裏切るか同盟を組むかでその態度が決まっていったのである。

　初期イスラームにおいて異教徒との関係を規定したものが「メディナ憲章」である。

図5-1　アラビア半島

> ヒジュラ後まもない頃にメディナの人々とマホメットが結んだ契約の文書が記載されている。これがいわゆる「メディナ憲章」と呼ばれるものである。
>
> 　この文書は〔……〕四十七ヵ条の契約文書である。〔……〕その要点は、イスラム教徒に敵対せず、戦費を負担するという条件のもとに、改宗を強要せず、ユダヤ教徒に信仰の保持を認めながら、彼らを一つのウンマの中に包含しようとしていることになる。ユダヤ教徒を仲間に引き入れようとしているマホメットの意図がわかる。彼らの経済力がウンマの建設に役立つことを見ぬいていた

のかもしれない。ともかく、マホメットがユダヤ教徒をメッカの多神教徒と区別して考えていたことは事実である。(11)

イスラームの異教徒との関係は、このような契約によって規定された。イスラームではまさに「契約」が機軸にあるのだ。

参照した文章に見られるように、預言者ムハンマド（マホメット）は基本的にはユダヤ教徒を仲間に入れようとしていた。彼はメッカで商人として活動していたが、イスラームという新しい一神教を立ち上げた時、それまでの多神教的な世界においては当然迫害を受けた。そのためメッカから逃げてメディナに移る。ムハンマドが掲げた教えはユダヤ教に非常に近く、ほとんどユダヤ教の新バージョンと呼んでもいいほどの内容だったので、当然、ユダヤ教徒は自分のことを理解してくれると思っていた。しかし、そうではなかった。

唯一の神の信仰に関しては、ユダヤ教徒とてマホメットに反対する理由はない。しかし、マホメットがほんとに神から啓示を受けたのか、また彼が真の神の使徒であり、預言者であるのか、という点になると、ユダヤ教徒はそれを認めようとはしなかった。(12)

ユダヤ教徒は、キリスト教が誕生した際、イエスこそがメシア（救世主）であるという教義に対して、メシアはそんなに簡単に来臨するものではないとして拒絶した。キリスト教とユダヤ教、イスラームを区別する一番大きな点は何かというと、イエスがキリスト（＝メシア）である、ということだ。キリスト教は三位一体説を唱えるが、この考え方はイスラームもユダヤ教も否定する。例えばムハンマドは預言者であって神ではない。旧約聖書に書かれている預言者も人間であって神ではない。神と人間とは明らかに断絶した存在であるという考え方を採るわけである。キリスト教との関係においてよく指摘されることだが、イスラームはカトリックから異端と宣告されたネストリウス派キリスト教の影響が非常に顕著だと言われている。神と人間の関係を考える際に、創造主としての父なる神と、贖罪者キリストとして世に現れた子なる神と、信仰経験に顕示された聖霊なる神とが、唯一なる神の三つの位格（ペルソナ）であるとする三位一体を否定した、という理由からである。ネストリウス派は、イエスは人間であり神ではないとしたことで、カトリックから断罪されるわけだが、これはユダヤ教徒の考え方に近く、イスラームもこのネストリウス派のキリスト教と接近していくことになる。預言者ムハンマドは人間だと強調するわけである。しかし、ムハンマドは「救世主」とは言わなかったが、「預言者」、つまり神の言葉を伝える者だと名乗った際、実際問題としてユダヤ教徒は神学的レベルにおいてはムハンマドを拒絶したのだ。

ヒジュラ二年という年〔六二四年〕は、マホメットの親ユダヤ政策が一八〇度の転換をした時期であることには間違いない。マホメットは、メディナに移住する以前から、ユダヤ教に範をとって、イスラムを組織化しようとはかっていた。〔……〕ところが、ユダヤ教徒は、論争をしかけてマホメットの預言者たる主張を非難し、あまつさえ、経済的援助すら拒否する態度に出た。〔……〕彼らとの論争を通じて、マホメットはユダヤ教の知識をかなり豊富に持ち、逆にそれを利用して反論はしているが、彼にとっては容易なことではなく、苦しい戦いであったに違いない。[13]

現在の「イスラーム原理主義者」と呼ばれる人々はこの時期のユダヤ教徒の話を取り上げ、ユダヤ教徒とイスラエルを重ね合わせるわけである。我々は預言者ムハンマドの意思に従いイスラエルと戦うという理屈である。それも歴史的事実であるが、後世にイスラームが拡大するにつれ、こういったことはあまり意味を持たなくなった。イスラームが強大になっていけばいくほど、ユダヤ教徒はあくまで契約の下においてだが、イスラームと共存できるという考え方が主流になる。ユダヤ教徒は二級市民ではあったが敵対する関係ではないという考え方が出てきたのだ。ユダヤ教とイスラームの関係は、両義的であることは間違いない。そのどちらを強調するのかによって、その関係はいかようにも解釈されるわけである。

ともかく七世紀において、預言者ムハンマドは、敵対的なユダヤ教徒の部族をメディナから排除していく。

イスラームの拡大と一神教徒の庇護民化

その後、イスラームはアラブの諸部族と連合し、どんどんと拡大していった。W・モンゴメリ・ワット（一九〇九―二〇〇六年）は『地中海世界のイスラム』[14]で、ジハード（聖戦）にも触れながら議論を展開している。ワットはイギリス・エジンバラ大学の教授であり、イギリスにおけるイスラーム学の先駆けとして知られる。とりわけムハンマドの時代についての著作が大変有名であり、邦訳もいくつか出されている。

いろいろな点でメディーナのイスラム教徒集団は、一種の部族ないし部族連合として機能した面があった。ムハンマドの勢力と権威が増大して、多くの部族や小集団が同盟をもとめるようになると、ムハンマドは、かれらがイスラム教徒となって自分を預言者と認めることを要求した。そういう仕方で、六三二年に亡くなるまでに、かれは諸部族や諸部族の分裂した部分から成る巨大な連合体をつくりあげて、それはアラビアの大部分にまたがるものとなった。初期のジハードはイスラム教徒と同盟していない近隣の不信心な諸部族に向けられていたが、時とともにこれらの諸部族は、イスラム教徒の攻撃を避けるいちばん簡単な方法は、みずからイスラムを信じるとしてこの連合に加わることだ、ということを悟るようになった。

〔……〕しかし、ユダヤ教徒、キリスト教徒、ゾロアスター教徒その他唯一神の徒とされた人びとは、別個の扱いを受けた。かれらの宗教はイスラムの姉妹宗教だとみなされたのである。〔……〕かれらが唯一神の徒であることはまちがいなく、イスラム教徒が一種の同盟者として迎え得る存在であるとされた。アラビア外で最初にアラブ人に侵入された諸国では、住民のほとんどは唯一神の徒であるとみなされた(15)。

ここで重要なのはジハードの対象である。現在の過激なイスラーム教徒たちは、ユダヤ教徒やキリスト教徒をジハードの対象にするが、初期の段階ではそうではなかったのだ。「イスラームの家」〔ダール・アル＝イスラーム〕という言い方があるが、契約関係で「イスラームの家」に入った者はジハードの対象にしてはならないということになっている。ジハードの対象になるのは、「イスラームの家」の外側にある「戦争の家」（ダール・アル＝ハルブ）に位置付けられている人々である。ここでは狭い意味でのジハードを扱っているが、現在でも大きな議論になっている問題である。

現在、この問題が政治問題化しているのが、インドとパキスタンの関係である。南アジアを「イスラームの家」と位置付けるか、「戦争の家」と位置付けるかによって、まったく違った結論が出てくる。つまりパキスタンがインドに戦争を仕掛けるのは、イスラーム的にはインドが「戦争の家」であるからだということになる。だが、議論がそこに収斂していくかというとそうではなく、「平和の家」であるという考え方もある。インドにも沢山のイスラーム教徒がいるからだ。そのような神学論争が現在でも行なわれている。

先の引用ではゾロアスター教徒にも触れている。ゾロアスター教徒が多いのはイランであり、事実、イランがイスラームの支配下に入った時、その扱いが問題になった。ゾロアスター教徒は一神教徒ではないという見解もあったが、結果的にはユダヤ教徒、キリスト教徒と同じ位置付けとなったのである。

そして、ゾロアスター教徒を含む一神教徒は「庇護民」（ズィンミー、ジンミー）と位置付けられた。

〔……〕ジハードの目的はこれら住民を改宗させることではなくなり、被保護者の資格でかれらをイスラム教徒支配に服属させることとなった。この庇護民は、集団としてはアフル・アル・ジンマahl al-dhimma（契約の民）、個人としてはジンミーdhimmīと呼ばれた。かれらは同じ宗教を奉じる集団を単位として、大主教やラビなどそれぞれの宗教指導者のもとに自治を行った。これらの集団の人々は、イスラム教徒の総督に人頭税を払う義務があり、また、結んだ協定の条件いかんによっては、それ以外にも種々の負担が課せられた。集団によっては、以前の支配者のときよりも税負担が軽くなったものがあり、かれらを効果的に保護したことはイスラム国家の名誉といってよい[16]。

イスラーム教徒は、一神教徒に対しては、税金を払えば自治を与える庇護民（「被護民」と訳す場合もある）として扱ったわけである。引用では、その税負担は以前の支配者よりも軽くなったものもあると述べられているが、もちろん地域や時代により税金の軽重は変わっているので、一概には言えない。ただ一般的には、他の国家に比べると安いということになる。

また、例えばビザンツ帝国（東ローマ帝国）やスペインでは、ユダヤ教徒は、キリスト教徒からの迫害がなくなるということもあり、イスラームの軍勢を受け容れ、歓迎したという。ノーマン・F・キャンターは『聖なるきずな』で、「ユダヤ人は通商や政治や行政の面の専門的知識を活用して新たに建設されたイスラム教国で手腕を発揮することができた」とプラスの方向で評価している[17]。

このように、イスラームは初期においてはユダヤ教徒に対し、厳しい対応をとったが、その後拡大するにつれて、庇護民として扱い、対応が変わっていった。イスラーム法的観点から言うと、間違いなく庇護民に対しても厳しい規定があった。ところが、キャンターは、実際に規定を厳しく施行したかと言うとそうではない、と述べている。

アラブ諸国において公式にはユダヤ人はキリスト教徒と同様にジンミー（二級市民）であり、従属少数民族と指定された。ユダヤ人は人頭税を払い、一番低い地位を示す特別の記章と服を身につけることを法律で規定された。だが実際には、イスラム教圏の地中海世界の相当広大な地域で、とくに一二世紀半ばまでのスペインでは、ユダヤ人に対するこうした制限規定はしばしばゆるやかなかたちで施行されたにすぎなかった[18]。

イスラーム法はコーランとハディース（預言者ムハンマドの言行録）に基づいて作られる。イスラーム法の規定は非常に厳しい印象があるが、実際の運用面が重視されるので、文面だけを見て議論をすると現実と乖離してしまう傾向がある。イスラームの場合、「カーディー」と呼ばれる判事あるいは裁判官の匙加減でどうにでも解釈されるので、イスラーム統治下の異教徒の在り方はその実態を具体的に見なければ分からないのだ。

イスラームは、解釈が緩やかな法学派と、厳密に解釈する法学派とに分かれる。現在のサウジアラビアのハンバル派のような最も厳しい解釈を採っているところは、イスラーム法をそのまま文字通り適用している。つまり犯罪を行なえば手首を切り落とす等、書かれてあることをそのまま実行する。ハナフィー派は、オスマン帝国領を中心に東地中海地域から北アフリカに広がり、一番緩やかな解釈を採り、場合によっては、イスラームで一般に禁止されているアルコールにも比較的寛容だということになる。今は厳密に解釈する流れが強いが、要するに法解釈によって柔軟に対応できてしまうのがイスラームなのだ。

また、イスラームにおいては商取引で利子は取らないことになっているが、実際問題としては利子を取らないと成り立たない。これは最近議論され始めたことだが、直接的には利子を取らずに、いわゆるトンネル会社を作り実際の利子取得と同じような仕組みにするのが、イスラーム的なやり方である。女性の衣服に関しても同様だ。コーランには「恥ずかしい部分は男に見せるな」としか書かれておらず、詳細な禁止項目は明確にはないのだ。解釈の問題なのである。常にイスラーム法学者と共に自分たちの行動を正当化できるような法解釈を考え出すのがイスラーム的な生き方と言える。

ユダヤ商人の家族ネットワーク

拡大するイスラームの下でのユダヤ商人の活動については、キャンターはシュロモー・D・ゴイテイン（一九〇〇―八五年、Shlomo D. Goitein）の全六巻の著作『地中海社会（*A Mediterranean Society*）』を参照している。ゴイテインは一九五七年、エルサレム・ヘブライ大学からアインシュタインも在籍したことで知られるプリンストン高等研究所に移ってから生涯この研究所を拠点とした。その著作『地中海社会』は、カイロのゲニーザ文書に基づいている。ゲニーザ文書とは、カイロにあった古いシナゴーグの倉庫から大量に発見された、当時のユダヤ教徒たちの通商を含む生活の記録である。ユダヤ教徒たちは日常生活では基本的にアラビア語を使用していたが、イスラーム教徒から読まれないようにヘブライ文字でアラビア語を記すというやり方を採っていた。この文書から当時のユダヤ教徒がどのような生活をしていたかが見えてきたわけである。このゲニーザ文書という、ありとあらゆる商取引の記録が発見されたお陰で、地中海周辺に住んでいるユダヤ教徒たちの間で広い交易関係あるいは相互のネットワークがあり、その一部がインド洋にまで広がっていたことが歴史学的観点から実証されたわけである。

また、ユダヤ教徒たちは、ラビという宗教的指導者たちの間で、律法をどのように解釈すればよいのかという新しい事態が起こった際には、お互いに文書で連絡し合って対応していくのだが、そのようなやりとりを記した「レスポンサ」と呼ばれる文書も記録として残っていた。イスラーム世界のユダヤ教徒の場合、商人であり、同時にラビであることが多かったため、商業的内容と同時に宗教的解釈の問題の解決法も相互に意見交換されていたのだ。

ゲニーザ文書は一二世紀に限定された記録であるが、ユダヤ人の商業活動は家族のネットワークを中心にしていたとキャンターは述べている。

西暦一一〇〇年におけるユダヤ人の交易の場はポルトガルからインド西海岸に及んだ。それには不屈の精神、忍耐力、そして一時に数ヵ月間、ときに数年間も家族を離れた暮らしを送ることができなければならなかった。長距離に及ぶ交易は、拡大家族に基盤を置かねばならなかった。交易に従事する商会は血縁でつながっていない人々を雇い、頼りにしたが、ユダヤ人の商業活動の仕組みは、家族と縁故をもつ人々を通して結束し、機能した。

通商業を生業《なりわい》とする家族が携わる投機的事業はつねにリスクを伴った――ポルトガルからインドに至るルートのどこででも悪天候に見舞われたら、家族の財産の多くをつぎこんだ商品を載せた船が一瞬にして海の藻屑と消える怖れがあったからだ。こうしたことはすべて一七世紀の英国やオランダの商業資本主義に共通したことであるが、一一世紀にすでにそれが、ユダヤ人の商業資本主義を形成する構造であり行動様式であった(19)。

当時の貿易は、船が沈没してしまったら財産を失うことになるため、ある意味投機的な側面があったが、東方に行って多くの物産を持ち帰ると高額で売れ巨額の富が得られた。一艘の船が戻れば莫大な財産ができるわけである。一六―一七世紀にかけての大航海時代のポルトガル、スペインが、例えば日本等にやって来て行なった南蛮貿易等の先駆け的存在がユダヤ教徒の商人たちなのである。

ユダヤ商業資本主義とは、交易つまりモノを動かしその差額によって儲けることだ。これがユダヤ人の商売の特徴である。イスラーム教徒に関しても言えるが、こういった儲け方は繁栄も用意したが、没落も容易にもたらす。イスラームが急速に拡大し、急速に没落していったのは、生産ではなく流通を重視し過ぎた点がしばしば指摘されている。モノを動かすことによる貿易差額主義に乗っかった経済、つまりフローの経済であってストックの経済ではなかったということである。これはユダヤ人の場合にもあてはまる。

先述の通りラビと商人とはしばしば重なることが、イスラームの下において生きていたユダヤ教徒たちの特徴の一つと言われている。ユダヤ人たちは家族を大事にしながら商売を行ない、ユダヤ教の信仰を守っていく。そもそもユダヤ教の信仰の在り方は家族を単位にして成立するものである。つまり異教徒に対して守る場としての家族が重要になるわけである。これは現在に至るまで続いている側面である。宗教儀式もほとんど家族単位で行なう。

シナゴーグはキリスト教の教会に相当するものはあるが、あくまで「シャバット」（安息日）である土曜日に集まる場所であり、場所そのものに積極的な意味があるかと言うと、礼拝のための空間に過ぎない。

ただし、そこにはユダヤ教の信仰の象徴として大事にされている「トーラー」（律法）の巻物が保管されている。しかしあくまでユダヤ人の共同体を象徴するものとして位置付けられており、教会とはいささか性格を異にしている。シナゴーグそのもの、つまり礼拝所には、キリスト教的な意味での「聖なるもの」という考え方はないということだ。これはイスラームのモスクも同様である。それがユダヤ教やイスラームにおいて特徴的なことである。

第6章　十字軍からレコンキスタへ

はじめに――「内なる敵」としてのユダヤ人

ヨーロッパとイスラーム世界の関係を考える上で、十字軍とレコンキスタという二つの重要な事件があるが、両者はユダヤ教徒の歴史を考える際も必ず取り上げられる。

ヨーロッパにとって十字軍は大変重要な意味を持っている。一一世紀から一三世紀にかけてヨーロッパのキリスト教徒が、聖地エルサレムをイスラーム教徒の手から奪還しようとした企てという説明が一般的である。十字軍そのものの企ては結果的には失敗に終わる。

十字軍が再び語られ始めるのは第一次世界大戦である。一九一六年に、預言者ムハンマドの直系ハーシム家のシャリーフ・フサインが、イギリスの支援を受けてオスマン帝国に対しアラブの反乱を呼びかけた。その際に、かの有名な「アラビアのロレンス」（トーマス・E・ロレンス）がエルサレムから少し東側にあったヒジャーズ鉄道に沿って北上した。それに対応し、カイロに拠点を置くエドモンド・アレンビーというイギリス軍の将軍も地中海岸沿いに北上し、ガザを通って、エルサレムに入った。そのイギリス軍がエルサレムを占領した時に、再び思い起こされたのが「十字軍」という名称なのだ。つまりキリスト教徒がついにエルサレムを奪還したということになる。ただし、それは当時のイギリスとしては公言できないことであった。圧倒的にイスラーム教徒が多いエルサレムにおいて「十字軍」という言葉を使ってしまうと、その後のイギリス支配に影響するという理由からだ。とはいえ、公然の秘密という形で、そのような理解が非常に多かったのは事実である(1)。

「十字軍」という言葉は現在に至るまで散見される。例えば二〇〇一年の「九・一一事件」(アメリカ同時多発テロ事件)の際、当時のアメリカのジョージ・W・ブッシュ大統領がテロとの戦いのことを「十字軍」だと言ったというエピソードは有名だ。欧米のキリスト教世界においては潜在的なところで、十字軍の問題は決して忘れ得ない事件として記憶されているのだ。

ユダヤ教徒の視点から十字軍を考える際、イスラームからの聖地奪還とは別の問題がある。イスラーム教徒はヨーロッパのキリスト教徒から見ると「外なる敵」であった。そして、当時ヨーロッパ内に住んでいたユダヤ教徒は「内なる敵」と位置付けられていた。つまり、ユダヤ教徒はスパイ的にイスラーム教徒と手を組み、内側から攪乱しようとしている存在と見られていたのだ。十字軍の時代から、イスラーム教徒と同一視される形でユダヤ教徒に対する迫害が激しくなったという歴史的事実があるのである。キリスト教徒が地中海を隔てたイスラーム世界へ軍を派遣することが活発化すればするほど、近くにいるユダヤ教徒に対する迫害も激しくなっていくという側面があったのだ(2)。

ヨーロッパとイスラーム世界との関係を考えた際、十字軍は一三―一五世紀の「レコンキスタ」への歴史的連続性を持っていることが分かる[図6-1]。レコンキスタとは「再征服」を意味するスペイン語であり、イスラーム教徒に支配されたイベリア半島をキリスト教徒が奪還する運動のことだ。当時、イベリア半島はイスラーム世界とヨーロッパ世界の間での衝突の最前線の一つであった。つまりレコンキスタが達成されれば、十字軍以来のヨーロッパによるイスラーム教徒追討作戦がここでとりあえず完了することになる。

「レコンキスタ」に続く大航海時代はヨーロッパによる世界の一体化、すなわちグローバル化の最初の段階と言われる。ヨーロッパによる世界征服の第一歩ということだ。それはイスラーム世界とキリスト教世界の対立の中で、地中海貿易を牛耳っていたイスラーム教徒、あるいは一緒に活動していたユダヤ教徒が排斥されていったことを意味する。そのようなことを頭に入れておくと、十字軍からレコンキスタ、そして大航海時代へという流れは、キリスト教世界とイスラーム世界の力関係が逆転していくプロセスと捉えることができる。

レコンキスタは、ユダヤ人にとっても大きな転換点となる。イベリア半島南部グラナダ（ナスル朝）がキリスト教徒（スペイン王国）の手に落ち、最後のイスラーム教徒の拠点が攻略されるのが一四九二年だが、この年は新大陸がコロンブスによって「発見」された年でもある。グラナダ陥落のわずか三ヶ月後にスペインはユダヤ人追放令を出した。イスラーム教徒を追い出したと同時にユダヤ教徒も追放したのだ。先ほど述べたように「イスラーム教徒＝ユダヤ教徒」という構図が根強かったのだ。

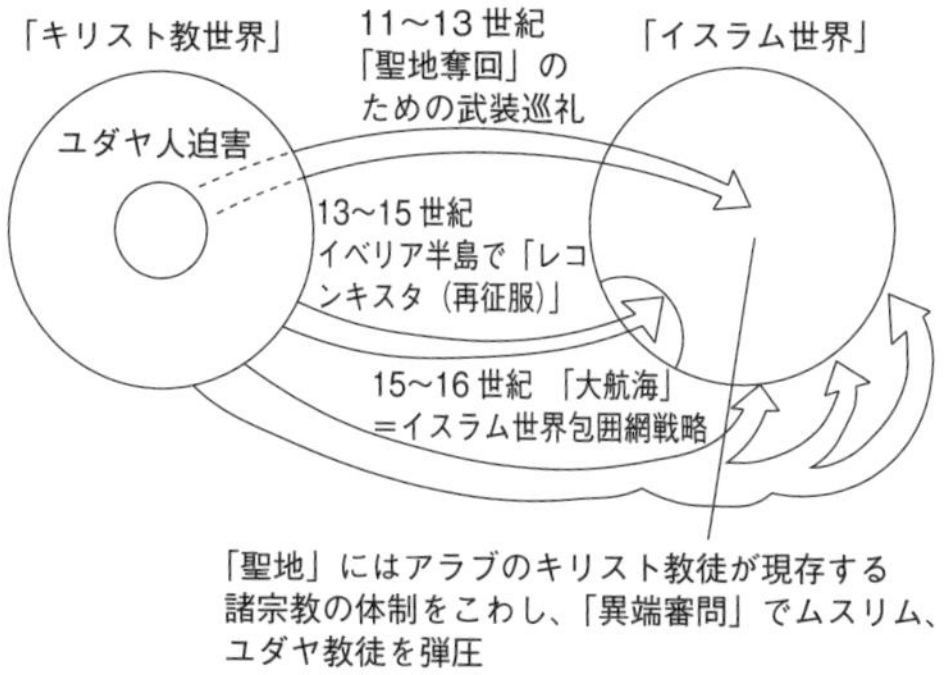

図6-1　十字軍からレコンキスタへ（板垣雄三『石の叫びに耳を澄ます――中東和平の探索』、平凡社、1992年、28頁をもとに作成）

この一四九二年という年は、ユダヤ人の民族の歴史の中では、紀元七〇年に第二神殿が崩壊したことに次ぐ第二の悲劇として捉えられている。この時にスペインから追放されたユダヤ人たちのことを「スファラディーム」と呼ぶ。ヘブライ語で「スペイン」を意味する「スファラード」の形容詞の複数形である。ユダヤ人が移動した先は大きく二つあった。地中海を東に向かいオスマン帝国そして聖地のあるパレスチナに行く経路、あるいは北へ向かいカトリックの国からプロテスタントの国、オランダやイギリスへ行く経路である。

一方で、「アシュケナジーム」と呼ばれるユダヤ人もいる。ヘブライ語で「ドイツ」を意味する「アシュケナーズ」の形容詞の複数形であり、ドイツ系ユダヤ人とよく言われているが、本来は言語上の分類によるものである。つまり、実際にドイツに住んでいるというよりも、「イディッシュ語」という言語を話す人々のことを指す。イディッシュ語は、言語学的には中世高地ドイツ語と言われ、音的にはドイツ語に非常によく似ている。ほぼドイツ語の語彙を使い、それにスラブ語、つまりロシア語的なものが入り込んだ言語であるが、ヘブライ文字で表記される。ただし、格変化は四格ではなく三格というように、簡略化されていることが特徴である。現在のボスニア・ヘルツェゴビナの首都であるサラエヴォが、スファラディームの北限と言われている。それより北はアシュケナジームの世界、南がスファラディームの世界と捉えられている。

ユダヤ人にとって第二神殿の崩壊という第一の悲劇、そしてレコンキスタという第二の悲劇に続く第三の悲劇は、二〇世紀に入ってからのナチスによるホロコーストであるが、その前に一八八〇年代から二〇世紀初頭にかけてロシア帝国ではポグロムと呼ばれる虐殺事件が起こり、多くのアシュケナジームがロシアから西欧や新大陸へと逃れた。

イスラーム世界から見た十字軍

まず、十字軍はイスラームの側からどのように見られているのか。[3]
イスラーム世界では十字軍は、「西ヨーロッパ諸国による地中海東岸地域に対する遠征・植民活動」という位置付けとなっている。第一回十字軍遠征（一〇九六―九九年）は、セルジューク朝（一〇三八―一一五七年）によるキリスト教徒迫害が原因だというかつての説は、現在は否定されており、ほとんどの教科書からも省かれている。ビザンツ帝国（東ローマ帝国）皇帝アレクシオス一世（在位一〇八一―一一一八年）からの要請であったというのが現在の一般的解釈である。

「十字軍」はアラビア語で「サリービーユーン」と言われる。「十字架を持っている人たち」という意味だ。サリーブ（十字架）という言葉はごく一般的に使われており、例えば、とりわけレバノン等にはキリスト教徒が多いため、現在に至るまでサリービーという姓もある（前章で言及した『聖書アラビア起源説』の著者カマール・サリービーはベイルート・アメリカン大学教授でプロテスタントであった）。そのように十字軍の末裔と言ってよい人々がたくさんおり、今はほとんど同化しているのだ。

しかし、同時代的には十字軍はおもに「フランク人」（イフランジー）と呼ばれていた。フランク王国（現在のフランス）から来た人たち、つまり外国人であり、ムスリムではない人という意味である。ムスリムの側からはキリスト教徒という意識はあまりなかったということは間違いないだろう。一部の王や教皇との対立であり、必ずしもすべてのキリスト教徒と対立していたというわけではない。したがって全面対決の様相を呈したというより、部分的な問題であったことになる。事実、両者は常に交戦していたわけではなく、しばしば交流もあった。「アッシジのフランチェスコ」が創設したことで知られるフランチェスコ会という修道会は、十字軍時代を通じてエジプト等にも拠点を持ち続けた。

また、前章で参照したワットは、イスラームの側も結束していたわけではないと述べている。

十字軍を西方キリスト教社会とイスラム世界とのあいだの一連の戦いと考えると、それがヨーロッパ史にもイスラム史にも同様の位置を占めるだろうと予期するのが当然だが、これはおよそ事実からほど遠い。実際に十字軍の影響を受けた東地中海諸国には、この戦いの時点で、数多くのちっぽけな君主が分立しており、かれらのおもな目的は、みずからの地位を維持して地元の敵手たちにぬきんでることであった。だから、フランク人に対してかれらが結束する動機となるものは何もなく、ときには他のイスラム教徒指導者に対抗するためにフランク人と同盟するものもあった。十字軍戦士がある程度の成功をかちえたのはこのイスラム教徒内部の不統一のおかげであった。(4)

ワットが強調するのは、十字軍は、ヨーロッパが騒ぐほど、イスラーム社会には大した影響を与えていなかった、ということである。ヨーロッパ側は東地中海諸国を占領して喜んでいたが、当時のイスラーム世界の中心、セルジューク朝の事実上の首都はイスファハーン（現在のイラン）にあり、そこから見れば遠い僻地でしかなかった。

エルサレム陥落の時点での主たるイスラム勢力はセルジューク・スルタン国で、これはバグダードおよび東方のイスラム文化の大中心のほとんどを支配していたが、その事実上の都はイスファハーンで、十字軍の戦場からは六週間ばかりもの行程のところであった。イスファハーンの人びとが、そんな遠くの比較的小さな領域への侵略を、それほど気に病まなかったことはたしかである。[5]

さらにワットは、イスラーム世界、そしてヨーロッパ世界にもかなり影響力を持った歴史家イブン・ハルドゥーン（一三三二―一四〇六年）がその『歴史叙説』の中で十字軍に触れているのはほんの少しだったと指摘する。[6]一九世紀末、ロシアとイギリスはインド北西国境（現在のアフガニスタン）をめぐって争っていたが、そのことをイギリスの一般の人々がどれほど知っていたか。それと同じくらいに、当時のイスラーム教徒から見れば、十字軍はどうでもよかった、と述べているのだ。本当にそう言い切れるのかは微妙なところだが、そのような側面もあったことは間違いないだろう。

「ヨーロッパとイスラム世界にとっての十字軍の意義がこうまで違っていることを悟らなかったために、ヨーロッパの有名な歴史家たちでさえ、十字軍がイスラム側の事態に与えた影響を過大に評価した」と、ワットはヨーロッパ側の十字軍史観を真っ向から否定している。[7]

実際に十字軍の影響はイスラーム社会にとっては最小限のものであった、十字軍によってイスラーム教徒の持つ優位性は揺らぐことはなかったということがワットの議論の柱である。十字軍が決定的な影響を及ぼしたということは、かなり後になって作られた神話だとワットはしきりに強調する。このような議論を見ると、後々になって新しい歴史解釈、つまり現代の文脈に引き付けて十字軍を理解することの問題性が問われていることが分かる。

ヨーロッパにおいて十字軍が針小棒大に語られる一方で、現在までイスラーム社会において英雄として語り継がれているのがサラーフッディーン（サラディン）である。アイユーブ朝初代スルタン（在位一一六九―九三年）で、十字軍と闘って一一八七年にエルサレムの奪還に成功した人物だ。現在でもサラーフッディーンの名前は、例えば、東エルサレムの通りの名として使われており、また建物名、会社名にまで使われたりしている。

イラクのサッダーム・フセインは、欧米と戦う時には、十字軍を打ち破ったアラブの英雄としてのサラーフッディーンをしきりに持ち出した。サッダームは、サラーフッディーンと同じく、バグダード近くにあるティクリートという町の出身だった。サラーフッディーンは実は現代的な意味でのアラブ人というよりクルド人だったのだが、サッダームは彼を自分と重ね合わせていたのだ。また、サッダームは、一九九一年の湾岸戦争の時にイスラエルにスカッド・ミサイルを撃ち込んだが、イスラエルと戦う際には自らを新バビロニアのネブカドネザル二世に擬した。ネブカドネザルは、バビロン捕囚を行なってユダヤ人たちを現在のイラクまで連れて来た人物である。これも十字軍と同じく、歴史が現代的な文脈で政治に利用される典型的事例である。

十字軍と反ユダヤ感情

では、ユダヤ人の歴史の文脈において、十字軍はどのように位置付けられるのか。まず、ポール・ジョンソンの著作を見ていく。第1章で見たように、ジョンソン自身はキリスト教徒であるが、十字軍にいたるまでのキリスト教徒による反ユダヤ感情の増大について述べている。新約聖書、特に共観福音書と呼ばれるマタイ、マルコ、ルカの福音書の中には、ユダヤ人がイエスを殺したのであり、その罪を後世まで引き継ぐのだ、という記述がある。だが、ポール・ジョンソンによれば、キリスト教擁護論者たちは、それよりも、イエスこそがキリスト、つまり救世主(メシア)であることをユダヤ教徒たちが信じなかったことを問題とするようになったと述べている。

このキリスト教の論法の悲劇は、それが新しい種類のアンティ・セミティズムを直接導き出す結果になったことであった。ユダヤ人はキリスト教の真実について知ることができたのに、なおもそれを否認したというのは、〔キリスト教擁護論者たちにとって〕ほとんど人間としてあるまじき行為のように思われた。(8)

この文脈で「アンティ・セミティズム」(反ユダヤ主義)をそのまま使うのは実は問題がある。というのは、アンティ・セミティズムは本来「反セム主義」という意味だが、あくまで一九世紀以降に起こった事態であり、この用語を中世にまで遡って使用するのは無理があるからだ。ジョンソンは、ユダヤ人に対する憎しみは宗教的なものに限定されないということを強調するために、この語を使ったのだろう。意味的にはユダヤ人に対する憎しみということである。

キリスト教徒にとっては、イエスが救世主（メシア＝キリスト）であるということこそが真実である。ユダヤ教徒はそれを否定し続けてきたのであり、差別、迫害されても仕方のないことだという認識にすり替わっていった。そして、そのことがユダヤ人に対する偏見が過激になっていった理由だとジョンソンは記述している。

また、ユダヤ教では、例えば旧約聖書の『レビ記』に食してはいけないものが非常に細かく規定されたりしている。それがユダヤ人は特殊なことをしているという認識を増大させ、偏見をさらに助長していく結果となった。それ以降はデマに尾ひれがつき、真実味を帯びて語られるようになる。そして、ユダヤ教徒に対する偏見は十字軍により、さらに酷くなっていく。

このようにして蓄積された反ユダヤ感情は、１０９５年のクレルモン・フェランにおける第一次十字軍開始の説教によって解き放たれるよりもいくらか前に確立していたようだ。十字軍に加わろうとする熱狂的な波は、キリスト教徒が聖地で不当に扱われているという無数の話によって誘発されていた。これらの話の中の主たる悪漢はイスラム教徒であったが、ユダヤ人は裏切り者の助っ人としてその中に組み込まれていたのである。(9)

すでに述べたように、十字軍の際、ユダヤ教徒はイスラーム教徒と手を組み、「内なる敵」としてキリスト教徒を欺いているというイメージが流布されるようになる。少数派であるユダヤ人の歴史において、外側との関係が取り沙汰されスパイ容疑をかけられ不当な扱いを受けるという事態は、何度も繰り返された。それが大量虐殺を引き起こす原因にもなっていく。不当な差別・迫害は近代になるまで行なわれたわけであり、相当な問題であると言ってよい。

レイモンド・P・シェインドリンは、ユダヤ教徒の視点から、十字軍の深刻な影響について論じている。十字軍の兵士たちは一般民衆から動員されたのだが、まずそこで最初に行われたことは近くのユダヤ人の居住地を襲うことであった。

一〇九六年春、第一回十字軍がヨーロッパを横切って東方に向かったとき、その最初の犠牲者となったのはライン地方に住むユダヤ人であった。この地方の地方領主や教会関係者の多くは法に従い彼らを守ろうとしたが、十字軍の武力に対抗するだけの手段は持ち合わせていなかった。その結果、大量虐殺と強制改宗が行われた。キリスト教徒の暴徒たちの手にかかるよりはと、多くのユダヤ人が自殺を選び、夫は妻と子供を殺しそのあと自らの命を絶った。この事件はアシュケナジムにとって最初の大きなトラウマになったが、悲劇はこれだけで終わることはなかった。第二次、第三次十字軍の際もやはり同様の事件があり、なかでもイギリスのヨーク地方のユダヤ人は一一九〇年、第三次十字軍の攻撃に対し集団自殺したことが知られている。この事件に対しいまでも多くのアシュケナジムのシナゴーグで定期的に祈りが捧げられている。(10)

先ほど言及したアシュケナジームは、この時期以降、ライン川沿いに東へ東へと逃げて行き、今の東ヨーロッパからロシアにかけての地域に住みつくようになる。第二次、第三次の十字軍でも同様の悲劇が起こったと述べられている。

また、中央や西部のヨーロッパのユダヤ人の状況も、一二―一三世紀、つまり十字軍が始まってしばらくすると悪化したという。


十字軍の遠征が相次いで行われるようになると、ベニスなどイタリアの共和国が地中海貿易を独占するようになり、ユダヤ人の貿易における地位を低下させた。製造業や職人の世界、あるいは商業なども次第に職能組合であるギルドによって支配されるようになり、それは職業の面ばかりでなく社会的、宗教的な面も規制するようになった。そしてユダヤ人は通常このギルドからは排除された(11)。


それまでユダヤ人が共同体と共同体、つまり封建的領主の間を取り持ったり、あるいは異教徒、つまりイスラーム世界との間をつないでいたが、十字軍という新たな動きの中でキリスト教徒の商人が登場し、その競争の中でユダヤ教徒は敗れていった。

シェイクスピアの『ヴェニスの商人』のユダヤ人シャイロックの話は、このような文脈で捉えるべきであろう［図6－2］。もちろんユダヤ人に対する宗教的なレベルにおける憎しみもあったが、むしろ東方貿易における主体の転換という文脈を重視して考えるべきである。

最終的に『ヴェニスの商人』において、シャイロックは判決で彼に金を借りたアントーニオの肉一ポンドは借金のかたとして切り取ってもよいが、契約書にない血を一滴でも流せば、契約違反として全財産を没収するとされた。シャイロックは肉を切り取ることを断念し、代わりに金を要求するが一度は金の受け取りを拒否していたため認められず、逆にアントーニオの命を奪おうとした罪により財産は没収となる。しかし、アントーニオは慈悲を見せ、シャイロックの財産没収を免じて、財産の半分をシャイロックの娘ジェシカに与えることを求める。そして本来死刑になるべきシャイロックは、死刑を免除される代わりにキリスト教への改宗が課せられた。ストーリーは以上の通りであるが、ユダヤ教徒にとっての改宗とは、イベリア半島の事例（後述）は別として、死に値すると捉えられている。キリスト教徒への改宗でユダヤ教徒の問題は解決するという認識が中世のキリスト教徒にはあったようだ。信仰という観点からは、判決としては改宗が最も厳しいものとなる。死罪ならば信仰を守れるが、改宗は被告人がユダヤ人共同体において生きられなくなることを意味するからだ。

ただし、ここで一言付け加えておかねばならない。『権利のための闘争』（一八七二年）を著した法学者ルドルフ・フォン・イェーリングは次のように述べる。

図6-2　ギルバート・スチュアート・ニュートン《シャイロックとジェシカ、『ヴェニスの商人』第2幕第2場より》1830年、イェール大学英国美術研究センター

かれ〔シャイロック〕の運命がきわめて悲劇的である所以は、かれの権利が認められなかったことに存するのではなく、かれ、つまり中世の一ユダヤ人が――あたかもキリスト教徒であるかのように、と言ってもよいほど――権利＝法を信じていたことに存する。それは、権利＝法に対する何ものによっても惑わされることなき確固たる信頼であって、決定的瞬間までは裁判官〔ポーシャ〕自身がその加勢をしたのだ。とこ

ろが青天の霹靂のように突如として破滅の運命がかれを襲い、かれを正気に返らせる。今やかれは、自分は中世社会の除け者たるユダヤ人にすぎないということ、人びとは自分の権利を騙し取るというやり方でしか自分の権利を認めてくれないことを覚るのである。(12)

権利＝法《レヒト》（recht）を信じていたシャイロックの前にユダヤ人差別の現実が立ち塞がったのである。また、先述のジョンソンからの引用では対外貿易だけではなく、ギルドといった製造業や職人の世界からもユダヤ人たちは排斥されていったと指摘されている。職業選択の自由が奪われていくわけである。特に東ヨーロッパに顕著に見られる状況だが、結局ユダヤ人たちは金融業に特化していった。

イスラーム統治下のイベリア半島

レコンキスタは、イベリア半島の北東部と北西部に八世紀時点で残っていたキリスト教徒の国が南下するという形で始まることになるが、最後にアンダルスのナスル朝が一四九二年に滅亡し、完了した。現在のスペイン南部をアンダルシア地方と言うが、アラビア語でも「アル＝アンダルス」と呼ばれていた。この土地は、イスラーム教徒にはある種の理想的な桃源郷のようなイメージで捉えられていた。失った土地に対する郷愁は間違いなくあるだろう。現在に至るまでイベリア半島にはアラビア語の地名が多く残っており、イスラーム統治下時代の痕跡を見ることができる。

そこで、まずはイスラーム統治下時代のイベリア半島（スペイン）について見てみよう。シェインドリンは、スペインにおいてユダヤ教徒たちはイスラーム統治に同一化し、繁栄していったと言う。

このイスラムによるスペイン征服は、同地方で厳しい弾圧に遭い消滅寸前であった小さなユダヤ社会を救うことになった。イスラム政権の寛大な統治のもと、ユダヤ人社会は繁栄したが、これはスペインがイスラム帝国の束縛から抜け出して独自の繁栄を享受し始めたのと軌を一にしている。十世紀までには、スペイン〔後ウマイヤ朝〕の統治者は「カリフ」という称号を名乗り、すでに衰退の兆しの見えたイスラム帝国からの独立を主張した。首都コルドバは華やかな様相を見せ、イスラム世界の最も繁栄した都市の一つとして富を集め、さらに芸術家や学者を呼び寄せた。経済的繁栄と自分たちの地域の独自の文化に対する自負は同地域のユダヤ人にも恩恵をもたらし、なかには織物製造や貿易で富を築く者も現れた。(13)

シェインドリンによる具体的な例をいくつか簡単に見ていく。(14)

最初に挙げるべきは、一〇世紀半ばにコルドバ（後ウマイヤ朝）のカリフの側近だったハスダイ・イブン・シャプルート（九一五?―九七五年?）である。彼はカリフに重用され、最初は宮廷医、そしてワズィール（大臣）を務めた。

ハスダイがハザール王国との間に交わした書簡が残っている。ハザール王国は、一つの説としては、イスラーム教徒とキリスト教徒、つまりローマ帝国とイスラームに挟まれた地域に住んでいた人たちが、第三の宗教であるユダヤ教徒に一斉に変わった国と言われている。一部にはこの人々が現在東欧、ロシアに住むアシュケナジームの起源であるという説もある。

ハスダイは、ユダヤ人のサロンを作り、ヘブライ文学の黄金時代を作った人物でもある。ヘブライ語そのものが文学作品に使用されることはあまりない。文学には主に世俗語、つまりそれぞれの地域で使っている言葉（例えばアシュケナジームで言えばイディッシュ語）が使われる。ヘブライ語そのものを使って文学が書かれたのはこの時期だけであるという。それほどユダヤ教徒たちが重用され繁栄した証左であると見ることができる。

また、少し後の話になるが、「一二世紀ルネサンス」[15]と言われる時期に、ギリシア語からアラビア語に翻訳されてイスラーム世界の中に残されていたギリシアの哲学や医学、いわゆる「アラビア科学」と呼ばれるものが、イベリア半島やシチリアといったヨーロッパとの境界にある地域において、アラビア語からラテン語に盛んに翻訳された。その中心的役割を担ったのがユダヤ人だと言われている。彼らはバイリンガルどころかマルチリンガル、多重言語を駆使できる人々であった。

もう一人、有名な人物として、一一世紀のスペインの小国分裂後、グラナダで名を上げたシュムエル・ハナギード（九九三—一〇五五または一〇五六年）が挙げられる。ハスダイ以降最も勢力を持ったワズィールおよびラビであり、学問や文学においても活躍した。

現在にまで影響を与えているという点ではマイモニデス（一一三八—一二〇四年）［図6-3］も重要である。マイモニデスはヨーロッパの呼び方であり、ヘブライ語名は「モシェ・ベン・マイモーン」という。彼はコルドバの生まれだが、その後、モロッコに、最終的にはエジプトに移住した。現在に至るまで彼の著作はよく読まれている。とりわけ律法（トーラー）の解釈においては、現代にも通用する画期的な解釈を示した。彼はヘブライ語のみならずアラビア語でも著作を著している。

マイモニデスは、ユダヤ神秘思想（カバラー）まで研究した学者であり、そしてアリストテレス哲学や新プラトン主義にも通じていた。新プラトン主義は古代ローマの哲学者プロティノスがプラトンのイデア思想を参照して考えた思想であり、神秘主義の一番の源になっている「流出論」を唱えた。神の知恵が光として流れ出て来るという思想である。これはイスラーム神秘主義にも影響を与えた[16]。

レコンキスタ以後のユダヤ人迫害——改宗、異端審問、追放令

イベリア半島における転換期を象徴するのがカスティリャのアルフォンソ六世（在位一〇七二—一一〇九年）である。この時代にキリスト教の国が南下し、その支配下にユダヤ教徒が組み込まれることにより、状況が変わっていくのだ。イベリア半島におけるイスラームの中心であったトレドを、一〇八五年にアルフォンソ六世が支配下に置いた。その後、ナスル朝のグラナダ王国だけは一四九二年まで続いたが、イベリア半島の南部を除く地域はこのアルフォンソ六世の時代にキリスト教徒の領土となった。

図6-3　マイモニデス像（コルドバ）

キリスト教徒が南下してくる過程で、その支配下に入ったユダヤ教徒たちは改宗した（数はよく分からないが、もちろんイスラーム教徒の中にもキリスト教に改宗した者たちがいた）。そして、とくに一三四八年にペストが発生した後、一三九一年に大量の襲撃や改宗が行なわれ

た。

十四世紀を通して、キリスト教修道僧によるユダヤ教に対する非難は絶えることがなかった。そのため、一三四八年にヨーロッパの他の地方と同じようにスペインがペストに襲われると、ユダヤ人は大衆の集団ヒステリーの憎しみの対象となり、修道僧たちもその動きをさらにあおるような活動をした。一三九一年にセビーリャでドミニカ修道会の僧たちの主導によって起こされたユダヤ人社会に対する襲撃はたちまちスペイン全土に広まり、何千人ものユダヤ人が命を奪われるか強制的に改宗させられた。〔……〕この一三九一年の集団ヒステリーの結果、最も注目された動きはユダヤ人のキリスト教への大量改宗である。この現象はユダヤ人の歴史においてかつてなかったものであった。(17)

こうしてキリスト教に改宗したユダヤの人々は「コンベルソ」（改宗ユダヤ人）とも呼ばれる。しかし、こうした「新キリスト教徒」たちは、キリスト教徒としての正統性を疑われ、とくにユダヤ的要素を残している人々は「キリスト教社会の潜在的破壊分子」とまで見做されていく。

〔……〕新キリスト教徒は社会の至る所で活躍し、宮廷や教会で以前には不可能であったような高位にまで上り詰めるようになった。ただこの活躍はやがて、かつてユダヤ人に向けられていた嫌悪がこの新キリスト教徒に向けられるきっかけともなった。彼らは単に自らの出世と国の支配を目的に改宗したにすぎないとの批判が起こったのだ。またユダヤ教的習慣を続けている者はキリスト教に対する信仰が足りないと非難され、ユダヤ人家族とつきあっている者はふたたびユダヤ教に改宗したのかと糾弾された。こうして改宗者はキリスト教社会の潜在的破壊分子とみなされ、昔からのキリスト教徒のみが本当のキリスト教徒で、新キリスト教徒は要するにユダヤ教徒がそう装っているだけだと考えられた。こうした考え方は「血の純粋性」という観念から人種的差別を生み出し、社会に受け入れられる際の基準として働くようになった。十五世紀末までにはふたたび社会的緊張が高まり、今回その鉾先はユダヤ人そのものに対してよりはこれらの改宗者に向かうことになった[18]。

そして、一四六九年にカスティリャのイザベルとアラゴンのフェルナンド二世が結婚し、両国が統合、スペイン王国が事実上誕生すると、一四八〇年に「異端審問所」が導入されることになる。ユダヤ教徒そのものは対象ではなかったが、改宗した新キリスト教徒の「ユダヤ人」は異端審問にかけられるようになる。

〔新〕キリスト教徒もユダヤ教の祭事を祝ったり、あるいはキリスト教徒らしからぬ行動をしていると見られると異端審問所に訴追されることになった。いったん逮捕されると、被疑者は通常拷問で責められ、もし自白したとなると親戚や友人まで告発することを強要された。まれに監禁から解かれるものもいたが、彼らは多くの場合肉体的にぼろぼろになり、実質的に廃人同様の状態であった。有罪を宣告され、さらに悔い改めることを拒否した者は生きながらに火あぶりの刑に処せられた。悔い改めることを誓った者も屈辱的な苦行を強いられ、しばしばひどい貧窮状態に貶められた。有罪となり火あぶりの刑に処せられることになっている者で最後に自らの罪を認めた者は、火あぶり刑から絞首刑に変更された。

しかし、このシステムは本質的に腐敗していた。教会は密告を盛んに奨励したが、それはもし被疑者が有罪となれば彼らの持っていた財産を没収することができたからである。さらに、政敵を貶める手段として用いられることがあった。教会は死刑の執行を自らの手では行わず、悔い改めた異教徒を死刑執行人として使うことにより、自らのモラルを保とうとした。当時、死刑の執行は手の込んだ派手な見せ物であり、一般大衆の間でもまた貴族たちの間でも非常に人気が高かった。[19]

このように改宗した新キリスト教徒をターゲットとした凄まじい弾圧が行なわれたのである。

そして、一四九二年のグラナダ陥落後、ついにユダヤ人追放令が出される。ポルトガルではもう少し後になるが、少なくともスペインからは追放されてしまう。これが後のナチスによるホロコーストに直接つながるわけではないが、同様に残虐なことが行なわれた。つまりユダヤ人に対し疑いをかけるという視線の系譜がこの時期に確立されたということである。[20]

第7章　オスマン帝国におけるユダヤ教徒の繁栄

はじめに――オスマン帝国の国家システム

一四九二年、スペインから追放されたユダヤ人の多くを受け容れたのがオスマン帝国であった。前章で、スペイン系ユダヤ人と一般的に呼ばれているユダヤ人のことを「スファラディーム」と呼ぶと述べたが、彼らがオスマン帝国のユダヤ教徒の多数派を占めていた。スファラディームの中にはムスリム王朝時代のイベリア半島において、宮廷医や宰相にまでなった者もあり、さらにはキリスト教徒支配下にあっても技能集団として一時期重用された歴史もある。そのような人たちがオスマン帝国に流れ込んだのだ。ユダヤ教徒の技術は結果的にオスマン帝国にとっては非常にプラスとなった。スペインは敵に新たな技術をわざわざ提供したと言われるほどである。

「最後のイスラーム帝国」と呼ばれるオスマン帝国（一二九九―一九二二年）は、イスラーム的伝統においてユダヤ教徒やキリスト教徒を制度的に組み込むことに成功した王朝である。その社会的仕組みは「ミッレト制」と呼ばれる。「ミッラ」（宗教共同体）というアラビア語を語源とする。これは税金を払えば宗教共同体の自治を認めるという統治システムであり、そのため少数派のキリスト教徒やユダヤ教徒が繁栄することになった。とりわけイスラーム教徒以外のキリスト教徒やユダヤ教徒の中で三大ミッレト（宗教共同体）として挙げられるのが、ギリシア正教会、アルメニア正教会、そしてユダヤ教会である。この三つが非ムスリムの中で非常に重要な役割を果たした。なお、正確にはギリシア正教会の下に、ブルガリア正教会、セルビア正教会、アルバニア正教会などの正教会系の諸教会が編制されていた。しかし一九世紀に入って、新たに独立教会の設立運動が展開されてブルガリア正教会などの諸正教会が民族別にギリシア正教会から分離する。

ミッレト制を語るには、バルカン地域が重要な意味を持ってくる。オスマン帝国領は、「ルメリ」と呼ばれたヨーロッパのいわゆるバルカン地域、「アナドル」と呼ばれた現在のトルコ共和国領であるアナトリア地域、そしてアラブ地域（北アフリカ、アラビア半島、メソポタミア（現イラク）、シリアなど）の三つに分けて考えるのが一般的である。バルカン地域にはキリスト教徒が多かったので、正確な統計はないがオスマン帝国がこの地域を統治下に置いていた時期は、人口の約三割がキリスト教徒であったと言われる。しかし、一九世紀以降はヨーロッパのナショナリズム運動の影響を受け、一八三〇年のギリシア独立を端緒に宗教共同体が自ら民族を名乗り始めるようになる。例えばブルガリア人という民族意識が出てくるのは、元々はブルガリア正教会という教会単位であった人たちが自らを「ブルガリア人」と言い出してからである。ちなみにセルビア人はセルビア正教会の構成員であるが、同じ南スラブ系民族であるクロアチア人は元々カトリック教会に属していた（しかしながら同じ南スラブ民族だということで宗教共同体として共に編成されていた）。旧オスマン帝国領であった地域、とりわけバルカンでは、民族の母体が宗教共同体であったことが、民族紛争なのか宗教紛争なのか、その紛争の性格を規定するのを難しくしている。

このように、オスマン帝国を語る際に重要な点は、近代ヨーロッパが生み出した国民国家とはまったく違う原理でイスラーム国家が作られていたことである。イスラーム国家という観点から一番重要なことは、イスラーム教徒であるか、それとも非イスラーム教徒であるか、の基準であった。換言すると、オスマン帝国は宗教が国家編成の原理になっていた。今、宗教と言うと、ヨーロッパ近代に見られるような人間の内面における信仰を思い描くが、オスマン帝国の場合、そういうものではない。個人の内面を問題にしているのではなく、共同体ベースで生活そのものが宗教によって成り立っている国家であった。したがって、宗教共同体が税金さえ払えば、国家はその内部については口を出さなかった。一人一人の信徒に対して国家は直接干渉しなかったのだ。宗教共同体内部の自治が認められていたわけである。オスマン帝国の統治システムは、そのような二重構造になっていた。

イスラーム教徒の方が優位であるとする政治体制をどこまで強調するかによって、オスマン帝国の性格付けが異なってくる。民族紛争が現われてこないような形で制度化した点が強調されると、イスラーム的寛容だという評価となる。しかし、イスラーム国家の原理は、法の下ですべての市民は平等だという近代ヨーロッパ的な価値観とはそぐわないため、一九世紀以降はイスラーム国家における宗教・宗派的対立が民族紛争に転化して、民族紛争《エスニック》自体がむしろ激しくなっていくことになる。今日の中東の様相は、オスマン帝国というイスラーム国家的な政治システムが近代の国民国家システムに適合できなかった結果だとも言えるのだ。

なお、世界史の教科書では、かつては「オスマン・トルコ帝国」と表記されることもあったが、現在では「オスマン朝」「オスマン帝国」という表現になっている。つまりオスマン帝国にとって、トルコという「民族」はあまり意味がないのだ。ここにもオスマン帝国という国家の性格が表われていることを指摘しておきたい。現在に至るまでオスマン帝国＝トルコと言われるのは、ヨーロッパ側がオスマン帝国のことを、トルコ、英語で「ターキー」（Turkey）と呼んできたことが影響している。同じようにイランを「ペルシア」（Persia）と呼ぶのも古代ペルシア帝国にちなんだヨーロッパ側からの表現であり、本人たちは「イーラーン」と呼んでいる。ちなみに、ナチス・ドイツの時代に「アーリア人」（Aryan,「高貴な」という意味のサンスクリット語に由来する）と呼んだ単語もイランと同じ語源である。

一九世紀以降には、オスマン帝国も「オスマン民族」の国家という形に変わろうとしたが結局は果たせず、第一次世界大戦後、最終的に崩壊してしまった。自ら「トルコ」と名乗り出したのは、ケマル・アタチュルクのトルコ革命以降、つまりオスマン帝国崩壊後に国民国家としてトルコ共和国が成立してからである。これにはケマルの世俗化政策が影響している。つまりイスラーム的な原理を基本的に否定するところから出発したのである。典型的なのはアラビア文字を廃止しトルコ語をラテン文字で表記したこと、イスラーム関係の語を元のトルコ語に置き換えたことである。トルコ共和国は、前身であるオスマン帝国を否定することで初めて成り立った国民国家なのである。

帝国内のスペイン系ユダヤ人

冒頭でも述べたが、一四九二年にユダヤ人追放令が出されると、オスマン帝国はスペインから逃れたユダヤ教徒（スファラディーム）を結果的に受け容れることになった。追放されたユダヤ教徒には、ジブラルタル海峡を越えて現在のモロッコに移って行く人、そのまま東に向かいイタリアに住みつく人、さらにはバルカン地域に入った人たちもいる。レイモンド・P・シェインドリンは、オスマン帝国ではユダヤ教徒たちを必要な人材と見做したと述べている。なお、シェインドリンは欧米向けにこの本を書いているので「オスマン・トルコ」という表現も使っている。

オスマン帝国はその拡大に伴い、まずビザンチン帝国のギリシア語をしゃべるユダヤ人を、そしてさらに大部分がアラビア語をしゃべる中東のユダヤ人社会を包含していった。スペインにおけるユダヤ人が過酷な運命に遭うと、彼らも喜んで受け入れた。スルタンたちはユダヤ人亡命者を彼らの国が経済的に発展するために必要な人材と見なしていた。オスマン・トルコは軍事技術や農業技術においては先進国であったが、商業や貿易さらに法律的知識においては劣っており、これらすべてに優れているスペインからのユダヤ人亡命者はスルタンにとって願ってもない人材であった(1)。

ここで挙げられている商業や貿易、法律知識の他、ユダヤ人がもたらした大きな技術として印刷技術について述べておく。これはオスマン帝国というよりもイスラーム世界全体の問題だが、聖典を印刷することには抵抗感があったらしく、印刷術が本格的に導入されるのは時代が下って一九世紀に入ってからのことである。

スルタンは、ユダヤ教徒が聖書をヘブライ文字で印刷したり、アルメニア正教徒が聖書をアルメニア文字で印刷したりするのは容認したが、活字によるコーランの印刷は禁止した。印刷術の歴史では、イスラーム世界は最後の最後まで写本にこだわった大変珍しい地域として見られている。日本や中国でも木版で印刷するという伝統があったが、イスラームでは印刷術はなかなか根付かなかった。アラビア文字が活版印刷にはあまり向かないという理由もあるが、どちらかというと宗教的な理由によると考えられている。(2)

帝国がヨーロッパに領土を拡大していく中で、北方から南下してきたアシュケナジーム（ドイツ系ユダヤ人）も歓迎されたが、帝国内ではスファラディームが圧倒的に優勢を誇っていた。(3) スファラディームとアシュケナジームは基本的に同じヘブライ語で書かれた聖書を信仰しているわけだが、日常的に話す言葉が違い、また宗教的な慣行も異なっていた。同じユダヤ教徒といっても相当な違いがあるわけだ。

帝国内のスファラディームの話す言葉は中世のスペイン語方言であり、「ラディーノ語」と呼ばれた。現在のスペイン語とは若干異なっており、私も少しかじったが、定冠詞等が随分と違っているという印象だ。もっとも、前述の通り、ユダヤ教徒たちはそれぞれの地域で使っている言語もすべてヘブライ文字で表記する習慣があって、ラディーノ語もヘブライ文字で記された。現在に至るまで、トルコのイスタンブルには少数ながらラディーノ語が話せる人々が存在する。『シャローム』というヘブライ文字で書かれたラディーノ語の新聞もある。

スファラディームとアシュケナジームの境界となるのは、現在のブルガリアのソフィア、あるいはサラエヴォ辺りのバルカン地域である［図7-1］。それ以北になるとアシュケナジームが多く、それ以南になるとスファラディームが多くなると以前にも指摘した。イスラーム世界では地域によってモスクに違いが見られるが、ユダヤ教徒のシナゴーグもそれぞれ異なっている。私がブルガリアのソフィアに行った際に見た、スファラディー系のシナゴーグは非常に大きなものであった［図7-2］。これはいかにスファラディームたちがオスマン期には財力を持っていたかを示している。

オスマン帝国下のユダヤ人たちは、ミッレト制のもと、官僚制度のような形で組織化され、帝都であるイスタンブルの長ハハム・バシュ（「ハハム」とは「賢者」で、「賢者の長」の意味）をトップとしたヒエラルキーがつくられていた。都市ごとに共同体があり、それがランク付けされ、ラビ（宗教的指導者）たちも最終的にイスタンブルの長になることを目指して、様々な都市を回って出世していくというシステムがとられていたのである。ユダヤ人コミュニティの人口が大きな都市、例えばカイロ、シリアのアレッポ、バグダード、現在はギリシア領となっているサロニカ（テッサロニキ）等の首席ラビになると、非常に栄誉とされた。

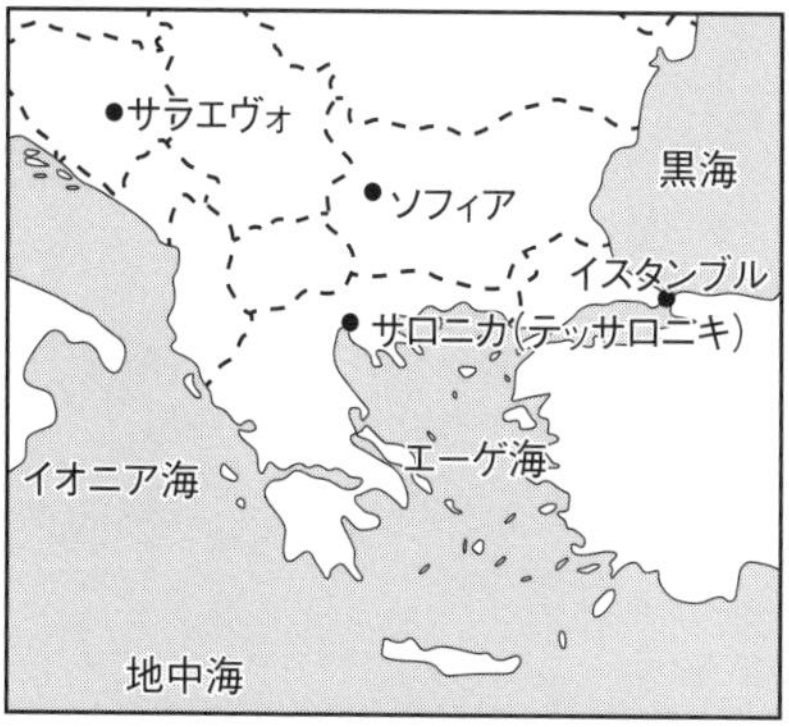

図7-1　現在のバルカン半島

図7-2　ソフィアのシナゴーグ

当時はオスマン帝国の領土であったエルサレムの首席ラビも、イスタンブルのハハム・バシュほど権力はないが、聖地の長として大変尊敬を受けた。エルサレムの首席ラビには「リショーン・レ・ツィヨーン」という特別の称号が与えられたが、この名は現在イスラエルの都市名にも使用されている。「シオンの第一人者」という意味である。

いずれにせよ、このようにオスマン帝国はユダヤ教徒が官僚組織化されていた国であった。同じことは他のキリスト諸教会に関しても言える。それぞれの宗教・宗派ごとに組織化され、ネットワーク化されていたのである。同時に帝国内における人の移動も非常に活発に行なわれていた。当然のことながら、それが帝国の商業活動、経済活動全般が活性化する要因であった。

オスマン帝国は基本的にスファラディームの首席ラビを置いていたが、第一次世界大戦後にパレスチナがイギリスにより支配されて以降の委任統治下では、アシュケナジームの首席ラビも認められ、二つの首席ラビ職が置かれた。なお、アシュケナジームの場合、ラビは専業であったが、スファラディー系は商人が副業としてラビを務めた。一方で商業活動をしながら宗教活動にも参加していたのだ。もちろんトップになるとそうはいかないが、中間ランク以下は概ね職業を持っていた。その点もアシュケナジームと異なるところである。

帝国領内では、とりわけサロニカがユダヤ教徒のコミュニティの中心であった。港町であるサロニカのユダヤ教徒はオスマン海軍の水兵が着る軍服を作るなど、国家とのつながりが非常に密接であった。テッサロニキには現在ではユダヤ教徒はほとんどいない。ユダヤ教徒にとってギリシア正教会の下で暮らすことはなかなか辛いものがあったようで、ギリシアが第一次世界大戦直前に領土を拡大した際、大部分のユダヤ教徒たちはムスリムと一緒に逃げ出していった。残ったユダヤ教徒たちもホロコーストで殺害された。トルコにおけるユダヤ教徒は、現在に至るまでトルコ政府とは良好な関係にあり、トルコとイスラエルは外交関係を維持している。(4)

帝国内のユダヤ教徒高官や神秘主義者たち

スファラディームの中で、しばしば具体的に名が挙げられるのが、ドナ・グラシア・ナシ（一五一〇—六九年）とその甥ドン・ヨセフ・ナシ（一五二四—七九年）である。(5) ナシ家は、オスマン帝国におけるスファラディームの名門の一つで、二人は、オスマン帝国とヨーロッパのつながりを示す代表的な事例である。

ドナ・グラシアは、ユダヤ人追放令が出た後に家族でポルトガルに一旦逃れた。そこからさらにプロテスタントの国であるイギリスや現在のベネルクス三国に向かい、王族たちにも貸し付けを行なう金融業者として成功する。そしてイタリアでも商業活動を行なうが、イタリアはカトリック教会が支配する社会であり、ヴェネツィアにおいて自分の姉妹に告発された。そのため、スレイマン一世（在位一五二〇—六六年）の時代に、イスタンブルに逃れたが、大いに歓迎された。

甥のドン・ヨセフの方は、ポルトガルを去った後にベルギーに向かい、そこで権力者たちに取り入り財を成した。そしてドナ・グラシアと合流してイスタンブルに入り、その帝都を拠点としながらも、カトリック世界に形成されているユダヤ教徒社会を支援した。そのような活動を許したのはオスマン帝国の寛容さと言えるかもしれない。ドン・ヨセフはスレイマン一世の後の王位をめぐる争いでセリム皇子を助け、彼がスルタン位を継承した後に最も信頼される側近の一人となった。
オスマン帝国最盛期の一六世紀に、両世界、つまりヨーロッパ世界とイスラーム世界（オスマン帝国）を横断して活躍するスファラディームの中でも、ドン・ヨセフのようにスルタンに取り入ることに成功した人物もいた。このようにオスマン帝国においてはユダヤ教徒の存在は非常に大きかった。
今述べたのは多大な財を成した人々の例だが、スファラディームは、ユダヤ教の中の神秘主義的な傾向を代表する、ラビ・イツハク・ルリア（一五三四―七二年）という人物も輩出したことで知られる。[6]
「一四九二年のスペインからの追放は単に政治的に重大な変化をもたらしただけでなく、宗教的にもユダヤ人に大きな変化を与えた。ユダヤ人の置かれている状況について改めて真剣に考えるようになった結果、宗教的に神秘主義的傾向に走る現象が見られた」とシェインドリンは指摘する。[7]スペインにおけるユダヤ人社会の崩壊の危機に直面して、それまでの信仰の在り方とは違った、いわば精神的充足により自分たちの置かれている状況を乗り越えるという考えが出てきた。そのような内面の救済を重要視する考え方の一つが神秘主義であった。[8]
イツハク・ルリアの拠点となったのは、ヘブライ語でツファト（アラビア語ではサファド）と呼ばれる地である［図7-3］。パレスチナの北部に位置し、レバノンに近い山の中にある町で、現在でもカバラー（ユダヤ神秘主義）の中心となっている。エルサレム、ガリラヤ湖畔にあるティベリアス、そしてエルサレム南方のヘブロン、さらにはこのツファトが、ユダヤ教徒たちのオスマン帝国時代以来の聖地と見做されている。
もう一人の代表的なラビとして、ヨセフ・カロ（一四八八―一五七五年）を挙げることができる。[9]ヨセフ・カロもスペインで生まれたが追放されてツファトにやって来た。彼は『シュルハーン・アルーフ』というユダヤ神秘主義の聖典を著した。

もう一人、ユダヤ教徒の歴史を考える際に避けて通れない大変有名な運動を主導したシャブタイ・ツヴィ（一六二六―七六年）を挙げることもできる。[10] 彼はユダヤ教におけるメシア運動で有名になった。先述の通りユダヤ教の基本的考え方は、メシアが来臨することによって信仰が完成する、つまり神の国ができるというものなので、ユダヤ教徒たちはずっとメシアがやって来る日を待ち続けている。キリスト教もユダヤ教の流れの中から出てきているので、この考え方がイエス・キリストの再臨につながっている。

危機の時代にはメシア降臨説が出てくるのだが、それに乗った形でシャブタイ・ツヴィはメシアと言われるようになる。それを宣伝したのがガザのナタンという人物である。ガザは現在大変深刻な状況になっている土地だが、かつてはユダヤ教の活動拠点の一つであった。ナタンが「シャブタイ・ツヴィこそがメシアである」と言い始めると、その運動がどんどん拡大し、オスマン帝国の領域を超えてヨーロッパにまで影響を与えるものとなった。日本の江戸初期にあたる一七世紀の大変有名なメシア来臨運動である。

あまりにも大きな運動となりユダヤ教徒社会に動揺を与えるということで、スルタンが彼の活動を問題視する。最終的にスルタンから改宗をするか処刑を選べという究極の選択を迫られた時、シャブタイ・ツヴィはイスラームに改宗してしまう。これが大きな波紋を引き起こ

図7-3　現在のツファト

す。

つまり信奉者たちは梯子が外されたわけであるが、しかし一部にはまだ信じる人たちがいた。シャブタイ・ツヴィを信じる人々は「デンメ」（「転び」の意）と呼ばれ、現在に至るまでトルコに住んでいると言われる。表向きはイスラーム教徒だが、秘密裏にユダヤ教を信仰する人々である。デンメについては、確たる資料はなく、実態はよく分からない。しかし、この存在は非常に大きな意味を持っていた。

現在では、シャブタイ・ツヴィは偽メシアと見做されている。ユダヤ教徒社会においては、「シャブタイ・ツヴィ」は非難材料として使われている。例えば、ユダヤ人国家建設運動を始めた、「シオニズムの父」と言われるテオドール・ヘルツルも、最初は皆から馬鹿にされ「シャブタイ・ツヴィ」と呼ばれたというエピソードがある。

神秘主義を宗教間で比較した有名な研究者に井筒俊彦がいるが、比較宗教学では大変重要な研究対象の一つになっている。私自身は詳しくはないが、神秘主義は基本的に神との一体化が目的とされており、ユダヤ教においても同じと言えるかと思う。もう一点、ユダヤ神秘主義の特徴を挙げると、エルサレムはそれぞれの信仰者の心の中にあるという考え方である。神秘主義者たちには物理的なエルサレムという場は本来的には関係のない話ということになる。ところが、聖地エルサレムに還るべきだというシオニズム的発想は、実はこのユダヤ神秘主義からの流れとして出てきている。つまり心の中のエルサレムが物理的なエルサレムに置き換えられたのだ。実際巡礼でエルサレムに向かい、そのままエルサレムで亡くなる神秘主義者たちもたくさんいる。それが原初的なレベルにおけるシオニズムと言われたりする。

帝国の衰退と列強の侵略

基本的にユダヤ教徒の繁栄はオスマン帝国の隆盛と共にあった。両者は運命共同体としてあったのだ。したがって、オスマン帝国の衰退がすなわちユダヤ教徒の衰退となる。国家が強い間はマイノリティに対しても寛容な政策をとることができたが、衰退に向かうと、やはり厳しく差別的な扱いをすることになる。

オスマン帝国のユダヤ人社会の衰退は、帝国の経済的文化的衰退と軌を一にするものであった。中央政府の地方に対する統制力の弱体化は十六世紀の終わり頃から始まった。十五世紀半ばから十六世紀半ばに見られたスルタンのユダヤ人に対する思いやりのある扱いは次第に見られなくなり、ムラート三世（在位一五七四〜一五九五年）は初めてユダヤ人に対して差別的な法を施行し、ユダヤ人社会に対し、皆殺しにすると脅して金を巻き上げた。そして最後には、賄賂を取ってこの法令を引っ込めた。

十七世紀が進むにつれ、こうした憂慮すべき傾向はさらに深まった。経済の停滞は多くの人々を貧困化し、中央政府の力の弱まりは地方政府に対する放任体制を招き、多くの少数民族は略奪や暴行などの危険にさらされることになった。一六八三年のウィーン征服の失敗やそれに続くハンガリーおよびバルカン諸国の大部分からの撤退は混乱をいっそう深めることになった。イスラム社会は内向化し、初期に見られた誇り高い国際主義は影を潜め、宗教的にも保守化の動きが強まった。〔……〕多くの地域で、ユダヤ人は実質的に法的保護を失うようになった。シナゴーグの建設と数を規制する法律もふたたび施行されたので、それ以来オスマン帝国のユダヤ人は各家庭で宗教的儀式を執り行うようになった。こうした厳しい社会的条件はその後も十九世紀に至るまで続いた(11)。

また、ユダヤ人は商業面においてもギリシア人（ギリシア正教会）やアルメニア人（アルメニア正教会）に地位を奪われるようになる。ギリシア人やアルメニア人の台頭は、ロシア帝国が南下してきた影響による。ロシア正教会はギリシア正教会とは兄弟的存在であるということで、ロシアはギリシア正教徒の保護を名目にオスマン帝国に入り込んだのだ。

同様にアルメニア人の地位も向上した。現在コーカサス地方にアルメニア共和国があるが、一九世紀後半以降、この地域がロシア帝国領となっている。また、現在クルド人たちが多く住むトルコ東部にもアルメニア人が多くいた。アルメニア人はロシアの庇護の下、金融業で繁栄するが、同時にオスマン帝国からの迫害も始まった。その理由は、アルメニア人はロシアと手を組みスパイ活動を行なっているというものだ。アルメニア人の独立運動が始まるが、その後のアルメニア人大虐殺へとつながるきっかけが作られた。

オスマン帝国は、領内のユダヤ教徒やキリスト教徒をズィンミー（庇護民）として保護したが、繁栄時にはヨーロッパからやってくるキリスト教徒商人に対しても恩恵的特権（安全の保証、移動や交易の自由など）を与えた。それを「カピチュレーション」という。

実はこの恩恵的特権はオスマン帝国の衰退と共にヨーロッパによる侵略の道具になっていく。彼らは同じキリスト教信仰を持つ者との取引を増やすようになり、これが帝国の内部からの解体を促進する最も大きな動きとなる。帝国の衰退が見え始めると、ヨーロッパ列強は同じ信仰を持つ人たちを「プロテジェ」

（庇護民）として、すなわち自分たちの国民として受け容れていった。例えばギリシア正教徒であればロシア国籍を持ったギリシア正教徒となった。ロシア大使館やロシア関係の商社等に雇われた人々が国籍的にはロシア人になり、しかしながら同時にオスマン帝国臣民であるという二重国籍のような状態が生まれたのだ。それがオスマン帝国の内部からの解体へとつながっていくわけである。

ところが、ギリシア正教徒にはロシア、カトリック教徒にはフランスという列強の後ろ盾があった一方で、ユダヤ教徒には何もなかった。そこにイギリスはユダヤ教徒をプロテジェ（庇護民）にするとして手を差し伸べる。それが一世紀後のバルフォア宣言へとつながっていく。

このように、カピチュレーションという制度が、海外からのオスマン帝国への進出を許すことに結び付いたのである。これは後に「不平等条約」として、世界各地に展開されていくことになる。一八五八年に結ばれた日米修好通商条約も一般に不平等条約と呼ばれている。この条約では、日本には関税自主権がなかった。つまり輸入品に対する関税額を自分で決められなかった。そうすると保護貿易ができなくなるので、外国製品がどんどん流入することになる。また領事裁判権もなかった。つまり国内で起きた外国人が関わる紛争や事件に対して日本は裁判権を持たない。日本は日露戦争後までこの不平等条約に悩まされるわけだが、その原型がカピチュレーションにある、ということになる[12]。

スペイン系ユダヤ人の大西洋交易ネットワーク

最後に、スファラディームが大西洋を越え、ラテンアメリカや北アメリカにもネットワークを広げていたことについて簡単に見ていく。彼らはオスマン帝国内の商業活動の他に、大西洋交易においても重要な役割を果たしたのだ。関哲行の論考を参照する。

セファルディーム〔スファラディーム〕にとって、とりわけ重要であったのは大西洋砂糖貿易であり、スペイン、ポルトガルの商慣習や言語への習熟が彼らの優位を支えた。17世紀の主要な砂糖生産地であったブラジルのレシフェへの進出、カナリア諸島のコンベルソとの取引も、砂糖貿易と密接に関連していた。砂糖貿易と共にユダヤ人が大きな影響力を行使したのが、新興産業の印刷業であり、サフェドで開始されたセファルディーム文化とアシュケナジーム文化統合の試みは、印刷技術を使って、各地のユダヤ人共同体に伝えられた。追放を機に日常言語と『タルムード』解釈を異にするセファルディームとアシュケナジームは、法規範や生活規範を共有し始めるのである。(13)

これまで見たように、スファラディームはアシュケナジームとは異なったネットワークを持っていた。現在に至るまでラテンアメリカにはたくさんのユダヤ教徒コミュニティがあるが、その中のかなり多くの部分をスファラディームが占めている。アメリカに最初に渡ったのもスファラディームであった。アシュケナジームの新大陸への移民はドイツ系の改革派に始まり、旧ロシア帝国からの大量移民は一九世紀末を待たねばならない。その一方で引用にあるとおり、スペインからの追放を機に、スファラディームとアシュケナジームの文化の共有も始まるのである。

第III部

近代
内と外からの改革

第8章　市民革命の時代とユダヤ人解放

はじめに――ピューリタンとユダヤ教徒復興論

前章ではおもにイスラーム世界（オスマン帝国）でのユダヤ教徒の活動について見てきたが、本章では再びキリスト教世界に目を向ける。すでに確認してきたとおり、カトリック教徒のユダヤ教徒に対する憎しみは、信仰レベルで大変強いものがあった。ところが、一六世紀のマルティン・ルターの宗教改革以降、カトリックに対抗して登場したプロテスタントは、ユダヤ教徒の位置付けをカトリックとは一八〇度変えていくことになる。プロテスタントでは、聖書そのものに戻る動きが出てきた。それに伴いユダヤ教徒の見方も変わってきたのだ。

そのことは、とりわけカルヴァン派の流れを汲むピューリタン（清教徒）に典型的に見られる。プロテスタントの中でも特にピューリタンは、新約聖書のみならず旧約聖書をも重視する。信仰の中心は聖書にあるべきという考え方で、聖書そのものに戻っていくため、当然、旧約聖書もきちんと読み直さなければならない。その旧約聖書の研究を通してユダヤ教を再評価していく動きが出てきたことになる。彼らの解釈では、神とユダヤ教徒の間で交わされた旧い契約を記したものが旧約聖書、神とキリスト教徒の間で結ばれた新しい契約を記したものが新約聖書である。したがって、イエス・キリストの再臨によって新しい神の世界が訪れるためには、最初に旧約聖書に書かれたことが、つまりユダヤ教徒たちの預言が実現されねばならないと彼らは考えたのである。

一見するとユダヤ教徒が重要な位置付けとなったように思えるが、実はこれはユダヤ教徒にとっては危うい発想である。それは、旧約聖書に書かれた預言の実現によるユダヤ教徒たちの復興はプロセスに過ぎず、最終的にはイエス・キリストがこの世に再臨し、ユダヤ教徒も含めすべてがキリスト教徒に変わっていくという考え方だからである。親ユダヤ的であるのは当面の話であり、最終的にはユダヤ教徒もキリスト教徒になるという意味で反ユダヤ教的であるとも言える。この考え方はユダヤ教徒にとって両義的であった。

ちなみに最近、アメリカ国内でイスラエルを支援する最大グループは、プロテスタント、特に福音派（エヴァンジェリカル）と呼ばれるキリスト教徒たちであるが、彼らの考え方はまさに上記の通りである。彼らがともかくもイスラエルを支持するのは、それがイエス・キリストが再臨するための前提である（最終的にはユダヤ教徒もすべてキリスト教徒に改宗する）と考えるから、という理由である。したがって神学的にはユダヤ教徒にとって危うい議論であるが、ベンヤミン・ネタニヤフ首相を始めイスラエル指導者たちはそれを政治的に上手く利用している側面がある。[1]

二〇一七年一二月に、ドナルド・トランプ米大統領が東西統一エルサレムをイスラエルの永久の首都として認め、翌一八年五月に米大使館をテル・アヴィヴからエルサレムへ移転した。この動きの背景として、アメリカにおけるイスラエル・ロビー、つまりユダヤ人の政治力もあるが、それ以上にトランプの支持基盤の一つとなっているアメリカ国内のキリスト教福音派の人々の力があったとしばしば指摘されている。この政策の発表の時に福音派を代表するマイク・ペンス副大統領が同席していたことが、アメリカ国内政治におけるトランプ大統領と福音派との関係を象徴している。

キリスト教福音派の思想の起源を時代的に遡ると、一六世紀イギリスのピューリタン革命の指導者オリバー・クロムウェル（一五九九―一六五八年）にまで辿ることができる。彼は、先ほどと同様の発想からユダヤ教徒復興論者であった。また、このクロムウェル以降のイギリスでのユダヤ教徒復興論が、前章で触れたイギリスによるオスマン帝国内のユダヤ教徒の保護政策にも影響していた。

こうしたユダヤ教徒復興論は、神学的にはピューリタン独自の「前千年王国説」という考え方に基づいている。森孝一は次のように述べる。

「千年王国」とは「至福千年」ともよばれ、聖書の終末予言の一つの要素である。聖書の歴史観は、天地創造によって歴史ははじまり、終末をもって歴史は終わる。そしてそれはすべて神の計画のうちにあるというものである。

聖書には終末について書かれた文書が含まれている。旧約聖書の「ダニエル書」と新約聖書の「ヨハネの黙示録」がそれである。

「ヨハネの黙示録」によれば、終末の前にキリストが再臨し、サタンは鎖につながれて、至福の千年間が到来すると予言されている（「ヨハネの黙示録」二十章）。しかし、「ヨハネの黙示録」には、「キリストの再臨」と「千年王国」との前後関係については明確な記述がない。そのために、キリスト教の歴史のなかで、二つの千年王国理解が現れてきた。

一つは、教会の努力によって千年王国が実現した「後」にキリストが再臨するという「後千年王国説」であり、もう一つは、千年王国の前にキリストは再臨し、キリストみずから千年王国を打ち建てるという「前千年王国説」である。(2)

実際問題としても、このような考え方を持つピューリタン、あるいはプロテスタントの国々はユダヤ人を温かく受け容れるため、ユダヤ人の逃げ場所になっていく。前章で説明したように、カトリックの代表的な国スペインがユダヤ人追放令を出すと、スペインにいたユダヤ人たちの大多数はオスマン帝国に逃げ込んだが、一部は、オランダやイギリスといったプロテスタントの国にも逃げたのである。

一八世紀イギリスのユダヤ人解放

ヨーロッパでは、市民革命の時代を経て、近代以降、資本主義の時代を迎えることになる。後述するが、ユダヤ人の「解放」(emancipation)は、資本主義的な発展が進んだ国から行なわれた。実際、最初にイギリスが一八世紀中頃にユダヤ人解放令を出している。ただし、すぐに取り消してしまったため、一八世紀末のフランス革命時に解放令を出したフランスが実質的には最初の国となる。

イギリスにおいて最初期のユダヤ人解放が行なわれた理由の一つに、いま述べてきたようなピューリタンの思想の影響が挙げられるだろう。また、ノーマン・F・キャンターによれば、もう一つの理由が挙げられるという。

一八世紀、フランス革命が始まるかなり前に、英国でユダヤ人がほとんど完全に近い解放をかちとったのには、多くの理由がある。一つはカルヴァン主義者がとった親ユダヤ政策の精神的遺産である。もう一つは英国の貴族たちが、イタリアの古典的な記念物や遺跡を観ようと大陸巡遊旅行をした際にであった喜ばしいイタリア人たちを想起させるエキゾチックな民族と、セファルディのユダヤ人たちをみなし、彼らに敬意を払ったことである。(3)

スファラディームはスペインのユダヤ人追放令の後、地中海北岸を辿りイタリア半島にも多く移動したため、イギリス同様、イタリアにも多く住むことになった。イギリス人たちは、ユダヤ人を古代イタリアへの憧憬を思い起こさせる存在として見なしてもいたのである。

しかし、その後の展開でより重要なのは、イギリスにおける「コモン・ロー」と言われる、慣習法を中心とした判例主義による法体系がユダヤ人にとってプラスに作用したという点である。

おそらくもっと重要なのは、特権を与えるとかハンディキャップを負わせるといった、あらゆる司法権の特殊な行使を組織的に排除することに努め、訴訟に関し国民すべてを平等の立場で王室の法廷にたたせることで、イギリスらしい特色を持たせようとする英国のコモンローの法体系であった。

〔……〕コモンローの法廷でユダヤ人に不平等な扱いをしてきたのは中世からの悪しき遺産で、機能不全をもたらす困ったやり方であった。英国では法律に関する思想と慣行が政治的成果に結びつく傾きがあった。一八世紀にユダヤ人は司法上平等に扱われたが、一九世紀に入ると諸々の政治上の権利すべてを獲得した。

英国――一二九〇年代から一六五〇年代までユダヤ人は公けには法律の保護を剝奪されていた――におけるユダヤ人の解放の、究極のそしておそらく最も重要な原因は、大英帝国の機能上そうする必要があったことである。(4)

それでは、なぜ一八―一九世紀に、「大英帝国の機能上」ユダヤ人を解放する「必要があった」のか。当時はフランス革命の時代であった。イギリスはフランスに対抗するため、ユダヤ人をうまく利用し、経済的活性化を図ったのである。

一七九〇年代から一八一五年にかけて英国はフランスと世界の覇権を競うため――フランスは人口は三倍、国内総生産はおそらく二倍勝っていたが、英国は勝利を収めるのだが――財政的資源、人間的資源の準備を整えねばならず、英国の政治を牛耳る大土地所有の貴族、百万長者の商人は、資源を最大限活用する必要があった。そんな情況下では少数で害を及ぼす恐れのないユダヤ人の聡明な知力、図抜けた財政的才腕をフルに活用しない手はなかった。(5)

それまでのユダヤ人は下層階級の者が多かったため利用するにも益するものがなかった。しかし、イギリスが帝国主義の時代に入る頃になると、ユダヤ人も財力をつけてきたので、それをうまく活用するようになったのだ。

さらにフランスやドイツからイギリスに来た新しいユダヤ人移民は、ロスチャイルド家に代表されるようにイギリスに銀行業で繁栄した。ロスチャイルド家は元々フランクフルトにあったが、その子孫が広がっていきフランスやイギリスに移民し、ロスチャイルド家は一大財閥として形成されることになった。「ロスチャイルド」(Rothschild)は英語圏の読み方であり、ドイツでは「ロートシルト」、フランスでは「ロッチルド」と呼ばれ、それぞれの地域で活躍した。このようにロスチャイルド家をはじめとした新興のユダヤ人たちが、この時期を牽引する役割を果たした。

フランス革命期のユダヤ人解放

すでに述べたように、最初に解放が行なわれたのはイギリスであるが、イギリスの場合あまりにも早過ぎた(一八世紀中頃)ので、結局すぐに一度廃止されてしまい、実質的にはフランスが最初となる。ユダヤ人の最も大きな転機となったのは、このフランス革命における解放である。

M・ディモントによれば、ユダヤ人解放について重要な役割を果たしたのはミラボー伯爵(一七四九―九一年)であった。[6] ユダヤ人は宗教的集団であるため、共和制の考え方からすると、その存在自体がカトリックと同様に映った。つまり共和国にとり敵だという論理になる。しかし、ミラボーはユダヤ人にも市民権を与えるべきだという議論に火を点けた。啓蒙思想家であるミラボーはモーゼス・メンデルスゾーン（一七二九年－八六年）［図8－1］と親交があった。ドイツ出身でユダヤ啓蒙思想の出発点と位置付けられている人物であり、音楽家のフェリックス・メンデルスゾーン（一八〇九－四七年）の祖父でもある。

結果的に投票でその可否が問われることになったが、驚いたことに反ユダヤ主義者たちが大敗してしまう。こうして投票を通じてユダヤ人の法的権利が認められたことによって、フランスはユダヤ人解放の国家になった。

フランスにおいては革命後、「すべての人は法の下に平等」という人権宣言に基づき、国民公会において一七九二年にユダヤ人解放令が採択された。それまではユダヤ人はフランス社会の外部の人間と位置付けられてゲットー（強制隔離したユダヤ人居住区）に押し込められていたが、この解放令によって市民権が与えられた。つまりキリスト教徒と平等になるわけである。

重要な点は、日本の明治維新と同様、封建的身分制度から市民社会への転換である。ユダヤ人も市民の一人として、あるいは国家を形成する「国民」として位置付けられていく。

ユダヤ人解放令は徐々にヨーロッパ各地に広がった［表8－a］。ここで大きな転換が行なわれる。つまり「市民」（国民）という概念が優先されることになったのだ。例えば「ユダヤ系ドイツ人」は、ユダヤ教を信仰するドイツ人ということになる。これは重要な点である。ユダヤ教信仰云々は、あくまで市民という概念よりも下位概念として位置付けられるわけである。

「すべての国民、市民は平等」と言っても、もちろん一朝一夕では変わらないわけでユダヤ人への差別はずっと続いたのだが、法律上はすべて平等と認められたことは大きい。

ユダヤ人解放令が出された年は国によって異なる。概観すると、各国の資本主義的な発展の度合い、つまり、市民革命の時期に対応しているのが見て取れる。図式的に過ぎるかもしれないが、このような対応の理由は単純である。身分制社会では互いの関係が身分により規定されるが、資本主義社会では個人が自らの判断で自らの労働力を売って賃金を得る。一人ひとりがそれぞれ法的な意味で独立していないと、市場で自らを売ることができない。そこで個人の権利という概念が登場した。国家は決して個人の権利を侵害してはならないという法律が作られていく。そのため、ユダヤ人も同じように解放されていったわけである。

ナポレオン時代における転回点

こうしてフランス革命を経てユダヤ人も市民として法的に対等になった。しかし、レイモンド・P・シェインドリンによれば、ナポレオン・ボナパルト（一七六九―一八二一年）が皇帝に就いて以降は若干変わってくる。フランス革命から帝政期に入る前の段階で完全解放が認められたが、ナポレオンは方針を少し修正した。

図8-1　モーゼス・メンデルスゾーンの肖像（ヨハン・フリードリヒ・バウゼ作、1772年頃）

彼［ナポレオン］は一八〇六年にユダヤ人の有力者および大部分はラビたちからなるサンヘドリンと呼ばれる集会を召集し、宗教的裁定はこの集会の決議によって行われるものとした。そし

表8-a　ユダヤ人解放令

1791/2年	フランス
1796年	オランダ
1830年	ギリシア
1832年	カナダ
1839年	オスマン帝国
1856年	英国（最初は1753年、すぐに廃止）
1861年	イタリア
1867年	オーストリア＝ハンガリー帝国
1871年	統一後のドイツ（都市で異なり、フランクフルトは1848年）
1874年	スイス
1878年	ブルガリア
1878年	セルビア
1910年	スペイン
1917年	ロシア帝国（＝ソ連）

てこのサンヘドリンはユダヤ人に対し、その生まれ育った国を彼らの祖国と見なすことを信仰的義務と定めた。そして、フランスのユダヤ人は他のフランス人を愛すべきであるとした。さらに、高利を取ることを断罪し、フランスの法廷での判決がユダヤの法廷に優先することも宣言した。こうして、それまでのユダヤ人社会の原則を否定した後、このサンヘドリンは閉会した。[7]

「サンヘドリン」（最高法院）とは、元々は、古代パレスチナにおいてユダヤ人たちが王国を持っていた時代の決定機関を意味した。ナポレオンはそれを「ユダヤ人の議会」と読み替えて、ユダヤ人の代表者たちを集めた評議会のような役割を与えたのだ。

このサンヘドリンにフランスのユダヤ人社会の今後を決定する権限が賦与されると、サンヘドリンはある意味で革命的な決定を下す。引用にあるとおり、国家からの命令に従う形でフランス国民であることを「信仰の義務」としたわけである。つまり世俗的なことを管轄する国家からの命令を、宗教の共同体であるサンヘドリンが「信仰の義務」としたわけで、よく考えるとかなりおかしな話である。このように国民であることを信仰の義務としたことは、極めてフランス的な世俗主義（ライシテ）の在り方である。

また、ナポレオンはフランス国家とユダヤ人が持っていた独自の共同体との関係を規定し、まず高利をとることが禁止された。キリスト教社会ではキリスト教の同胞から高利を取ることが禁止されており、またユダヤ人にはもともと職業選択の自由がなかったこともあり、ユダヤ人が金融業者として活躍してきた。それを断罪したわけである。そしてさらにフランス法廷がユダヤ共同体の法廷の上に設置された。このような形でユダヤ人共同体は自らをフランス国家の忠実な構成員であると宣言したのである。この点がフランス独特の在り方と言える。

このことは同時にもう一つの重要な帰結を意味する。シェインドリンの議論の続きを見てみよう。

これはある意味でユダヤ主義の歴史において決定的な瞬間であった。すなわちユダヤ人という概念を民族的同一性よりも宗教的同一性で括ったからである。こうしてユダヤ人を平等に扱う基礎を固めた後、ナポレオンは部分的に中世の制度を取り入れ、ユダヤ人を集合的にまとめるとともに、自分の政策が実際に実行されているかどうかを監視する中央組織を創設した。最後にナポレオンは、宗教省に従属する形の〝宗務局〟と呼ばれる地方組織をつくり、フランスのユダヤ人の生活を監督させた。

ナポレオンは後になって、いくつかの差別的な法にユダヤ人を従わせることにより、フランス帝国の平等な市民として認めるという方針を実質的に撤回した。さらに、実際問題として、たとえフランス人としての市民権を獲得したとしても一般のフランス人のユダヤ人に対する長年にわたる憎しみ、特にアルザス地方のドイツ語を話すユダヤ人に対する憎しみは簡単に変わるものではなかった。(8)

引用の冒頭部でいきなり「ユダヤ主義」(Judaism)という言葉が出てきたが、これは何らかのイデオロギーを指すわけではなく、むしろユダヤ教を中心としたユダヤ人共同体の考え方全般を指している。宗教だけではなくもう少し包括的に、共同体を律するような原則という意味合いで使われるので、非常に訳しづらい言葉ではある。「Judaism」の由来はヘブライ語の「ヤハドゥート」である。この言葉自体、ユダヤの宗教共同体のみならず、より広くユダヤ人全体のことを指す言葉として使われている。

このように「ユダヤ主義」とは、元来、宗教的概念だけでなく民族的概念も含むものだったが、宗教に力点を移していったのだ。それは近代におけるユダヤ教徒の対応の仕方を象徴している。現在のナショナリズムの原型と言えるものはフランス革命で出てきた。ナポレオンがヨーロッパに遠征することによってそれが広まり、それぞれの地域においてナショナリズムが生まれた。民族として一つの国家を持つべきであるという考え方が台頭していったのだ。その文脈の中で、ユダヤ人の民族性ではなく、むしろ宗教性を強調したのだ。ユダヤ民族であるというと問題が起こるが、ユダヤ教徒であることはフランス人であることと矛盾しないということである。このようにフランス革命からナポレオンの時代にかけて、ユダヤ教徒のコミュニティは大きく変化していくことになる。

また、ナポレオンは、さきほど論じたように、ユダヤ人の宗教的組織を中央政府に従属させると、「宗務局」という組織を作り監視させた。実はこの手法をそのまま踏襲していたのがトルコである。ケマル・アタテュルクのトルコ革命以降、トルコの世俗主義はフランスの手法を導入した。トルコには現在も「宗務局」にあたるものがある。しかし、現在のレジェップ・タイイップ・エルドアン政権以降はイスラーム主義が全面に押し出されていくことになる。

一方で、一般のフランス人の間ではユダヤ人に対する差別意識はなくならず、特に東北部のアルザス地方出身のユダヤ人には憎しみの目が向けられていたとシェインドリンは述べている。これは明らかに後のドレフュス事件（本書第13章）を暗示している。ドレフュス事件は、決して火元が何もないところで起ったのではない。ドイツとフランスが奪い合ってきたアルザスという地域ではドイツ語が話されており、そこがフランスに編入された時にどうなるか、という問題である。同地出身のドレフュスがドイツのスパイだという戯言があたかも事実であるかのように広まってしまう要因があったのである。

ここで、フランスのユダヤ人は一括りに語れないことにも触れておきたい。フランスには他にも、ワインで有名な西南部のボルドー地方に、スペインからピレネー山脈を越えてやってきたスファラディームの共同体があった。中世以来、フランスのユダヤ人と言っても、いま挙げてきた東北部のドイツとの国境部、あるいは西南部のスペインとの国境部、そしてパリのコミュニティでは、まったく歴史的起源が異なる人々なのである。

ウィーン会議以後の反動——反ユダヤ主義の萌芽

結局、ナポレオンによるサンヘドリン再建の意図は、すべてのユダヤ人を掌握するためであったと理解されている。しかし、ディモントによれば、それでもローマ時代以来の最高法院を再建したことで、ユダヤ人たちは感激した[9]。彼らにとってナポレオンは解放の象徴と見做された。

シェインドリンも、ナポレオンの軍隊がヨーロッパを席捲するプロセスの中で各地のユダヤ人の解放も進んだという歴史的事実もあると言う。しかし、ロシアへの攻撃で失敗し、ナポレオンの征服が不首尾に終わるとユダヤ人解放の動きにも反動が来る。[10]ウィーン会議（一八一四―一五年）ではナポレオン後のヨーロッパ秩序の回復について議論が交わされたが、ナポレオン政権下でのユダヤ人解放は否定された。そしてユダヤ人が解放されたことに対して不満を持っていた人々が反ユダヤ的な行動に出るようになった。

一八一九年にドイツで起こった「ヘップヘップ暴動」は、原初的段階ではあるが、近代の新しい形の反ユダヤ主義（アンチ・セミティズム）が登場した契機として位置付けられる事件であると一般的に言われている。この暴動は飢饉を契機として一八一九年八月から一〇月にかけて、ドイツ、ボヘミア、アルザス、オランダ、デンマークにおいて、ユダヤ人やシナゴーグや住居に攻撃が加えられた。その際、十字軍兵士が叫んでいたと言われる「ヒエロソリマ・エスト・ペルディータ（Hierosolyma Est Perdita）」（エルサレムは滅んだ）という表現の単語の三つの頭文字（H．E．P．）に基づいて群衆が「Hep! Hep!」と叫んだために、「ヘップヘップ暴動」と呼ばれている。ユダヤ人に対する物理的攻撃は昔と変わらないが、宗教的な動機ではなく、民族的、つまり人種主義による原初的なアンチ・セミティズムが動機となっているのである。ナチス・ドイツの思想にまで展開する萌芽的形態がこの時期に登場したわけである。

また、ウィーン会議以降も、フランス革命の余波を受けるように各地で革命が勃発する。そのような状況下、ユダヤ人たちはそれぞれが属している国家のために戦った。実はこのこともまた、後々に新たな問題を引き起こすことになる。それぞれの国家のために尽くす時、敵国としてユダヤ人同志で殺し合いをしなければならない事態も生まれる。それをどうするのかという問題が、第一次世界大戦直前くらいから急浮上してくる。時期を同じくして反ユダヤ主義も各国で台頭してくる。ユダヤ人はそれぞれの国家に所属する国民と言いながら、ヨーロッパ各国では反ユダヤ主義が非常に盛んになっていく。当然、ユダヤ人には、自分の属する国家のために尽くすことが本当に自分たちのためになるのか、という疑問が出てくる。その結果、自分たちの独自の民族国家を持たねばならないというシオニズムの登場を準備する。ユダヤ人の新しいナショナリズムの考え方に賛同するのか、それとも居住する国家のナショナリズムに追従するのか、という分裂がユダヤ人の中に起こることになる。[11]

第9章　ユダヤ啓蒙主義と改革派ユダヤ教徒

はじめに――ハスカラー運動の登場

前章で見てきたフランス革命を導くことになったのは、啓蒙思想であると言われる。一八世紀フランスの啓蒙思想は、中世までの神中心の世界観から近代の人間中心の世界観へと一八〇度の転換をもたらした。キリスト教（カトリック）的な考え方に対し、人間の理性を前面に押し出し、理性という光を当てる。宗教的権威に反対し、合理的な思惟を中心に据える。そして旧い慣習を改め新しい秩序を作ろうとする運動である。辞書的には「一七世紀末葉に起こり一八世紀後半に至って全盛に達した旧弊打破の革新的な思想。人間的・自然的理性（悟性）を尊重し、宗教的権威に反対して人間的・合理的思惟の自律を唱え、正しい立法と教育を通じて人間生活の進歩・改善、幸福の増進を行うことが可能であると信じ、宗教・政治・社会・教育・経済・法律の各方面にわたって旧慣を改め新秩序を建設しようとした」（『広辞苑　第七版』）ということになる。そして「オランダ・イギリスに興り、フランス・ドイツに及び、フランス革命を思想的に準備する役割を果たした」と続くのである。

ユダヤ教徒の中でもこの理性に基づく合理的な思考は重要な運動として推進されて、この啓蒙思想の影響を受ける形で「ユダヤ啓蒙主義」が起こることになる。ユダヤ啓蒙主義は世俗的な考え方であったので、信仰に篤い人たちからは凄まじい反発を受けた。つまり神をないがしろにする者たちだと見做されたのだ。その反発の中で形成されていくのが、いわゆる「ウルトラ・オーソドックス」(超正統派)と外部から呼ばれるようになるユダヤ教徒の集団である。フランス革命以降、とりわけこの動きが顕著になる。啓蒙主義に基づきユダヤ教の中において理性とのバランスをとろうとするグループと、それに対し伝統的な信仰を守ろうとするグループに分かれていくわけである。

本章ではユダヤ啓蒙主義のほうを中心に見ていくことにする。一般に、ユダヤ啓蒙主義のことをヘブライ語で「ハスカラー」と呼ぶ。これは、「啓蒙」(enlightenment)と同じように、「知性を行使する＝光を当てる」という意味である。また、そのような運動を担う人々を、「マスキール」(複数形は「マスキリーム」)と呼ぶ。

ハスカラー運動の基本的発想は、「啓蒙主義」と同様、理性を強調することである。ただしハスカラー運動の場合、信仰と理性という二つの対立項は調和できるとする。つまりまだ信仰を重要視する側面があるのだ。フランス的な啓蒙主義と比べると一歩引いたような形となっている。

ハスカラー運動が歴史的に重要とされるのは、この中からユダヤ教改革派(後述)の運動が出現するからである。もう一つ大きな点は、その流れの中からシオニズム、つまりユダヤ人国家建設という発想が出てきたことである。このような点で、ユダヤ啓蒙主義が果たした役割は非常に大きなものがあった。

カント哲学の影響

N・F・キャンターは、ユダヤ啓蒙運動について、特に哲学者イマヌエル・カント（一七二四―一八〇四年）の影響を指摘している。[1] カント哲学においては、ユニバーサル（普遍的）な観点からものを見る姿勢が強調される。理性が前面に押し出されていることが特徴である。

一七九〇年頃にイマニュエル・カントが提起したこの種の世界観はドイツのマスキール（ハスカラ〔ハスカラー〕運動の提唱者と支持者はそう呼ばれた）の心に訴えただけでなく、一七七〇年代にモーゼス・メンデルスゾーンから一九世紀のアブラハム・ガイガー、レオポルド・ツンツ、そしてメンデルスゾーンから一世紀後のハインリッヒ・グラエツ〔グレーツ〕といった人々にも強く訴えた。[2]

キャンターは、前章でも触れたモーゼス・メンデルスゾーンの名を挙げている。彼は旧約聖書の解釈に、人間中心の解釈と同時にキリスト教の聖書解釈も取り入れて、新しい展開を生みだした。レッシングの有名な劇詩『賢者ナータン』（原著一七七九年、和訳は『賢人ナータン』篠田英雄訳、岩波文庫、一九五八年）は、メンデルスゾーンをモデルにしたと言われている。

また、メンデルスゾーンに加えて、一九世紀以降の啓蒙主義者の名も挙げられている。一九世紀にドイツを中心として「ユダヤ教学」が起こるが、彼らはその中心的メンバーである。「ユダヤ教学」という言葉だけを見ると神学的な印象を受けるだろうが、ドイツ語で「Wissenschaft des Judentums」（英語でScience of Judaism）であり、世俗的な視点で聖書を研究する科学を指す。つまり、信仰の書として聖書を読むのではなく、学問（ヴィッセンシャフト）としてユダヤ教を分析の対象とするのである。このユダヤ教学の伝統は現在まで引き継がれている。

それぞれの人物について世代順に少しだけ触れておく。まず、レオポルド・ツンツ（一七九四―一八八六年）は、学術的な意味においてユダヤ学を作り上げた人物である。多くの著作があり、『ユダヤ教科学研究』という雑誌の編集も務めていた。アブラハム・ガイガー（一八一〇―七四年）は改革派ユダヤ教の生みの親といわれ、ドイツで改革派の運動を展開した。三人で一番若いハインリヒ・ヒルシュ・グレーツ（一八一七―九一年）も、ユダヤ教学における代表的人物である。主著は大著『古代からのユダヤ人の歴史』（全一一巻、一八五三―七六年）である。

グレーツに関して注目したいのは、オスマン帝国におけるシャブタイ・ツヴィの偽メシア運動（本書第7章）を過小評価していたということだ。[3] これはグレーツが、理性的側面を強調するユダヤ教の運動を高く評価する傾向があるためである。

ユダヤ啓蒙主義に対するカント哲学の影響について、もう少し具体的に見ていこう。[4] ユダヤ啓蒙主義は、ユダヤ教の教えを近代の学問的方法で読み替えたのだが、そのなかでもカントの手法は、議論の範囲を限定することにより議論を明確化するというものだった。カント哲学では、神の存在の有無等という議論は一切せず、理性を強調して人間が認識できるものだけを問題にする。カントは神学的議論とはっきりと一線を画し、神については証明などできないのだから議論の外に置き、自分たち人間の認識の範囲で宇宙観、世界観を作り上げていくという発想である。簡単に言うと曖昧な部分は排除していくことで学問体系を作り上げた。

ユダヤ教のハスカラの精神は、キリスト教におけるカントの精神や二〇世紀後半のユダヤ系アメリカ人の学究的精神にも似て、神秘的なもの、不合理なもの、粗野なもの、暴力的なもの（人間生活の小さからぬ部分を占めている！）を締め出し、合理性、公正、学問を説く自筆の文書を提起した。[5]

合理的に体系化していくこと、つまり非合理的なものを排除することにより、一つの構築された世界を作り上げること。それが啓蒙主義の科学的で理性的な特性である。ユダヤ啓蒙主義もこの立場をとる。

二〇世紀初めの段階でも、ドイツのユダヤ人たちには、ユダヤ教の本質をカント哲学の立場からとらえようとする動きが見られた。キャンターは新カント派の哲学者の名を挙げている。[6]ヘルマン・コーヘン（一八四二―一九一八年）は、代表的なユダヤ人哲学者である。彼が創設者の一人となったマールブルク学派は三木清に代表されるように日本の哲学界にもかなり影響を与えた。コーヘンはユダヤ教から伝統的要素を取り除いて、カントの普遍的・合理的な道徳の原則と同様の原理をとりだそうとした。フランツ・ローゼンツヴァイク（一八八六―一九二九年）は、世代的にはコーヘンよりも若い。第一次世界大戦の時にバルカンに派遣され、そこで戦争という極限状態の中で霊感を受け、新しい方向性を見出したという。彼は、現在の在り方を伝統から切り離されたものではなく連続しているものとして位置付け直すという姿勢を明確に出した。つまりユダヤ教の伝統も重視している。

一九世紀後半から二〇世紀初頭にかけて、この二人のユダヤ系哲学者たちは、アメリカのユダヤ人に影響を与えた。

古典ヘブライ語から現代ヘブライ語へ――聖書の言葉の日常言語化

キャンターはハスカラー運動が遺した成果をいくつか挙げている(7)。その一つが先ほど述べた「ユダヤ教学」だが、教育面では、ユダヤ教の伝統的教育から新しい世俗的な教育に重点を移し、推進した。

さらに、ハスカラー運動において、古典ヘブライ語、つまり聖書に書かれているヘブライ語を現実の日常生活の中で活かしていこうという動きが出てきたことも重要である。

まずここで、ドイツ語文化圏で育ったドイツ語話者のユダヤ人知識人が、しばしばイディッシュ語に対し嫌悪感を持っていたことを指摘しておこう。ドイツ語の方言であるイディッシュ語は、言語学的には中世高地ドイツ語と言われ、格変化等がドイツ語に比べて少ない。つまり簡略化されたドイツ語というイメージであり、それにスラブ語的な語尾が入っている。さらには単語の中にヘブライ語がそのまま取り入れられているものもある。そのため、耳で聞くとドイツ語によく似ているが、微妙に異なるのである。

ともかくドイツの知識人はイディッシュ語を敬遠し、そのかわりに彼らはヘブライ語を強調することになった。

ハスカラ運動の唱道者に関する著作を読むと、彼らの関心はイディッシュ語を話す人々に純粋なドイツ語を押しつけることだけにあったように思えるが、そうではない。〔……〕モーゼス・メンデルスゾーン以降、ハスカラ運動支持者は、最初はドイツで次にロシアで、イディッシュ語に代わるもので、かつ生きた言語としてヘブライ語を研究し唱道した。そして扱いにくい古語である聖書のヘブライ語を現代化し、書き言葉のヘブライ語を新しくすることに努めた。[8]

イディッシュ語は基本的に話し言葉である。イディッシュ語を話していた当時のユダヤ人の基本的な考えとしては、ヘブライ語は聖書の言葉であり神聖なものであるため、日常生活で使ってはならないというものであった。ヘブライ語はイディッシュ語と対になるものだったのである。したがって、従来からイディッシュ語を話している人々にとって、ヘブライ語を日常生活で使うことなど許されないことであった。こうして、信仰篤い人々からは信仰に対する反逆とさえ見做されながらも、日常生活に使うためのヘブライ語が生み出された。そして、これが新しい現代ヘブライ語へとつながっていく。シオニズム運動の前段階において、聖書の言葉であるヘブライ語をユダヤ人の中心的な言語としたのである。

改革派ユダヤ教徒とアメリカ

ハスカラー運動のもう一つの遺産は改革派ユダヤ教徒である。[9] 彼らは、一八世紀末から一九世紀初頭にかけてドイツを中心に登場したが、その後、大西洋を越えて、アメリカが流れの中心になる。アメリカ中西部シンシナティのヘブライ・ユニオン・カレッジはまさに改革派の中心的場所である。このカレッジは一八七五年に改革派ラビ・イザーク・M・ワイズ（一八一九―一九〇〇年）［図9‐1］によって設立された。以前、私がヘブライ大学に留学した際に親しくしていたニューヨーク生まれの先生もこのカレッジの出身者であった。

ところで、第7章で述べた通り初期段階におけるアメリカへのユダヤ人移民は、実は一四九二年にイベリア半島から追い出されてイギリスに向かい、そのまま新大陸へ渡ったスファラディームであった。現在のアメリカ社会では少数派となり外からは見えて来ない人たちであるが、アメリカ・スファラディー連合という組織を作っている。その次の段階での目立った移民が、一九世紀中頃のドイツ出身である改革派ユダヤ教徒である。しかし、これも数としては多いとは言えなかった。一九世紀末になると、東欧・ロシアから大量の移民が入り、アメリカのユダヤ人構成に大きな変化をもたらした。ロシア帝国において「ポグロム」と言われるユダヤ人の迫害が起こったため、大量の人々が故郷であるロシア帝国を離れたのだ。

改革派ユダヤ教の特徴の一つは、キリスト教の影響をかなり受けているということだろう。礼拝にキリスト教的伝統を取り入れ、オルガンや合唱隊といったものも使った。

また、基本的に、正統派、超正統派のオーソドックスな人たちは礼拝をヘブライ語で行なうことを原則としていた。改革派は、それぞれ居住する地域の言葉を使用した。

しかし、もう一つ重要な特徴は、スファラディーム、アシュケナジーム含めて、シナゴーグの中の男女隔離を行わないことである。旧来の正統派シナゴーグでは、男女が分けられている。一階の中心部分は男性の場所で、女性はその後方や横、周囲に張り巡らされた二階席に行かざるを得ない。改革派はそのような隔離を止めにした。さらには一番大きな特徴として、女性のラビも認めるのである。

ただしシナゴーグの在り方自体はほとんど変わらない。シナゴーグにはカトリック教会とは違い、基本的には何もなく、礼拝施設の正面に聖書であるトーラーの巻物が安置されているだけである。ラビがそれを毎日少しずつずらしながら、旧約聖書（モーセ五書）を一年間かけて読むというやり方は共通している。
とはいえ、やはり改革派がユダヤ教の信仰の在り方を大きく変質させていったことをキャンターは指摘している。

一九世紀初期のハスカラ運動から生れ、ドイツ系移民たちと共にアメリカに渡った改革派ユダヤ教がもつ意味は、シナゴーグでの典礼の根本的改革だけでなく、共同体の絆の弱体化や、ゆるやかな掟の改革派のシナゴーグ共同体におけるユダヤ教的な体験の希薄化であった。シナゴーグは、地域に半ば同化して暮すヨーロッパやアメリカのユダヤ人の生活の中心で均質化を促す原動力的存在というより、利用するしないは個人の選択次第の、格別上等な菓子店のような、サービス・センターのような存在になった。

図9-1　イザーク・M・ワイズ

〔……〕ハスカラ・カント哲学から生れた改革派ユダヤ教にあっては、祈禱は神に近づく手段、とりなしをする神と個人的に意志疎通する手段ではなく、一種の文化的主張、モーセの信条を信じるドイツ人、のちにアメリカ人、たる自分を確認する一つの象徴なのであった。[10]

ユダヤ教においてシナゴーグは人々をつなぐ役割を果たしていたが、改革派においてはその役割は希薄化された。来ても来なくてもいい共同の集会所のような場所となり、かつてのように必ず出向く場所ではなくなった。また、祈禱は人と神を結ぶものではなく、自分は何者であるかを単に確認するためだけの一種の文化的装置となった。祈禱の役割は神との意思疎通という信仰の問題ではなくなっていったわけである。

それでも、「それはユダヤ教とモダニティとの対決を充分に表現しえたであろう神学と典礼の根本的改革をするまでには至らなかったが、その方向への意思表示を示し、そうでなかったらユダヤ人である自覚を完全に捨てたであろう、高い教養を身につけた数百万のユダヤ人（とくにドイツとアメリカに住むユダヤ人）をユダヤ教的環境の内に引き留めたのである」[11]。改革派は一九世紀を通じ、ユダヤ教そのものを変えることはなかったが、変革の方向性を示した。変革の要素がなければ改革派の人々は信仰を捨てたかも知れない。その意味だけでも十分に評価できるということだ。

また、キャンターは改革派と市場経済との関係についても論を進めている[12]。改革派ユダヤ教徒は、市場経済と融合するアメリカ的な性格であったことを論じている。資本主義精神とユダヤ教改革派の考え方は非常に近しいものであり上手く機能した。言い方を変えれば、改革派ユダヤ教はアメリカ的な資本主義、市場経済への一つの適応の形とも言える。

実際、政府を最小限にして自由経済を推進するべきと主張した経済学者、デヴィッド・リカード（一七七二―一八二三年）［図9-2］とミルトン・フリードマン（一九一二―二〇〇六年）の理論は改革派と非常に親和的であったとキャンターは説明している（彼らもユダヤ系であった）。

リカードの経済学の主眼点は改革派ユダヤ教のハスカラ・カント哲学の神学の主眼点と同一である。後者にとって神は人間には近づきがたい威厳を備える創造主であるように、市場は、人間の意志や感傷により――たとえば、市場が機能する最低限以上の給料を支払うとか、景気循環あるいは資本蓄積に国が干渉するといったことで――変えることができない、普遍的で合理的な構造をもつものであった。神とか市場は放っておいて、自分自身の動産、家族、共同体の生活、仕事の利益に気を使っていればよいのであった。

現象界に関するカントの説は、市場経済は富を最大限に増やし分配するために倫理学の観点からも政治学の観点からも干渉してはならぬというリカードの論証と平行する。[13]

さて、いまでは改革派はユダヤ教の中で大きな力を持ち始め、アメリカでは最大宗派となっている。そのため、アメリカのユダヤ人がイスラエルに移民する際、改革派であること自体が問題となる。イスラエルにおいて最も力を持っているのは超正統派のラビたちである。イスラエル内務省は改革派ユダヤ教徒に対しても自動的にイスラエル国籍を賦与するが、イスラエル社会において大きな力を持つ首席ラビ庁は改革派を正式にはユダヤ教徒とは認めていないので、彼らがイスラエルで宗教的生活を送ろうとすると正統派への改宗を迫られることになる。さもなければ正式な形での結婚もできない。もちろんアメリカにも超正統派はいるが、宗教はプライベートな部分で

図9-2　トマス・フィリップス《デヴィッド・リカード》1821年頃、ナショナル・ポートレート・ギャラリー、ロンドン

しか問題にならない。しかしイスラエルでは状況が異なり、宗教が冠婚葬祭などの社会的な生活を規定しているために、軋轢が起こるわけである。

アメリカの保守派と再建派

最後に、ユダヤ教の改革派の行き過ぎに対抗する動きについても簡単に述べることとする。そのなかから登場したのが「保守派」である。この「保守派」の名称を使うのは主にアメリカのユダヤ教徒であり、他の地域ではあまり使用されない。また、保守派についても、イスラエルの正統派は認めていないのでイスラエルに移民した場合は改宗を余儀なくされる。

さらにユダヤ教保守派から分派して、一九二二年に「再建派」という流れも現れた。「再建」は英語で「Reconstruction」であり、ユダヤ教の考え方を組み替えることによってその在り方を変えていくということである。文明は進化していくものであり、ユダヤ教もそれに適応できる形で変わっていくという考え方である。その際、神、トーラー、エレツ・イスラエルというユダヤ教の基本的概念も、新しい文脈で位置付け直し、再構築しなければならない。アメリカの文脈、すなわち物質的な大量消費を目的とするような二〇世紀のアメリカの文明の中で、どのようにユダヤ教徒たちが生き抜くのかを考える際、ユダヤ教そのものの読み替えもしなければならないという要請から出てきた新しい動きということになる。

創設者のモルデハイ・カプラン（一八八一―一九八三年）は、旧ロシア帝国のリトアニア出身者で、一九世紀末から二〇世紀初頭にかけての大量移民時代にアメリカにやって来た。キャンターはカプランの運動にも、ローゼンツヴァイクの影響があることを指摘している。[14]「再建派」もまたユダヤ啓蒙主義から生まれてきたと説明できるのだ。

第10章　ハシディズム世界の盛衰

はじめに——二つの「超正統派」

本章の対象となるユダヤ人の世界は、一言でいうと、今や亡き失われた世界である。イスラエルやニューヨークを中心としたアメリカでは少数派として残ってはいるが、第二次世界大戦中のホロコーストでほとんどがいなくなった。

第一次世界大戦前まで、ロシア帝国は現在のポーランドまで含んでいた。特にバルト三国、ポーランド、今のウクライナ辺りを領土的な盾として、ユダヤ人を強制的に住まわせていた。これはロシア帝国におけるユダヤ人特別強制居住区域であり、一七九一年から一九一七年のロシア革命まで存在していた。ナチス・ドイツによるホロコーストの犠牲者は、ほとんどその地域の人たちであった。その圧倒的多数が「超正統派」と言われる人々である。現在、ポーランド等に行くとよく分かるが、ユダヤ人の存在はほとんど見えない。

「超正統派ユダヤ教徒」という言葉は、英語圏では「Ultra-Orthodox Jews」と表現する。その信者はヘブライ語で「ハレディーム」と呼ばれる。単数形はハレディーで、語尾に「イーム-im」が付くと複数形となる。「神を畏れる人々（複数形）」という意味で使われる。

イスラエルの人口の中では少数派である。現在は増えていると言われているが、それでも二〇％に達するかどうかである。ニューヨーク等にもいるが、世界のユダヤ人人口内でもやはり五分の一ほどだろうと言われている。ただし、ハレディームとその他の信仰の篤いユダヤ教徒たちの境界線上の人たちが数多くいるので、正確な人口数や比率はよく分からないのが現実である。

現在、イスラエルでは「超正統派」という言葉は混乱した使われ方をしている。まったく異なる二つの集団を同様に「超正統派」と呼んでいるのだ。一つは、「ハシディズム」と呼ばれるユダヤ神秘主義を信仰するハシディーム（敬虔派）のグループの人々である。彼らはラッベと呼ばれる聖者を崇拝する。一方、それに対して聖者崇拝に徹底的に反対するグループ「ミトナグディーム」（反対派）がいる。彼らはハシディズムにおける聖者崇敬を否定し、聖書とタルムードに戻るべきという立場である。この相反するグループが共に「超正統派」と呼ばれている現状があるので、話がややこしくなる。

この二つのグループは、現在に至るまで一八世紀の東欧・ロシアにおけるユダヤ教徒と同じような格好をしている。イスラエルに行くと黒装束の人がたくさんいる。我々の目からは、一見して同じような格好に見えるが、頭の被り物などを含めて微妙に違っている。もちろん一緒に行動はしていない。

ハシディズム運動の登場

いま述べたとおり、ラッベと呼ばれる聖者への崇拝（聖者崇敬）が、ハシディームの特徴である。一八世紀ポーランド南部で、バール・シェム・トヴ（一七〇〇頃—六〇年）という人物により興された。本名のイスラエル・ベン・エリエゼルの代わりに用いられた「バール・シェム・トヴ」という名前は、直訳すると「良き神の人物」であり、神によって庇護されている人物という意味となる。彼が聖人の代表と言われている。

彼は「ベシト」（ベシュト）とも呼ばれている。ヘブライ語の場合、人名などの頭文字をとって省略して呼ぶ傾向が非常に強い。この場合の略称は、バールのB、シェムのSH、トヴのTをとって「ベシト」と呼ぶのである。

ノーマン・F・キャンターの説明によると、バール・シェム・トヴはウクライナの貧しい土地の生まれだという(1)。バール・シェム・トヴの信者は現在もニューヨークで見られるが、ホロコーストによって大勢が亡くなった。ホロコーストで最も大きな被害を受けたのがハシディズムの人々であった。

聖者伝にありがちなことだが伝承が数多くあるので、それをどのように取捨選択するかにより解釈が変わる。また、すべての宗教に共通することだが、聖者は奇蹟を起こす。聖者たちが信者たちの崇敬を受けるのは奇蹟を起こしたことから出発するわけである。これに関して、キャンターははっきりと「信仰療法師で魔術師」であったと述べる(2)。バール・シェム・トヴは、どちらかと言うと下層の人々の支持を集めた。ポーランドで主に活動し、弟子たちにより神話化されていった。

同じ超正統派と呼ばれるが、トーラーとタルムード、つまり聖書とその註釈書に忠実に基づくべきとの立場をとるミトナグディーム（反対派）の人々は、彼らを一切拒絶する。ミトナグディームにとっては、彼らは魔術的なことをやっている、胡散臭い連中という位置付けとなるわけである。バール・シェム・トヴは正式な宗教教育を受けていないともいわれる。しかし彼は人々の崇拝を受けた。このようなタイプの人物が、一八世紀以降とりわけ東欧・ロシアにおけるユダヤ人のコミュニティで大変力を持ったのである。

「デブクート」と「ツァディーク」——ハシディズムの二つのキーワード

ハシディズムについて考察する際に重要となる二つのヘブライ語の単語「デブクート」と「ツァディーク」について確認しておく。「デブクート」とは「神との合一、献身」を意味し、「ツァディーク」は「神に義を体現した人」という意味である。「ツァディーク」という言葉はイスラームにおいても共通して使われる言葉である。アラビア語では「サディーク」と呼ばれて、日常的には「友だち」という意味で使用される。ユダヤ教では「神の恩恵を被った人」「神の義を体現している人」「正義の人」という意味で使われている。

まず「デブクート」について見ていく。これはカバラーの経典である『ゾハール』に記されている言葉である。ハシディズムでは、ミツヴァー（神の命令、戒律）を遵守し、トーラー、タルムードを学習することだけでなく、正しい生活を送ることを重んじる。ユダヤ神秘主義の場合、秘密が前提なので詳しいことはよく分からない。『ゾハール』にしても神秘主義の経典なので、体系的に深く見ていかないとよく分からない世界である。ここでは深入りできないので、表面をなぞるだけに留めておきたい。

キャンターによれば、ハシディズムとは日常生活の中における些細な事を通し神と出会うという教えのことである。

ハスィディズム〔ハシディズム〕は平凡な事柄——飲み食い、踊り、物語を語ること、旅行、性交——を神聖化する（いい換えると、そこに神聖なものを見いだす）ことを説いた。神にであうのに謹厳な態度、学識を必要とするわけではない。日常生活の中の楽しくて欠かせぬ行為や振舞いのうちに神に会えるのだ。幸福感と善良さは調和する。シナゴーグでの祈禱自体、体を大きく揺すったり踊ったり、さらに側転すら許容し、個人的喜びのはけ口となしえた(3)。

ハシディズムでは、祈禱において踊ることまで許容しているという。ユダヤ教の神秘主義に関してはあまり映像が残されていないのでイメージしづらいが、イスラームではトルコのメヴレヴィー教団のように、ズィクル（祈禱）として踊る神秘主義教団が知られており、究極的には延々と祈りの言葉を繰り返す行為によって神との合一化を目指すのと同じパターンであろう。行為だけ見ているとほとんど区別がつかない。つまり、神との一体化を目指して、いわゆる「行」を行なうことがデブクートの特徴的な形態である。

このようなハシディズムの思想と慣行は正統派ラビを怒らせた。この場合の正統派は、ミトナグディーム（反対派）を指している。

ベシトおよび彼の後継者たちが理解したデブクートは、正統派のラビを怒らせ恐れさせもした。それは、学問を堕しめ、伝統的な規律を崩し、ラビのもつ権威に挑戦する意味をもっていたからである。

ハラカー〔ハラハー〕を則とするラビには、それは、ユダヤの共同体ケヒラを長いこと支配してきた、学識あるラビと裕福な商人から構成される伝統的な権威を打ち壊す民主的な革命を約束するもののように思われた(4)。

「ハラハー」とはユダヤ宗教法のことだが、これを信仰上の規範としているラビたちからすると、神秘主義はハラハーそのものを蔑ろにしていると映るわけである。伝統的権威を打ち壊す存在として正統派の指導者の怒りを買ったわけである。元々、「デブクート」という考え方自体の解釈の相違により超正統派の人たちの中で対立を生み出している。ユダヤ神秘主義はポーランドやウクライナからバルト三国へ広がっていくと、正統派（反対派）の人々とぶつかり、対立が激しくなっていった。

繰り返すが、外部者からはハシディズムはミトナグディームと「超正統派」としてワンセットで語られるが、二派は完全に分裂している。神へのつながり方がはっきりと違っているのだ。この点が重要である。キャンターは、たびたびキリスト教とも比較しながら論じている。「ツァディーク」（義なる人、聖者と言ってもいい）は、キリスト教の聖者とも大変似ているという。ただし、キリスト教から影響を受けたと考える研究者もいるが、キャンターはそこまで言う必要はないという立場のようだ。

ツァーディク〔ツァディーク〕は信仰療法師、精神的カウンセラー、カリスマ性をもつ説教師、弟子や信奉者のためならいかなる労苦もいとわぬ仲裁者、そうした一切を兼ねあわせる存在であった。どんな問題も――健康、金銭、結婚、ないし単なる懐疑や精神の抑鬱も――解決してくれるか、少なくとも相談する前より楽な気持ちにしてくれる、それがこの世における神の光の担い手であるツァーディ

クの存在理由であった。(5)

ツァディークは健康、金銭、結婚、精神的抑鬱なども解決してくれる、いわばよろず相談所のような役割を担っているという。これについてもイスラームが民衆化した際にも同じパターンが見られた。ツァディークという聖者が存在すること自体が、一般信徒にとって安心の糧になっているということである。彼らに相談すると何となくほっとする存在として位置付けられている。

通常、正統派のラビたちは、聖書、あるいはタルムードに関する知識を権威の源泉とするが、ユダヤ神秘主義のツァディークは「その威信と能力をハラカー〔ハラハー〕の学問に依拠していなかった」とキャンターは述べている。(6) 彼らは活動家であった。バール・シェム・トヴ没後二世代（約半世紀とすると）が経つと、ツァディークはユダヤ教信仰の制度的存在になっていったという。つまり聖者崇敬に重点がおかれ、共同体もツァディーク中心に営まれた。彼らのカリスマ性は血縁関係の中で継承されるようになり、当然のことながら、共同体の中での富裕層となっていく。精神的な権威だけではなく、物質的にも豊かになっていったわけである。

ハシディズムは難しいことは言わず、すべての人に分かり易い教えであるため、その教えは民話の形をとるようになり、民話文学が数多く生まれた。この流れがイディッシュ文学につながる。民話と言ったが、聖者の奇蹟譚から始まり様々な話が語り継がれている。キャンターは代表者としてイツホク・レイブシュ・ペレツ（一八五一―一九一五年）という人物を挙げているが、日本でもかなりの読者がいるマルティン・ブーバー（一八七八―一九六五年）もこの流れから登場した。(7) ブーバーは対話形式を用い自らの神学的議論を展開した。

このような手法が一般層への普及を促進した。イスラームにおける神秘主義（スーフィズム）と同じく、ウラマー等の宗教的な高位者だけに独占されているものを、より一層一般の人々に広げていくために、ある意味神の擬人化を含め非常に分かり易いお話にしたのである。

以降はペレツの伝承文学から具体的なお話を挙げておく。

ハスィディズムに関する伝承に基づく話をペレツが改作したものは、ハスィディズムを明確に表現して右にでるものがない。〔……〕
三つ目の話は最も称賛された「無口なボインズ」の話で、イディッシュ語で記された選集に集録されている。純真な労働者のボインズは死んで天国に行く。大変有徳な人間であったから欲しいものをなんでもご褒美にあげようと神様にいわれる。彼は一個のバターつきロールパンを望む。ペレツはこの話に、ハスィディズムの世界に対して彼の世代が抱く肯定と否定両面の気持ちがうかがえるという注解をつけている。この話は人は良いが無知な男の哀れな意識を表現したものと解することもできる。改作される前の元の版では、デブクートが分かりやすく表現されている。神に出あうのは最も単純、素朴な行為においてなのだと。振舞い・行動の階層性を作ろうとするラビにみられる傾向は、人々の日常的な行為こそ神聖なものに係わるとする、平等主義的価値体系にとって代わられている。(8)
「バターつきロールパン」を求めることは非常に小さなことである。しかしながらそれで満足する。そういったことが信仰の在り方として大変高く評価されることが、このような説話で表現されている。神との関係において、パン一つが自分の信仰を代表するという形であり、ハシディズムの特徴を表している。

キャンターは、ツァディークの有名な人物として、ベシトの曾孫である、ブラーツラウ（ウクライナ中南部の都市）のラビ・ナフマン（一七七二―一八一〇年）も挙げている。ラビ・ナフマンはイディッシュ語で語った。ミトナグディーム（反対派）の人々は、礼拝は必ず聖なる言葉のヘブライ語で行なう。イディッシュ語といういわば世俗化された言葉によって説教すること自体がかなり論議を呼ぶのである。

キャンターは、ラビ・ナフマンの思想はアメリカ西海岸で一九七〇年代以降に広がったニューエイジ運動によく似ていると述べている。[9] また、南部の福音主義者たちとも類似性があるという。「エヴァンジェリカル」と呼ばれる人々で、前にも触れたが、今のイスラエルを支持する人々である。

ハシディズムと反対派の妥協

これまでハシディズム、ユダヤ神秘主義を中心に見てきたが、それに反対するミトナグディームについてキャンターの議論を見ていく。

ハスィディズムの成功は正統派のラビたちの権威と社会的影響力に大きなダメージを与え、根本的な社会的変容が起きるのでは、と彼らを脅やかした。ハスィディズムと対決した正統派のユダヤ教徒である、いわゆるミトナーグディムは、タルムードの偉大な学者ビルナ・ガオン〔ヴィルナのガオーン〕

を指導者として、一八世紀の終りにハスィディズムのツァーディクたち、そしてデブクートの平等化の思想と慣行を激しく非難した。

保守的なミトナーグディムはハスィディズムに関する本の出版を妨げようとし、行政の当局者たちにハスィディズム運動を抑えるよう執拗に迫ったが、ほとんど成功しなかった[10]。

キャンターは、ミトナグディームの中心人物としてヴィルナのガオーンであるエリヤーフ・ベン・シュロモー・ザルマン（一七二〇―九七年）という人物を挙げている。「ガオーン」は「指導者」という意味で使われている。ユダヤ史では、共同体の宗教的指導者を指す時に「ガオーン」という言葉をよく使う。ミトナグディームは、タルムードの学者であるこのザルマンを中心にユダヤ神秘主義を厳しく批判し、ハシディズム運動を抑えようと図ったが失敗したという。

そのうちに両者の間に妥協姿勢が出てきた。何故なら共通の敵が現われたからである。それは前章で論じたユダヤ啓蒙主義である。この世俗的な運動に対し対処が求められたのである。ユダヤ啓蒙主義が彼らにとって脅威だったのは、信仰を事実上、換骨奪胎してしまうからである。ユダヤ啓蒙主義では、ユダヤ教の名の下に世俗化が可能であると考え、そのまま神を棄ててしまう流れにもつながった。ユダヤ啓蒙主義からシオニズムが生まれる。シオニズムは基本的に神を否定しているわけで、信仰に篤い人にとっては神に対する裏切りと映った。時代を経るとシオニズム自体も多様化していき、信仰を取り込む動きも出てくるが、初期の段階においては、少なくとも超正統派の中で著しく対立していた二つの流れを歩み寄らせるほどの脅威として世俗的な動きが登場したことになる。

近代については多様な捉え方があるが、いずれにせよ世俗化を主眼に置くと流れが見えてくる。近代の世俗化という問題に直面した時、二つの対立した神に対する頑迷な考え方が、お互いに手を取り合うようになり（実際は今でも喧嘩しているが）、少なくとも世俗派に対しては協力関係をとるようになった。

ハシディズムの三つの歴史的意義

キャンターは、ハシディズムは歴史的に見ると三通りに捉えられると言う。

第一にそれは、一〇世紀のカライ派（ラビ的ユダヤ教を避けるユダヤ教の一派。ミクラー（聖書）を受け入れ、ミシュナー・タルムードを受け入れない）と共に始まり、カバラと、そしてシャブタイ派の救世主運動を通して進展したユダヤ教の宗教改革運動の最終的局面である。ハスィディズムは、これらの先行する宗教改革運動と同様に、伝統的な寡頭制の権威に挑戦し、ユダヤ教を個人の感性になじみやすいものにしようとする性格をもっていた[11]。

一〇世紀のカライ派が挙げられているが、現在はほとんど存在しないと言われる。カライ派はかつてエジプトに多かった。聖書という原典だけを認めるという立場をとる。シャブタイ派（シャブタイ・ツヴィの偽メシア運動を信奉するグループ）に関しては、現在でも、表向きには否定しているが、実はシャブタイ派を信奉している「デンメ（転び）」と呼ばれる人々がトルコに存在していると言われている。

このようにハシディズムは、第一に正統派に対して出てきた異端と言ってもいい流れに位置付けられる。神から与えられた経典をきちんと理解すべきという正統派のやり方には普通の人はついていけない。それに対して分かり易く世界を導いてくれるのがハシディズムであった。いわゆる神秘主義は一人ひとりの心の問題を丁寧に扱ってくれるということで、個人の感性に馴染みやすいものだったのだ。

第二に、個の問題を中心に置くハシディズムは、近代が生み出したものだと位置付けられ、広い意味でのロマン主義運動との共通性を持っているとされる。

第二に、ハスィディズムは、一八世紀後期、一九世紀初期のロマン主義運動の一部である。つまり人口学的、経済的に世の中が変容して現代の民主主義社会の基礎ができ上がるにつれ、人々の気質や心的姿勢が、法律・理性・伝統から感性・個人的体験・環境へより関心を払うようになる大きな文化的変容の一部である。

ベシトの振る舞いと訓えは、ほぼ彼と同時代人の英国教会司祭ジョン・ウェスリーのそれに似ている。ウェスリーは、その感情の表出の仕方ゆえにジョージア州で聖職を解かれ英国に戻ると、小作人や産業労働者に説教をしてメソジスト教会を創設する。ウェスリーの「メソッド（方法）」は、ベシトのデブクートに似て、一般の人々を神聖なものに接近せしめた。喜びと宗教的体験は人々に自分のイメージを高めさせた。メソジストも、世俗的なものの内に聖なるものを見いだすことを教えたのである。(12)

キャンターはハシディズムを、一八世紀の理性の時代を経て、人間の感情表現を重視するロマン主義が時代に受け容れられていったのと同じ流れだと位置付けている。また、再びキリスト教との比較で説明している。バール・シェム・トヴの行動と教えは、メソジスト派の創設者であるジョン・ウェスリー（一七〇三―九一年）に似ており、ハシディズムとメソジスト派は同時代の現象として捉えられるべきものだと論じている。

なお、キャンターはロマン派の代表的な詩人ウィリアム・ワーズワース（一七七〇―一八五〇年）まで持ち出し、彼の詩はハシディズムとメソジスト派の精神を喚起していると述べている。[13] 時代が大きく変わっていく中で、その変わりつつあるものをすくい上げながら新しい信仰の形態を提唱することにより生き延びる方法をとったと見ているのだ。

第三に、キャンターは大きな社会的文脈からの議論として、ユダヤ人の共同体がどんどんと貧しくなっていったことが、新しい救済を求める流れにつながったと見る。

東ヨーロッパの村や町に、一九世紀中葉までに数百万もの信奉者が生れるまでにハスィディズムが普及した事実を説明する第三のものは、社会的文脈である。ラファエル・マーラー〔Raphael Mahler, *A History of Modern Jewry 1780-1815*〕はハスィディズムを社会的側面から説明している。彼の研究によれば、考慮されるべき基本的事実は、一七世紀後半の破局的な組織的虐殺といくつかの戦争の影響のため、一八世紀にポーランドのユダヤ人の経済状態が深刻に悪化したこと、そして一九世紀前半に東ヨーロッパのユダヤ人の村や町が広く極貧化したことであった。[14]

封建制から資本主義の時代に徐々に移り変わる中、社会システムが変わることにより、ユダヤ人の立場は変容した[15]。中世におけるユダヤ人は、封建的領主と結び付くことにより、一般のキリスト教徒たちから、いわば中間搾取をしていた。それなりに豊かさが保証されていたのだが、近代に入るとそのような状況そのものが消失してしまう。そしてユダヤ教徒自体の没落も始まるわけである。

そうなると、中世において搾取をしていたユダヤ人たちに対する憎悪が顕在化し、ユダヤ人に対する攻撃が始まる。特に資本主義への移行が遅かった東欧・ロシアにおいて、そのズレによってユダヤ人に対する憎しみが極端な形で表された。東へ行けば行くほどユダヤ人たちは、新しい社会的改革の中で取り残されている存在となった。それゆえに憎悪の対象になっていくのである。それに加え、権力者がそれを利用する形で組織的な反ユダヤ主義の動きが出てくる。ロマノフ朝（一六一三―一九一七年）のロシア帝国においてもハプスブルク家においても、政府のやり方は同じであった。さらにギリシア正教会の影響もあった。正教会はそれぞれ民族単位で教会を作っているが、ロシアも同じ正教会系であるため、正教会の伝統的な反ユダヤ主義が重なり、ユダヤ人に対する憎悪を側面から加速させた。

最終的には、ロシア領内での隔離という政府による組織的な集団的差別が行なわれるようになる。ユダヤ人は異質な存在として、現在のリトアニアからウクライナ、ベラルーシ等バルト海から黒海に至る縦の帯状の地域にしか住んではならないという強制居住が課された。ポグロム（ロシアにおけるユダヤ人迫害行為）が激しかったのは概ねこの地域である。このように政府により意図的に反ユダヤ主義が展開された。西ヨーロッパにはゲットーと呼ばれるものがあったが、ロシアの特別強制居住地域はそれをもっと巨大化したものである。このやり方がナチス・ドイツに継承されたという指摘もある。

一方で、ユダヤ人の人口は増え続け、貧困はさらに悪化していく。この時期は社会全体として健康状態の底上げがあったことも人口増加に寄与した。経済状況は少しも改善しないまま、ユダヤ人人口は一九世紀に入ると一〇〇万人を数え、次の五〇年間でその二倍以上に達する。しかし、正統派のラビもハシディズムのラビも育児制限には反対した。このように、ユダヤ人の慣習も人口急増を促した。

このような状況に対しユダヤ人指導者たちは無力であった。ロシア政府により完全に差別的待遇を受けていたので、善後策を講じられなかった面もあろう。そういった中で、解決の方法として選ばれたのが南北アメリカへの集団移住である。ユダヤ人の悲劇として、ポグロムを始めとする外側からの影響、つまりユダヤ人に対する暴力的な扱いが強調されるが、実際問題としてユダヤ人共同体の中ですでに生活が立ち行かなくなっていたという内在的な条件もあった。その二つの事情により、一九世紀末の巨大な人の流れが生じたのである。その当時、パレスチナに向かったシオニストたちもその文脈で捉えるべきである。

こうした経済破綻の中、慰めを求めハシディズムにしがみ付く傾向が生まれたとキャンターは述べている。

ハシディズムは一八世紀後期、および一九世紀の東ヨーロッパの惨めな経済情況に対応する一つの手だてとして捉えることができる。痛ましいユダヤ人の村々や、単調で不健康な都市の民族集団の中で、ますます貧困化し途方にくれて暮す人々に、ハシディズムは希望と喜びと慰めをもたらしたのだから。(16)

一方で、シオニストの人々からは、批判が起こった。シオニストは自ら積極的に新しい生活を追い求めてパレスチナに渡っていった。状況が悪くなっている場所に留まり続け、信仰のレベルにしがみ付き現実逃避する姿勢自体が問題だというのだ。

彼ら〔急進的なシオニストなど〕の非難は、毎日の極貧生活の中の些事に神の光明を見つけるというデブクートの主義は、ユダヤの一般大衆が等しくおかれている希望のない情況に現実的にとりくむ意識を妨げる麻薬のようなものだというものである。〔……〕

ハスィディズムに対するもう一つの非難――より抗弁しにくい非難――は、ユダヤの文化を堕しめ、無知と迷信を美化したために、一般大衆は反省も遺憾の念もなく文化的、物質的に希望のないヘドロのような退行的暮しに身をまかせるにいたり、一方では、支配者ツァーディクたちは、正統派のラビや一握りの金持ちの商人と共に裕福で利己的な暮しをむさぼったというものである。(17)

しかし、「生き延びていた東ヨーロッパの何千というハスィディズム派の共同体をホロコーストがこの上なく乱暴なやり方で唐突にこの世から抹消すると、ハスィディズム派の生活に対する非難はあまり聞かれなくなった(18)」。

ロシア帝国崩壊、社会主義革命を生き抜き、東欧、特にポーランドを中心とした地域に生き残っていたユダヤ人は最も悲惨な運命にさらされた。第二次世界大戦中にナチス・ドイツにポーランドを含め東欧が占領されると、そこで生き延びていたユダヤ人たちはホロコーストの犠牲になったわけである。

『屋根の上のバイオリン弾き』で描かれなかったもの

なお、一九世紀末から二〇世紀初頭にかけてのユダヤ人による大量の人口移動、新大陸への移民を背景に登場したのが、ショーレム・アレイヘム（一八五九年―一九一六年）〔図10-1〕による小説『牛乳屋テヴィエ』（一八九四年）を原作とする『屋根の上のバイオリン弾き』の物語である。[19] ショーレム・アレイヘムは、ヘブライ語的に言えばシャローム・アレイヘム、つまり「あなたの上に平和を」という意味である。イスラーム教徒が唱える「アッサラーム・アレイクム」とまったく同じ意味の名前をペンネームとして使っている。

この作品は一九六四年にジョゼフ・スタイン脚本でブロードウェイ・ミュージカル作品として発表され、一九七一年にノーマン・ジュイソン監督で映画化もされた。まさにこの時代を象徴する舞台劇として多くの観客を集めたが、キャンターは必ずしもそれだけで評価してはならないという。

図10-1　ショーレム・アレイヘム

このミュージカルコメディはシュテトル〔東欧のユダヤ人居住区〕の世界の絶望感と貧困をいく分か観客に伝えている。小作人たちと、彼らに対し苛酷で特異な処遇をする帝政ロシア政府との緊張した関係もまた伝わってくる。ニューヨーク、テルアビブ、トロント、ロンドンで観客たちが目にする型にはまった映像の中で際立っているものは、東ヨーロッパの貧しいユダヤ人たちのもつ品位と勇気とユーモアであり、彼らの家族生活に見られる暖かみと美しさである。

実際にそれらはすべて存在した。だが、描かれていないものもある。シュテトルに暮す一般大衆の無知と迷信、経済的にぎりぎりの希望のない生活、暮しに影響を及ぼす病や犯罪、そして人々を支配したラビやツァーディクや伝統的宗教による圧政である。ラビやツァーディクは自分の利益と家族の快適性のためにそんな文化を維持し奨励したのであった。

『屋根の上のバイオリン弾き』の観客は、一九世紀に強制居住地域に暮すユダヤ人の生活に影響を及ぼした、ユダヤ教の宗教改革〔ハシディズム〕の否定的側面には少しも思い至らない。[20]

このように、キャンターは『屋根の上のバイオリン弾き』は、ハシディズムの否定的側面に触れていないと批判している。この作品は、アメリカという視点から彼らが捨てて来た場所を見ており、その上エンターテインメントとして仕上げられたことで、単純化され貧しさの中の温かみ等の感傷的な側面だけが強調された。それは現実を反映していない、というのがここでの議論である。

第11章　近代のイスラームとヨーロッパのはざまで

はじめに——近代イスラーム世界のマイノリティ問題

近代のイスラーム世界は、一九世紀以降にヨーロッパと遭遇し、新しい考え方が入ってきた。オスマン帝国は、一八三九年の「ギュルハネ勅令」によりヨーロッパの法体系を受け容れた。これにより、それまでの伝統的なイスラーム法（シャリーア）のみの法体系から離脱し、市民法体系も導入することで国際的にはヨーロッパと同じ土俵でやっていくことになる。日本でも明治維新以降、いわゆる国際法体系の中に入っていくことになった。そして日本の近代化が成功した後に日清戦争があった。旧体制をとっていた中国（清）は日本より早くアヘン戦争（一八四〇年）でその門戸がイギリスによってこじ開けられて、それ以降国際法体系の中に入ったと言える。同じようなことがオスマン帝国でも起こったということだ。その際に焦点になったのが、オスマン帝国内に住む非ムスリムであるユダヤ教徒、キリスト教徒の「ズィンミー」（庇護民）をどう処遇するかという問題であった。[1]

以前も指摘したが、ユダヤ教徒、あるいはキリスト教徒がイスラームの統治下でどのように生活していたのか、つまりマイノリティ一般の問題ということになるが、未だに論争がなされている。一つには、イスラームの下で彼らは基本的に不平等であり、迫害を受けてきたとする立場がある。近代が始まり、「市民権」という概念が入った後に宗教の違いを超えた市民としての「平等」が唱えられるようになり、ユダヤ教徒、キリスト教徒たちは「解放」されていったという議論である。

とりわけ、ユダヤ教徒だけに注目すると、一般的に「ユダヤ迫害史観」と呼ばれる立場がある。これは、イスラーム世界ではユダヤ教徒は二級市民として差別を受けていたからこそ、まずは法的に対等になってから、将来的にはイスラエルというユダヤ人国家が必要なのだという議論とつながってくる。つまりヨーロッパにおけるユダヤ人問題とイスラーム世界のユダヤ教徒問題は共通しているという観点から歴史を記述する立場である。

「ユダヤ迫害史観」の代表的研究書が、バト・イェオールの『ズィンミー――イスラームの下でのユダヤ教徒とキリスト教徒』である。[2] バト・イェオールはペンネームで、エジプト出身のユダヤ系の女性研究者である。

しかし、このような立場からイスラームの歴史を見てしまうと、実態が見えなくなる危険がある。もちろん様々なかたちの差別・迫害はあったであろうし、近代的な意味での市民としての平等、つまりムスリムと対等な権利が与えられていたかというと様々な制約があったことは間違いない。しかしその点を過度に強調すると実態と乖離してしまう恐れがある。

なぜなら、イスラーム世界の特徴として、建て前と現実がかなりズレているという面があるからだ。コーランやハディースに書かれているからといって、現実もそうだとは限らない。つまりイスラーム法の解釈の問題がそこに介在してくるために、まったく違った現実が出てくることもある。ユダヤ教徒やキリスト教徒も、イスラーム法に従って「マフカマ」と呼ばれるイスラーム法裁判所（シャリーア法廷）に訴えることができた。その判例を見ると、必ずしもイスラーム教徒に有利な判定だけではなかった。その点も強調しておきたい。

オスマン帝国内におけるマイノリティの問題を、とりわけユダヤ教徒に焦点を当てつつ、ヨーロッパがどのように介入してきたのかを見ていきたい。この問題は最終的に二〇世紀以降の問題に橋渡しをするような議論を展開することになろう。

「ズィンミー」から「市民」へ

イスラーム世界における「庇護民」あるいは「保護民」（ズィンミー）についてはすでに第5章でも触れた。その際の議論とも重複するところがあるが、あらためて述べておこう。「ズィンミー」は直訳すると「庇護（ズィンマ）を与えられた人々」（英訳はprotected）を指す。イスラーム法の観点から、「庇護」（ズィンマ）を与えられる人々は基本的には「啓典の民」であった。イスラームから見た時に同じ聖書を信仰する人々を指しており、アブラハム的一神教、あるいはセム的一神教と呼ばれるユダヤ教、キリスト教の信徒を指すのが一般的である。ただしこれも地域によって若干異なり、例えばイラン（ペルシア）ではゾロアスター教徒も含める場合もある。

イスラームの下での「庇護」とは、税金を払えばその共同体に宗教的な自治が与えられるシステムのことを言う。そもそもオスマン帝国は間接統治であり、非ムスリムについても直接個人をイスラームが統治するわけではなく、各共同体に任せるという形をとっていた。ただし、イスラーム教徒の場合は「ハラージュ」と呼ばれる地租を払えばよかったが、ズィンミーの場合は、それに加えて「ジズヤ」という人頭税を払わねばならなかった。このジズヤについても、高額だったか、少額だったかという議論が延々と続いている。これも一概には言えず、場所と時代によって高い場合もあったし安い場合もあった。初期イスラーム時代の段階において、あまりにもジズヤが高額過ぎるということで多くがイスラーム教徒に改宗したため、国家は税収入が減り、改宗しなくともいいと言ったりすることもあったという。住民のイスラーム化が進むと逆に国庫が減少してしまうのである。

いずれにせよ重要な点は、税金を払えば共同体として信仰が認められたということである。中央政府は共同体内部のことに関しては原則として口を出さなかった。これがイスラーム統治の特徴である。その点を特に「イスラームの寛容」と表現する場合がある。ヨーロッパのキリスト教世界と比べると、イスラーム世界でははるかに寛容に他宗教の存在を認めていたのだ。しかし、近代に入ってヨーロッパの力が強まってくると、変容を迫られることになる。

一六、一七世紀以降、ヨーロッパにおいて近代的な科学が生まれ技術革新が起こる。さらには宗教改革を経て啓蒙主義の登場により、神中心の世界観から人間中心の世界観へと変わっていく。政治思想の面において「人権」といった考え方が生まれ、人間一人一人の権利が保証されるようになる。人権は神から与えられたものだという天賦人権説のようなかたちで人間中心の世界観が出てきたのである。ここから「私」という主体も生まれることになる。これにはイスラームのような神中心の世界観では対応できない。その中で法律もそのような考え方に基づいて作られていく。一九世紀以降になると、市民階級、いわゆるブルジョワが台頭し、市民として法律的に平等になっていく事態が、とりわけフランス革命以降ヨーロッパでは急速に進んだ。そのような考え方をイスラーム世界に適用すると「ズィンミー」は明らかに時代遅れとなる。市民概念からすると「ズィンミー」は二級市民という位置付けとなるからだ。そのような新たな潮流の中、イスラーム世界でも上からの改革が行なわれるようになる。

イスラーム世界のユダヤ人と「近代化」「西洋化」

以前の議論の繰り返しになるが、一四九二年にスペインが「ユダヤ人追放令」を出し、その結果スペインに住んでいた「スファラディーム」(スペイン系ユダヤ人)がオスマン帝国に逃れて来た。オスマン帝国における「ズィンミー」としてのユダヤ教徒はほとんどがスファラディームであった。キリスト教徒は元々ルメリと呼ばれたバルカン地域、アナドルと呼ばれた小アジア地域(アナトリア)、そしてエジプト・シリア・メソポタミアを含むアラブ地域に住んでいたが、ユダヤ教徒の大部分は一五世紀末にイベリア半島を追放されてオスマン帝国にやって来た人々である。スルタンがスファラディームを積極的に受け容れて活躍の場を与えたことにより、スペインにおいて培われたユダヤ教徒の技術等が流入し、オスマン帝国にとっては重要な資源となった。なお、帝国内にはアシュケナジーム(ドイツ系ユダヤ人)もいたが少数派であり、絶対数においてスファラディームが圧倒的に多かった。

もちろん個別のムスリムの中には宗教的な信仰レベルにおいてユダヤ教徒に対する嫌悪もあったが、問題はユダヤ教徒を国家が組織的に迫害したか否かである。その点、イスラーム世界はヨーロッパのカトリック世界とは明らかに異なっていた。国家における組織的迫害がなかったことで、オスマン帝国はユダヤ教徒にとって住みやすい土地となり、結果的に繁栄したのである。

オスマン帝国の領土が最大になったのは一六世紀前半である。「ルメリ」と呼ばれたヨーロッパ側の領土は、バルカン全域から現在の中部ヨーロッパ、つまりハンガリーまで食い込み、ギリシアや旧ユーゴスラビアの領域もほぼ確保していた。オスマン帝国の繁栄は、アナトリア（現在の小アジア、トルコ共和国の部分）もそうだが、ヨーロッパ部分を支配していたことが大きい。しかし、オスマン帝国は一七世紀以降、とりわけ一六八三年の第二次ウィーン包囲の失敗後、ロシア帝国とハプスブルク家、つまりオーストリア帝国によりどんどん浸食され、一九世紀末にはヨーロッパにおける領土をほとんど失ってしまう。一九世紀から二〇世紀にかけては、アルジェリアに始まり、チュニジア、リビア、そしてエジプトといった北アフリカの領地もほとんどを失い、オスマン帝国が第一次世界大戦時に確保できていたのはいわゆるアナトリアとアラブの両地域のみであった。

オスマン帝国におけるユダヤ教徒の地位は、こうしたオスマン帝国の興亡と連動していた。ただし、ハワード・N・ルポヴィッチはこう述べている。

一九世紀の中ごろまでにオスマン朝の伝統的ユダヤ教徒の二つの側面はほとんど変化がなかった。文化的にオスマン・ユダヤ教徒はキリスト教圏の同胞と違って、他のイスラーム世界と同様に外の世界からは孤立してはいなかった。同じ法、シオンへの同じ願望、メシアへの同じ考え方、シャブタイ・ツヴィの経験などである。

他方、イスラーム世界ではアシュケナジー世界ほどシャブタイ運動へのラビのレベルでの反動はなかった。繰り返すと、イスラーム世界のユダヤ教徒はキリスト教世界のユダヤ人のようには外の世界から孤立していなかったし、ユダヤ教学者も他のユダヤ教社会から疎外されていなかった。ハスカラー運動もなければ改革運動もなかったし、超正統派の反改革派的反動もなかった。このような変革は結局破綻するものの、ほとんどがオスマン帝国でのヨーロッパ系ユダヤ人の存在が顕著になってからのことだった(3)。

ここではユダヤ教徒たちはオスマン帝国の外の世界とつながっていたことが強調されている。これまでも何度か触れたシャブタイ・ツヴィの偽メシア運動はオスマン帝国だけではなくヨーロッパにまで波及した。つまりオスマン帝国に住むユダヤ教徒とヨーロッパに住むスファラディー系のユダヤ教徒たちは常にネットワークでつながっていたのである。その点がオスマン帝国内のキリスト教徒とは異なる。オスマン帝国内のキリスト教徒の主流は東方諸教会であったため、ヨーロッパのキリスト教の宗派とは異なるものであったということもある。一七世紀以降、急速にカトリックの影響が強まるが、他の宗派との交流はほとんどなかった。一六世紀以降、ルターの宗教改革によりプロテスタントが出てくるが、プロテスタント諸派はオスマン帝国には入って来なかった。一九世紀以降に新たにイギリス、ドイツ（この時点ではプロイセンが中心である）を中心とした国々からの人々がイスラーム世界に来るまでは、ほとんどプロテスタントの諸教会に属するキリスト教徒はいなかったと言える。

ユダヤ教のハラハー（ユダヤ宗教法）解釈もイスラーム法解釈とよく似ており、常に新たな解釈を通じて近代化という新しい状況への対応を行なっていた。

全般的に、オスマン帝国のユダヤ教徒は社会的、政治的、技術的変化に対して対決的姿勢をとらなかった。西洋の文化的影響が結果として現実化して混乱させられたラビたちも近代文明そのものを拒絶することはなかった。この意味では、支配的な考え方は非ドイツ的改革に似ていた。すなわち、革新はユダヤ宗教法的過程の延長線上にあり、その当然の展開であるとみなしたのである。

この考え方は本質的にはユダヤ教徒の生活のすべての面に及んでいた。たとえば、伝統的ユダヤ人は、啓蒙主義の内容の一部としてよりも、ヨーロッパとの貿易の接触を通じて得る物質的利益のために外国語を勉強した。オスマン帝国のラビたちはユダヤ教徒と非ユダヤ教徒との間の接触に関してあまり厳格ではない傾向があった[4]。

オスマン帝国のユダヤ教徒は大変柔軟な発想を持っており、ヨーロッパ、とりわけ東ヨーロッパのユダヤ教徒ほど厳格ではなかったと述べられている。

さらにルポヴィッチは、ユダヤ宗教法の柔軟な解釈について具体的な人物を挙げている。

たとえば、バグダードのラビ・ヨセフ・ハイム・ベン・エリヤーフ（ベン・イシュ・ハイ）は、ユダヤ宗教法にしたがって、ユダヤ教徒はコーヒーが到着前にすでに準備されたものであれば安息日であっても非ユダヤ教徒のコーヒーハウスに行くことを許可した。彼はまた、ユダヤ教徒の薬剤師が仕事に行く前にタリート・カタン（房べり飾りのついた祈禱用ショール）を衛生上の理由から外すことを許可した。

イラクのラビの最高権威であるハハム・アブドゥッラー・ソメフは都市間の旅行のためではないにもかかわらず、ユダヤ教徒が安息日に汽車に乗ることを許可した。変化に対するラビの積極的態度はムスリム指導者の消極的反応と対照的である。結局、ハスカラー（ユダヤ啓蒙主義）のような運動は、オスマン帝国のユダヤ教徒は必要としなかったから不必要だったということになる。すなわち、聖俗の二重教育と最小限の社会的孤立が常態であったからである。[5]

バグダードには、オスマン帝国内の大きなユダヤ教コミュニティの一つがあったが、ユダヤ人自身も「バベルのユダヤ人」という言い方をするように、バビロン捕囚以来の伝統を持つ都市である。なお、バグダードのユダヤ人はスペイン系ではないが、スペイン系ユダヤ教徒のラビたちの影響を強く受けており、系列的にはまったく異なるユダヤ教徒の集団だが、スファラディームに含めることもある。その地にここに挙げられているベン・イシュ・ハイ（一八三五―一九〇九年）やアブドゥッラー・ソメフ（一八一三―一八九年）等が登場した。

ユダヤ宗教法を「ハラハー」と呼ぶが、これはトーラー（旧約聖書）とタルムードの解釈によって構成される。本来シャバト（安息日。金曜の日没から土曜の日没まで）は神に祈る日であり、自らの利益、あるいは欲望のために労働してはならないという決まりとなっている。しかしベン・イシュ・ハイはシャバトでもコーヒーを飲むことを許可したと述べられている。これはかなりラディカルな解釈とされている。例えば、イスラエルやニューヨーク等、超正統派のユダヤ教徒が多く住む地域の高層ビルでは、シャバトの期間はエレベータが各階止まりとなる。つまり、自分の部屋に戻るため、あるいは家に帰るためにエレベータのボタンを押すことも「自分のための労働」であるとして禁止されているため各階止まりとなるのだ。他にも、シャバトの間は自分のための料理をしてはならない、物も作ってはならない等、非常に厳しい解釈をとる。したがって、ベン・イシュ・ハイの新解釈は、正統派ユダヤ教徒からすれば相当にラディカルなものとなる。なお、彼は薬剤師が「タリート・カタン」を外すことを許可したと述べている。「タリート・カタン」とはユダヤ教徒が礼拝する際に被る大きな布のことで、外出時にはコート代わりに使うものである。

ルポヴィッチはもう一人、アブドゥッラー・ソメフを挙げている。ソメフ家は、バグダードで大変有名なラビを輩出した家として知られている。彼はユダヤ教徒でありながら「アブドゥッラー」（神の下僕という意）というイスラーム教徒の名を名乗った。これは、いかにバグダードのユダヤ教徒たちが「アラブ化」（具体的には、アラビア語を日常言語として使用していたことを言う）しているかの一例である。(6)

このように、新しく導入されてくる近代的技術に対し、新しいユダヤ宗教法の解釈を提示して、それを許容していく態度をオスマン帝国のユダヤ教徒たちはとっていた。イスラーム指導者に比べると非常に積極的であった。

「ハスカラー運動」は、第9章で述べたように、ユダヤ啓蒙運動（宗教と理性を調和していくような近代的な合理主義的考え方のことを指す。ヨーロッパの啓蒙主義、理性を重視する考え方）をユダヤ教徒が取り入れ、信仰と理性は両立できるとしたのだ。ここで述べられているのは、オスマン帝国内のユダヤ教徒は元々そのような発想を持っていたので、ハスカラー運動のようなものは必要としなかったということだ。我々がイメージする伝統墨守のユダヤ教徒と違い、彼らは現実の生活の中で極めて柔軟に対応しながらユダヤ教の解釈を変えていった。それが可能だった理由として、「聖俗の二重教育」が挙げられるだろう。宗教法とは別に世俗的教育も行ない、双方はぶつかるようなことがなかったということだ。そしてもう一点、「最小限の社会的孤立」とは、イスラーム教徒と接触はあるが独立した生活圏があったことを挙げている。さらに、商人が多かったことも挙げられよう。

ルポヴィッチによれば、「全体的にユダヤ教徒はムスリムよりもオスマン帝国の西洋化に対して開かれていた」[7]。キリスト教徒はもちろんだが、ユダヤ教徒たちも、言語面に関して、ヨーロッパの近代を受容し易い立場にあり、西洋化に対し非常に敏感に反応した。実際問題としてマイノリティであるキリスト教徒、ユダヤ教徒がヨーロッパからの文明を受け容れる窓口になったのは間違いない。

オスマン帝国改革期のズィンミー

オスマン帝国がヨーロッパの技術や法的制度等を取り入れていくうえで大きな転換点になったのが、スルタン・アブデュルメジト（在位一八三九—六一年）による「ギュルハネ勅令」である。このギュルハネ勅令以降の帝国内の改革のことを「タンズィマート」と呼ぶ。「タンズィマート」とは「組織を替えていく」という意味のアラビア語「タンズィーム」の複数形である。

ズィンミーの文脈で見ると、市民法に基づき帝国臣民をすべて平等にするという方向性が重要である。

これによりヨーロッパ的な意味での法律の前にすべての民が平等という法的保証が行なわれるようになる。この勅令以降、タンズィマートの改革が推進され、オスマン帝国はヨーロッパ的な制度を採り入れることにより近代化を試みていく。

タンズィマート下で具体的に何があったのか。引き続きルポヴィッチを参照する。

タンズィマートは非ムスリムに平等の諸権利を与え、ジズヤやその他の差別的諸税を撤廃し、非ムスリムにも兵役を課し（それはお金で免除されることができるにもかかわらず）、非ムスリム・ミッレトにムスリム・ミッレトと同じ地位を保証する一方で、ミッレトの共同体の自治をなくした。実際にはこの諸改革はミッレト・システムの廃止ではなく、新たな条件が加えられたものだった。(8)

それまでと違っているのが、一九世紀中盤になると、土地の所有権等を認めるようになったことだ。そうなると、以前の宗教共同体（ミッレト）レベルでの課税が、個人への直接の課税に、つまりヨーロッパ型になってくる。国家が直接的に国民を掌握するために最も重要なことは税金を徴収し、兵役の義務を課すことである。徴兵制に基づいて国民には兵役の義務を課した。その見返りとして、近代に入ってから参政権を含めた諸権利を国民に認めるようになった。それまでは「イェニチェリ」のような職業軍人がいたが、そのような職業軍人だけではなく、一般国民も基本的には全員兵役に取られるという事態が「改革」の名の下に行なわれていった。個人として徴兵するのであるから、当然のことながら一人一人が個人として登録されねばならない。こうして国家による国民掌握に必要な制度が次々と導入されていった。つまりヨーロッパと同じ統治形態になっていった。ズィンミーは、政治的に平等になると同時に義務も発生することになったのである。差別的な税金ジズヤは廃止されたが、代わりに兵役が課せられたのだ。

過渡期であるため、イスラーム法と世俗法に基づく法的・司法的諸制度は複雑だった。ヨーロッパ市民法に基づき新たに設置された「世俗的裁判所」。それに対して「マフカマ」と呼ばれる伝統的なイスラーム法裁判所（シャリーア法廷）。そして「ミッレト裁判所」というそれぞれの宗教共同体の裁判所があった。例えばキリスト教であればギリシア正教会やアルメニア正教会等はそれぞれの宗教法に従って裁判ができた（ただし、家族法に限定されていた）。さらに、もう一つは「領事館裁判所」である。これは、ヨーロッパからやって来た外国人のための治外法権の裁判所であり、オスマン帝国の国家からは独立した裁判所であった。例えば一般ムスリムが外国人を殺傷した際の裁判権は領事館裁判所にある。オスマン帝国は干渉できない。外国人はオスマン帝国に居ながらもオスマン帝国の法律が適用されない事態となる。改革期のオスマン帝国は、こういった四つの裁判所を抱えていた。裁判所がいくつもある状態というのは、紛争が起こった際に問題を生ずる。このようにオスマン帝国にとって不利な状況がこの時期から出てくる。一般的には不平等条約と呼ばれる、外国に対して門戸を開放した際に現われる共通の現象と言っていいかと思う。

このタンズィマートの影響は、オスマン帝国が直接支配している地域に限られた。シリア、パレスチナ、メソポタミア（後のイラク）などである。エジプトを含む北アフリカに関しては、宗主権は形式的にはまだオスマン帝国にあったが、事実上、オスマン帝国から独立していた。例えばアルジェリアは一八三〇年にフランスの占領下に、エジプトも一八八二年以降はイギリス保護下に入っている。ルポヴィッチも具体的にアルジェリアの例を挙げている。

タンズィマートの影響はオスマン帝国によって直接支配されている国々に限定されていた。モロッコ、イエメン、アルジェリア、そしてエジプトにはほとんど衝撃を与えることはなかった。にもかかわらず、これらの国々のユダヤ教徒の状況は、その政府とヨーロッパの影響によって規定された。例えば、一八三〇年のフランスによるアルジェリア占領後、仏植民地省はユダヤ教徒やその他の非ムスリムを「土着民」というフランス市民として扱うことにした。これは一八七〇年のアルジェリアの非ムスリムの完全解放の第一歩となった。(9)

非ムスリムを「土着民」として扱ったとあるが、つまり分断政策である。北アフリカはキリスト教徒がごく僅かであり、非ムスリムの大部分を占めたのはユダヤ教徒であった。人口の圧倒的多数のイスラーム教徒と少数派の非ムスリムを分断するために、少数派の非ムスリムに市民権を与えたのだ。つまり、一八七〇年、フランス政府はユダヤ教徒に対して「クレミュー勅令」でフランス市民権を与える。アルジェリアはフランスの海外直轄圏であるので、フランス市民権を得たユダヤ教徒たちはフランスに渡ることが可能となった。アルジェリアのユダヤ教徒はアルジェリアから切り離されることになったのだ。フランスのアルジェリア系ユダヤ人で有名な人物に哲学者のジャック・デリダ（一九三〇―二〇〇四年）等がいるが、彼らはフランス人となり、イスラーム教徒とは一線を画すようになっていく。

なお、「クレミュー勅令」の「クレミュー」とは、ユダヤ人で最初の法務大臣になったアドルフ・クレミュー（一七九六―一八八〇年）［図11-1］のことである。彼はアルジェリアのユダヤ人に対して市民権を与えることによって、フランスにおけるユダヤ人の歴史の上で大変重要な役割を果たした。

「血の中傷」と万国イスラエル同盟

もう一点、ヨーロッパがオスマン帝国に干渉してくる契機として（しばしば過度に強調されることが多いのだが）、ユダヤ人に対する「血の中傷」が挙げられる。ユダヤ教徒は春に出エジプトを祝って「ペサハ（過越の祭り）」を行なう。この祭りでは、古代エジプトにおけるファラオの圧政から逃れたことをユダヤ教徒にとっては唯一といってもいい神による救済と考えて、その記憶を歴史的に追体験する儀式を行なう。「ハガダー」と呼ばれる出エジプトの物語を子供たちに語らせ、その際にマッツァーというイースト菌を使わずに焼いたクラッカーのようなパンと苦菜を赤ワインとともに食する。二、三時間かけて出エジプトの物語を読み、その途中で儀式にしたがって赤ワインを飲んだりパンを食べたりするのである。それは宗教儀式としての決まり事であるが、最後は「来年はエルサレムで！」と大団円を迎え、参加者全員が輪になって踊るのである。神父がキリストの肉であるパンと血であるワインを飲ませるカトリックの聖餐式の儀式は、ユダヤ教のこの儀式を継承したものである。

図11-1　ジャン・ルコント・デュ・ヌーイ《アドルフ・クレミュー》1878年、パリ、ユダヤ芸術歴史博物館

しかし、この過越の祭りの儀式について、キリスト教

社会においてはたびたび、ユダヤ教徒はキリスト教徒の少年を誘拐し、その血と肉で秘儀を行なっているという噂がたった。この噂によってキリスト教徒たちはユダヤ教徒を迫害した。ヨーロッパ中世、とりわけ十字軍以降に数多く起こった事件である。こういったことは本来、イスラーム世界では起こらなかったのだが、キリスト教社会の考え方が輸入されたことによって、一八三九―四〇年にかけてダマスクスで迫害事件が起こってしまう。カトリックのフランチェスコ会の修道士がいなくなったということで、ユダヤ教徒が誘拐し過越の祭りの秘儀に使ったのだという噂が立ち、ユダヤ教徒たちが襲撃された。よく考えてみるとその事件でいなくなったのはイタリア人神父であり、オスマン帝国とは本来関係のない事件だったのだが、噂が噂を呼び、ユダヤ人犯人説が広まり、オスマン帝国内にもユダヤ人迫害という動きが生まれてしまったのだ。部外者から見れば馬鹿馬鹿しい話であるが、現在に至ってもカトリック圏では同じようなことが起こっている。このような偏見はなかなか完全に払拭できないようである。

一八四〇年二月、エジプト支配下のオスマン領のダマスクスで（フランチェスコ会の一分派の）カプチン修道会士が過越の祭りの時期に（ムスリムの付き人と共に）行方不明になった。その後の捜査の結果、数名のユダヤ教徒が逮捕されて拷問を受けた。ダマスクスのフランス領事は同盟者としてアリー（エジプト総督ムハンマド・アリー）の支持を得るためにこの捜査に協力した。

ユダヤ人であれ、非ユダヤ人であれ、ヨーロッパの自由主義者たちはこの事件をヨーロッパ的価値規範への侮辱だとみなして怒った。この時点でヨーロッパのユダヤ人グループが介入を決定し、英ユダヤ人のモーゼス・モンテフィオーレ、仏ユダヤ人政治家アドルフ・クレミュー、独ユダヤ人ソロモン・モンク、ルイス・ローヴェから構成される使節が派遣された[10]。

ダマスクスの「血の中傷」事件では、数名のユダヤ教徒が逮捕され拷問を受け、やってもいないのに自白してしまう。これが大きな問題として受け止められ、ヨーロッパの新しい考え方を持ったユダヤ人、とりわけここで挙げられているモンテフィオーレ等が中心となり動いたのだ。ユダヤ人に対するこのような差別的行為にきちんと対処しなければならないと、国際的なユダヤ人ネットワークに訴え、オスマン帝国への干渉へといたることになった。

オスマン帝国はタンズィマートが始まったばかりの時期でもあり混乱していた。そのような時期に、こうした事件を契機として、先述のアドルフ・クレミューらによって一八六〇年、「万国イスラエル同盟《アリアンス》」（AIU、アリアンス）等が結成されることになる。この組織はフランス語で教育を行なう学校を多く設立した教育ネットワークである。フランスが影響力を持ち出したのはこのアリアンス以降である。

このようなフランス系ユダヤ人の立場からは、明らかに援助を必要とするユダヤ人は政治的に第二級市民で、文化的に遅れた（すなわち、非ヨーロッパ系）オスマン帝国のユダヤ人であった。アリアンスの設立はこのようにヨーロッパの介入の全般的傾向を反映したもので、このように悲運の同胞をヨーロッパ人に、この場合にはヨーロッパ系ユダヤ人に生まれ変わらせる援助をするという古典的な自由主義的目的を持っていた。この目的のために、アリアンスはオスマン帝国のさまざまな地域に二重のカリキュラムをもつユダヤ人学校ネットワークを形成した。これらの学校はアリアンスによって財政援助を受け、フランス領事館の保護を受けた[11]。

このように、ヨーロッパのユダヤ人がオスマン帝国内に住むユダヤ教徒たちを、いわば再教育することによって、ヨーロッパ文明を身に着けさせ、新しい職を手につけイスラーム世界でもサバイバルできるようにしていく、という目的でアリアンスは組織された。このきっかけの一つになったのがダマスクスの「血の中傷」事件と呼ばれるものであったのである。ヨーロッパのユダヤ人たちは、結局、ユダヤ人自身が変わっていかない限り事態は良い方向に向かないと考えたのだ。

そのような経緯でアリアンスの学校ネットワークが設立されたのだが、西から見ると、モロッコ、アルジェリア、チュニジア、カイロ、そしてパレスチナを中心に設立され、東はテヘランにまで至っている。最も集中しているのがイスタンブル周辺、そしてバルカン地域である。ユダヤ人コミュニティがある場所には漏れなく作られていったことが分かる。この学校ではユダヤ人にフランス語による教育がなされた。現在でもアリアンスの拠点はパリにあるが、そこにフランス・ユダヤ人から資金を受けて高等教育を受ける場を設けてある。このアリアンスにより、オスマン帝国領内に住んでいたユダヤ教徒たちは、アラビア語や、テヘランであればペルシア語、あるいはアナトリア地域であればトルコ語等といった現地の言語ではなく、フランス語で教育を受けるようになり、フランス文化の影響を受けるようになる。そしてこのような教育を受けたユダヤ教徒たちは完全に現地の人々とは差異化されていく。いずれにせよ、これによりヨーロッパとのつながりが強くなっていくわけである[12]。

第12章　万国イスラエル同盟の活動

はじめに――アリアンスの「文明化の使命」

本章は、前章の最後に触れた、フランスに拠点を置く「万国イスラエル同盟」（アリアンス）というユダヤ教徒の教育ネットワークについての話である。正式名称はフランス語でAlliance Israélite Universelle（AIU）であり、この組織のロゴ上部にヘブライ語で表記されているのは「すべてのイスラエルは友人（同胞）である」（Kol Yisra'el Haverim）という言葉である〔図12－1〕。この頭文字をとってアリアンスはヘブライ語では「キャーフ」と呼ばれている。アリアンス設立の際のキーワードは「連帯」「解放」「再生」であり、ユダヤ人としての同胞愛を強調することがアリアンスの中心思想である。

この組織の活動は日本ではほとんど知られていないが、大変注目すべき点がある。地中海周辺のイスラーム世界に住んでいるユダヤ教徒に、フランス的な考え方の教育を施したのだ。本書第8章で見たとおり、フランスはユダヤ人解放という観点からすると先進国であった。フランス革命の時代に、ユダヤ人は市民として同等の権利を与えられたのだ。法律の下において差別的に扱われないということである。ユダヤ人も人として対等であるというこのフランス的な考え方を、地中海世界の特に南側と東側、つまりバルカン地域を含むオスマン帝国領というイスラーム教徒が統治している地域に、教育を通じて広めることを目的に、フランス系ユダヤ人によってこの組織が作られた(1)。

前章で論じたとおり、アリアンスは、アドルフ・クレミューらによってダマスクスの「血の中傷」事件(一八四〇年)を直接の契機として、一八六〇年に設立された。アリアンスが基礎に置いている理念が「文明化の使命」である。つまり文明化＝ヨーロッパ化ということだが、当時、この組織が活動をする際のミッションとして常に念頭に置かれていた。ヨーロッパ以外の地域のユダヤ教徒に、教育を通じていわば「文明の光」を当てていくということであり、「啓蒙」と似通った発想である（啓蒙は英語ではenlightenmentと言い、「光を当てる」という意味である）。その意味で考えると、「文明化」とは、ヨーロッパ文明という光を、遅れた暗黒の闇の地域に当てる使命ということになる。

繰り返すが、フランスではフランス革命においてユダヤ人を市民としてキリスト教徒と対等の立場であるとした。フランス社会に同化したユダヤ人が、フランス的な意味での文明を、未だその状態には達していない地域に広めていくためにアリアンスは設立された。いかにも一九世紀的な考え方であり、現在ではこのようなヨーロッパ中心的な理念を寿ぐと問題になるが、オスマン帝国のイスラーム的な後進的な野蛮さをいわばフランス的な先進的な知性で救い上げる、ということである。ユダヤ教的な意味における救済を世俗的に実現していこうという発想でこの組織は作られたわけである。

「文明化の使命」(mission civilisatrice: civilizing mission) と言うと、いかにも客観的、かつ第三者的な言明のように見えるが、先進のヨーロッパが主体となり、客体となるべき遅れた地域を救済するという視点であり、それはしばしば「帝国意識」と表現される(2)。遅れている人々を進んだ人々が救済し、文明に取り込む、つまり帝国の一員として迎え入れるには、条件として「文明化」が必要だという発想である。同じユダヤ人と言っても、ヨーロッパに住むユダヤ人と中東イスラーム世界に住むユダヤ教徒は明らかに異なるという立場から、イスラーム世界のユダヤ教徒を世俗的な意味で「救済」するという発想がその根底にはある。このように、当時の文脈では決して悪い意味ではなく、後れた人々を良い意味で救い上げるという正の側面が強調されていた。このことを念頭に置かねば、当時の「文明化の使命」の意味合いが分からない。使命、ミッションとはまさに神から与えられた仕事を意味し、それを心の底から信じていた人々もいるのだ。ある意味では、ヨーロッパ的な意味でのキリスト教の精神が影響しているとも言える。

もう一つ大事な点として、この組織の考え方はシオニズム運動とは一線を画していたことが挙げられる。アリアンスは、決してシオニズムのようにナショナリズムを旗振りのイデオロギーとしては考えていなかったわけである。あくまでフランス的な価値を重要視しており、ユダヤ人がユダヤ人として独立国家を持つ、つまり民族主義的、ナショナリズム的な考え方は採らなかったわけである。そうは言いながら、皮肉にも、実際にはアリアンスの卒業生の多くが、シオニズム的な考え方を受け容れ、ナショナリストになっていった。目標とする考え方はまったく違うのだが、時代的潮流という根底のところで共通点があったということであろう。

図12-1　万国イスラエル同盟（アリアンス）のロゴ

いずれにせよ、シオニズム運動が政治的体制として保証されて盛んになる第一次世界大戦以降、アリアンスの活動は急速に衰えていく。シオニズムとの競合関係の中、アリアンスが結果的に後退せざるを得ない状況が生まれてくることになる。その結果、第一次世界大戦前後あたりからシオニズムとの力関係が変わっていくことになる。第二次世界大戦中のアリアンスは、ホロコーストに対して何ら具体的な対応ができなかった。第二次世界大戦においてアリアンスの役割はほぼ終わることとなる。「奇しくも」という言葉を使うのが適切かもしれないが、アリアンスが精力的に活動した時期はオスマン帝国が存在した時期と重なっている。第一次世界大戦でオスマン帝国が解体されトルコ共和国に変わっていく段階で、アリアンスも歴史的役割を終えるのである。現在でもパリに本部の事務所があるが、活動はかなり縮小している。

「オリエント」における活動

アリアンスの活動地域はオスマン帝国領と重なっていると先ほど指摘した。ただし、北アフリカはモロッコからアルジェリア、チュニジアが中心となっているが、アルジェリアまでがオスマン帝国領であり、モロッコの大部分はそうではない。また、現在のリビアやエジプトはオスマン帝国領であったが、実質的には自立しており半独立状態にあった。一九世紀末以降になると、直轄地、保護領などといった呼ばれ方はともあれ、現在のリビア（トリポリタニア・キレナイカ・フェザーン）はイタリアの、アルジェリアやチュニジアはフランスの、エジプトはイギリスの実質的な植民地となっていく。

アリアンスの学校ネットワークは、エジプトではカイロ、アレクサンドリアくらいにしかなく、中心となったのは現在のシリア、レバノン、ヨルダンといった第一次世界大戦までオスマン帝国領であった直轄地域である。そして一九世紀以降、独立を達成していったバルカン地域においても、ユダヤ人がたくさん住む都市が活動の拠点となった。最も大きな都市として挙げられるのはサロニカである。現在ギリシア領のテッサロニキとなっているが、第一次世界大戦直前までオスマン帝国領であった。イスタンブル（コンスタンティノープル）もそうだが、このエーゲ海に面したサロニカこそがユダヤ人が最も多く住んでいた町と言われている。しかしギリシア領になった際にユダヤ人はイスタンブルへと逃げていったので、現在サロニカにはユダヤ人はほとんどいない。

かつてのオスマン帝国領で、スファラディームが住んでいた一番北に位置する都市は現在ブルガリアのソフィアである。現在においても大きなシナゴーグがあり、ユダヤ人コミュニティがあるが、人口的にはかなり減っている。オスマン帝国領は現在のイラクまでであり、イランは当時ペルシアと呼ばれていたが、アリアンスの学校はイランのテヘラン、ハマダーン、イスファハーン等にもあった。ただしイランはオスマン帝国とは違った歴史を歩むことになるので、ここではオスマン帝国領を中心に話を進める。

このアリアンスのネットワークを見ると、どのような形でアリアンスが活動したのかという地理的な広がりが見えてくる。名称としては「オリエント」と呼ばれている地域ということが分かる。オリエント的なものは文明化の観点から見れば遅れていることになるので、そこで「文明化の使命」という理念へとつながるわけである。

では、ここでいう「オリエント」とは具体的には何処か。一概には言えないが、一般的には「オスマン帝国領＋その周辺地域」ということになる。日本という「極東」にいる現在の我々がイメージするような概念ではないことに留意してほしい。これは歴史学的見地からの「オリエント」である。例えば東京の池袋にある古代オリエント博物館は、対象がメソポタミア＝西アジアとエジプトを中心とした地域に限定されている。我々の一般的イメージのようにインド等までは含んでいない。つまりここでは古代のオリエントという意味で使用されているのであり、一九世紀的な文脈ではオリエントは基本的には「オスマン帝国領＋その周辺地域」となる。

言い換えると、ここでの「オリエント」とはヨーロッパから見た時に一番近い東ということで、「近東」と呼ばれる地域であり、それはすなわち「オスマン帝国領」であった。「東」「西」と言い出すと、具体的に何処を指すのかは、それを定義する者が所属する場所、時代、そして歴史的文脈によって決定される側面が多く、我々にとっては非常に分かり難い。「中東」自体もかなり新しい考え方であり、近東よりももっと東寄り、つまり極東と近東の間の地域を指し、元々はイランやアフガニスタンを指す言葉として使われた。きりがなくなるのでやめておくが、要するに、ヨーロッパに視座を据えて見た時の「東」とは何処を指すのかという話であり、現地の人が使っている表現ではない。本章ではとにかく「オリエント」イコール「近東」、つまりオスマン帝国領と認識しておいてもらいたい。もちろん、オスマン帝国領は時代によって伸び縮みしているので一概には言えないが、バルカンから北アフリカ、イラン以西と考えておいてほしい。

なお、こうしたアリアンスの学校ネットワークは、モーリス・ド・ヒルシュ男爵（一八三一―一九六年）［図12-2］による膨大な寄付金などによって財源が確保された。ド・ヒルシュはミュンヘン生まれのドイツ系ユダヤ人慈善家で、ユダヤ人教育と東欧・ロシア系ユダヤ人の救済に尽力した。ユダヤ植民協会を設立して、アルゼンチンやパレスチナへのユダヤ人移民への財政援助をした人物でもある。

アリアンスとシオニズム

先ほど述べたように、同じユダヤ人であっても、フランス的理念を掲げるアリアンスは、シオニズムとは常に対立関係にあった。ユダヤ人すべてがシオニズムを支持しているわけではなかったということだ。イスラエルにおける歴史的記述は、ほぼシオニズムに基づいている。つまりナショナリズム（民族主義）的観点から書かれている。一方、アリアンスはフランス的意味での普遍的な文明の理念を前面に押し出した。

アリアンスをシオニズムと並置すると、シオニズムの特殊性が見えてくる。特にシオニズムが使用している用語は、歴史的文脈からは非常に特殊に映る。独得の用語として「アリヤー」がある。元々は「高い方向に上る」という意味であるが、シオニズムの文脈では中心の場所である「都に上る」という意味で使用され、その都とはエルサレムを擁するパレスチナ、つまりエレツ・イスラエルということになる。世界に散り散りばらばらに住んでいるユダヤ人たちが、故郷である処のエレツ・イスラエルに戻ることをヘブライ語で「アリヤー」と呼んだのだ。同じセム語派であるアラビア語の名前「アリー」は「高貴な人」という意味であるが、それと同じ語源から来ている言葉である。

図12-2　モーリス・ド・ヒルシュ男爵

シオニズムの歴史では、一八八〇年代に始まるアリヤー、つまりパレスチナへの移民を「第一波移民」（一八八二―一九〇三年）と呼ぶ。しかし当然のことながら、それ以前にも信仰のためにパレスチナに向かったユダヤ教徒は多数いた。聖地エルサレムで亡くなれば天国への道が保証されるという信仰ゆえにである。墓地も天国に最も近い場所とされているオリーブ山の麓に作られている。これはユダヤ教の信仰にもとづく巡礼としてのパレスチナ行きだが、ナショナリズム的観点からは、信仰とは関係なく、最初にパレスチナにやって来たユダヤ人たちの移民の波が、一八八〇年代以降の第一波移民ということになるのだ。この点がそれまでとは違った発想である。

その背景としてあるのが、つまり第一波移民が起こった原因としてのロシア帝国におけるユダヤ人迫害である。「ポグロム」と呼ばれる虐殺が起こったことを契機としてパレスチナへの移民が始まったということだ。これは明らかに信仰という観点からパレスチナに向かうのとはまったく異なる。それをナショナリズム的に表現したのが「アリヤー」である。

シオニズム的観点から、一八八〇年代のアリヤー以前の歴史は排除されてしまう。シオニストたちは自分たちに「新しいユダヤ人コミュニティ」という表現を使い、「旧いユダヤ人コミュニティ」と区別するのだ。(3)

なお、この「新しいコミュニティ」と「旧いコミュニティ」との間でつながり役を果たしたのがロッチルド（英語読みではロスチャイルド）である。パレスチナに最初に関わったロスチャイルド一族は、フランスのバロン・エドモン・ド・ロッチルド（一八四五―一九三四年）［図12-3］である。この人物が初期移民の際、大きな役割を果たす。ワインで有名なボルドー出身の彼は、パレスチナに葡萄園やワイナリーを作り、最初にパレスチナにおける事業を展開した。また、一八八二年に建設されたルーマニア移民の村落ジクローン・ヤコーヴ（「ヤコブの記憶」という意味）等への入植を支援した。現在、イスラエル北部の主要都市ハイファに近い場所にあるジクローン・ヤコーヴは最初の入植地の一つとして観光地となっている。葡萄栽培とワインの醸造工場で有名な土地である。ロッチルドは移民に財政的援助を行なったが、シオニストではなかった。彼はあくまで商売という観点からワイナリーを作ったのであり、パレスチナに新しくやって来た人たちに売り込むという目的の方が大きかったのである。

シオニズムは一八八〇年代から歴史を語るが、一八六〇年に作られたアリアンスは、その時からすでにパレスチナで活動していた。その代表的なものが、アリアンスが設立した農業訓練学校（ミクベ・イスラエル。「イスラエルの希望」という意味）である。同じユダヤ人の復興事業でも、最終的目標をユダヤ人国家建設に設定しているシオニストと、フランス的価値を取り入れた文明を立ち上げるという構想を持ったアリアンスとは明らかに異なる。アリアンスはユダヤ人国家設立を目的とはしていなかった。アリアンスが最初に作った町はリショーン・レ・ツィヨーンである。このヘブライ語は「シオンの第一人者」を意味し、元々はパレスチナにおけるユダヤ教徒の首席ラビのことを指していたが、それをそのまま都市の名前にした。一八七〇年、この入植地にアリアンスの農業訓練所「ミクベ・イスラエル」が作られたのである。フランスのアリアンスが資金を出して作った農業訓練校であり、シオニズムとは関係のない活動拠点であった。現在もこの村は行政区とし

図12-3　ルネ・ゴダール《エドモン・ド・ロッチルドの肖像》パリ、ルーブル美術館

て残っており、その建物も残っているが、今ではシオニズムに基づいて作られた町のような認識になってしまっている。

ここで活動していたのは、一八世紀フランスの啓蒙思想の影響を受けたユダヤ啓蒙主義（ハスカラー）の運動を担った「マスキリーム」と呼ばれる人々である。彼らはユダヤ人のナショナリズムの観点からは、いわば邪魔者であり、ほとんど無視された。そのためイスラエル史ではほとんど言及されてこなかった。しかしシオニズム以前に、彼らがパレスチナにやって来て活動していた事実があるのだ。このようにシオニズムのナショナリズム的運動と、世界的レベルにおけるユダヤ知識人の活動という二つの流れがあり、両者は対立していた。アリアンスの活動は後者の文脈である。

黙殺された歴史とその再発見

繰り返すが、イスラエルではシオニズムの考え方が中心を占め、教科書等でも現代イスラエル史は一八八〇年代から記述され、それ以前の記述はなかった。シオニズムでは、パレスチナにユダヤ人国家を作ることが目標なので、その目標に沿った歴史記述となるのだ。したがって、シオニズムを体現する形でやって来た一八八〇年代の第一波の移民たちが、そこに将来のイスラエル国家となる基を作るのが一番正しい在り方となる。アリアンスのようなフランス的な啓蒙思想に基づき農業活動を行なっていた人々は無視されるわけである。とは言いながら、シオニストはディアスポラについては古代に遡って語る。そして突然一八八〇年代につなげるという議論をするのである。しかし、イスラエルでは、リクード政権が一九七七年に成立した後の新たな時代状況の中、非シオニストのユダヤ人が自分たちの歴史として、アリアンスを再発見し始める。したがって四半世紀は経っているとはいえ、アリアンスの歴史が改めて語られるようになったのは最近のことである。

一九七七年のリクード政権成立後の一九八〇年代に、イスラエルの中でシオニズムから少しずつ距離を置くような発想が出てきたことは、考えておく必要がある。(4) それ以前のシオニズムは、労働シオニズム、あるいは社会主義シオニズムといった、イデオロギー的に見ると左派的な人たちが中心であった。国際労働運動的に言えば、第二インターナショナルに近い発想でヒスタドルート（労働総同盟）などが設立されたのである。ヨーロッパにおける社会主義運動と近い関係を持った、いわゆる労働シオニストや社会主義シオニストと言われた人々がイスラエル国家を建国した。

一方、労働運動的なものとは距離を置きながらシオニズムの運動を展開してきたのがリクード等を中心とするグループである。労働シオニスト、あるいは社会主義シオニストは、ナショナリズムと社会主義を結び付ける方向だったが、リクードを中心とする人々はナショナリズム的なものを前面に押し出す。かれらはいわゆる修正主義シオニスト（リヴィジョニスト）と呼ばれ、ナショナリズムとユダヤ教を結合させるような宗教的シオニスト運動とも協力しながら展開してきた。その修正主義シオニスト運動を代表するのが、現在のネタニヤフ首相が所属するリクード党である。リクード党が政権を取ったのが一九七七年であり、以降、イスラエルの流れとその解釈は大きく変わっていく。

リクード党を支えたのは、中東イスラーム世界からやって来た人々、つまりアリアンスが救済の対象とした人たちである。彼らは一九四八年の建国以降、イスラエルにやって来た。中東戦争という状況の中で、生まれ育った場所を突然追い出され着の身着のままでイスラエルにやって来たので貧困層を形成したわけだが、彼らは東欧・ロシアからやって来たシオニストの前に沈黙を強いられた。そのような周辺部の人々が一九七〇年代以降、リクード政権が成立することによって自分たちの文化的伝統を主張し始める。彼らは何者なのか関心が持たれ、学術的会議が開かれたりした[5]。その文脈でアリアンスも再評価されるようになっていく。

アリアンスが救済の対象にしたのは「ミズラヒーム」と呼ばれる人々である。現在はこの言葉はあまり使われなくなっているが、ヨーロッパ側から見た「東洋の人たち」を意味する。つまりオリエント（中東イスラーム世界）出身のユダヤ教徒のことである。具体的には、北アフリカを含むアラブ、トルコ、イラン、中央アジア、インド西海岸に住んでいたユダヤ教徒である。

ちなみに、アラブ世界に住んでいたユダヤ教徒はアラビア語を話したが、文字にする際にはヘブライ文字を使用していた。だからこれをユダヤ・アラビア語（Judeo-Arabic）と言うこともある。イランのユダヤ教徒はペルシア語を話したが、文字ではヘブライ語を使用していたのでユダヤ・ペルシア語（Judeo-Persian）という言い方をする。さらに、一四九二年にスペインからオスマン帝国に追放されたスファラディーム（スペイン系ユダヤ人）はラディーノ語あるいはユダヤ・スペイン語（Ladino; Judeo-Spanish）を使っていた。

インドの西海岸（マラバール地方）にも、イラン、イラクから南下していったユダヤ教徒が住んでいたが、この地域に広まった有名な家系が、バグダード系ユダヤ人のサスーン（サッスーン）家である。サスーン家は、ボンベイ（ムンバイ）に商館を作り、イギリス国籍を取得、その後一九世紀を通じてアヘン貿易に携わり巨万の富を得た。彼らはインドのボンベイ、シンガポール、香港、更には長崎、神戸にまでネットワークを持ち、「東洋のロスチャイルド」と呼ばれた。

このようなことを語る意味は、ヨーロッパ中心的な発想を変えていくことにある。アラブ世界、あるいはイスラーム世界からパレスチナにやって来たユダヤ教徒たちがどのような役割を担ったか、考えていかねばならない。アリアンスの研究は、まさにシオニズムを相対化していく意味を持っているわけである。圧倒的多数を占める中東イスラーム世界出身のユダヤ人はシオニストではなかった。シオニズムとは、あくまでヨーロッパで生まれたユダヤ人のナショナリズム的考え方であり、したがって、当然のことながら、非ヨーロッパ出身の彼らはついて行けなかった。その意味でアリアンスも存在意義を持つようになった。つまりシオニズムとは距離を置くという発想が出てきたのである。

我々のイスラエルに対する見方は、意識するしないに関わらず、極めてシオニズム的色合いが濃い。無意識的と言ってもいいほどシオニズムの考え方を共有してしまっている。しかし、そうではない、つまりディアスポラの状態にありながら、シオニズム的な発想から距離を置いてきたユダヤ教徒の存在もある。日本の場合、双方が同時に入ってきているので、その関係性をあまり認識しないまま、シオニズムに引っ張られている傾向がある。その点を考え直す必要があることを強調したい。

アリアンスをめぐる人々

アリアンスは教育を重視したので、パリに教師を育成する師範学校も作っている。教育を行なえるユダヤ人の人材を育成し、彼らを再び故郷へ送り戻し新しい教育に従事させた。その校長には哲学者のエマニュエル・レヴィナス（一九〇六―九五年）が就いていたこともある。この師範学校の卒業生は、非常に広範囲にわたる地域に設立されたアリアンスが経営する学校に派遣された。特に優秀な子供はパリに留学し、さらに教育を施し、教員として再び派遣した。アリアンスはそのように教育ネットワークを築いていった。

その他のアリアンス出身の著名な人物には、日本ではほとんど知られていないが、アンドレ・シュラーキーやエリー・ケドゥーリー等の研究者がいる。ナタン・アンドレ・シュラーキー（一九一七―二〇〇七年）は、アルジェリア生まれのスファラディー出自のユダヤ人で、戦時中はレジスタンス運動に身を投じ、戦後はアリアンスで働いた。一九五八年以降は拠点をエルサレムに移し、テディー・コレック市長の下で助役などを務めた（彼の著作としては文庫クセジュで『ユダヤ思想』『ユダヤ教の歴史』『イスラエル国』などをフランス語からの翻訳で読むことができる）。また、エリー・ケドゥーリー（一九二六―九二年）は、ロンドン・スクール・オブ・エコノミクス（LSE）教授を務めた。バグダード出身で、イギリスによる中東外交史の第一人者である。(6)

バグダード系ユダヤ人はアリアンスを通じて一旦はフランス的なものを吸収するが、さらに普遍化されていって、ヨーロッパ全体の考え方に触れて、中東イスラーム世界における「近代化」を促進する役割を果たした。アリアンスのような教育機関を通じヨーロッパに留学した人々が新しい方向性を生み出したのだ。アリアンス出身者は、フランスだけに留まらずより広い意味でヨーロッパ的なものを取り入れていく先達者になっていった。日本の明治初期、若者をどんどんヨーロッパに留学させた結果、新しい知識人が生まれたのと同じような形である（なお、日本の場合は途中からモデル国をドイツに変えるが、ユダヤ人もフランスからイギリスへとスタンスを移していった）。

さらに若い世代として、イスタンブル生まれのスファラディーで、スタンフォード大学の歴史学者アロン・ロドリーグ等がいる。彼は地中海地域でアリアンスの果たした歴史的な役割を研究している。最初の著作はフランス語で出版されているが、これには必然性がある。[7] アリアンスで最初に学ぶ言葉はフランス語なのである。スファラディー系の学者でアリアンスの支援を受けた人は、まずはフランス語で書き、それから英語を学ぶ。英仏語は皆バイリンガル的に学んでいる。ロドリーグは第一世代に当たるが、これ以降も、第二、第三世代が出て活動している。

アリアンス研究はこのところ盛んになっているが、問題になるような議論もある。現在イスラエルで教鞭を取っているマイケル・M・ラスキエールは、モロッコにおいて迫害されたユダヤ人を解放するというアリアンスの理念に沿って、学校ネットワークを評価している。[8] 先に見たロドリーグとは明らかに異なる観点である。ラスキエールの発想は、彼自身もイスラエルを拠点としていることもあり、シオニズム的である。イスラエルを拠点としているユダヤ人ナショナリストの発想では、迫害から逃れ、解放の地であるイスラエルに来ることは正しいという「迫害史観」からの議論となる。このように研究者の間でも相変わらず差があることが分かる。

第Ⅳ部

現代シオニズムと反ユダヤ主義

第13章　シオニズム運動の始動

はじめに――ヘルツルとドレフュス事件

前章でもすでに、ユダヤ人のナショナリズム運動であるシオニズムについて触れてきたが、これは一つのまとまりとして論じざるを得ない重要テーマである。本章ではシオニズムの先駆をなす思想家たちと、いわゆる政治的シオニズムの父と呼ばれているテオドール・ヘルツル（一八六〇―一九〇四年）［図13-1］について見ていく。ヘルツルは一八九六年に『ユダヤ人国家』を著し、それを具体化していくためにシオニスト会議を開催して「バーゼル綱領」を決議する。ユダヤ人国家の具体的考え方を提示した人物として現在のイスラエルでも大変高く評価される人物である。教科書的な記述からシオニズムの歴史を辿るときも、ヘルツルからシオニズムの歴史を始めるのが一般的である。

ヘルツルは、現在のハンガリー出身であるが、ドイツ語圏で教育を受けたため、基本的著作はすべてドイツ語で著している。彼は新聞記者として活躍し、同時に作家としても活動した。フランス滞在時にドレフュス事件を目撃したことが、その後のヘルツルを変えていくことになった。

一八七〇年の普仏戦争を契機として、アルザス＝ロレーヌ地域がドイツ（プロイセン）に割譲されたが、ユダヤ系フランス人の軍人アルフレド・ドレフュス（一八五九―一九三五年）［図13-2］は、元々ドイツ語圏であったアルザス出身である。そして、一八九四年、ドレフュスは反ユダヤ主義の流れの中で、ドイツのスパイという嫌疑をかけられ起訴されたのだ。ドレフュス事件は当時のフランス世論を二分した。ドレフュス擁護派としては、作家のエミール・ゾラ（一八四〇―一九〇二年）が有名である。一方、激しくドレフュスを非難した人物には、エドゥアール・ドリュモン（一八四四―一九一七年）らがいた。ドリュモンは『ユダヤ人のフランス』（一八八六年）という著作を記し、反ユダヤ主義的議論を展開した人物として知られている。フランスにおける反ユダヤ主義を考える際、常に参照される人物である。私たち日本人は「反ユダヤ主義」というとすぐにナチス・ドイツを思い起こすが、カトリックの影響が強いこともあり、実はフランスにおいても反ユダヤ主義的伝統は根強い。とりわけ一九世紀後半は、ドレフュス事件に代表されるような形で、ユダヤ人が陰謀論で事件に巻き込まれるケースが多かったことは記憶しておくべきである。

ドレフュスは結果的にフランス領であった大西洋の島に送られ、そこで生涯の大部分を過ごした後、免罪によって本国へ戻された。ヘルツルは、当時この事件をドイツ語新聞記者として目撃した。フランス革命によってユダヤ人が解放されたはずの国においても、反ユダヤ主義が根強く残っていることは衝撃的であった。こうしてヘルツルは「ユダヤ人は自分たちの国家を持たねば解放されない」という思いを強くし、シオニズム運動を展開していくことになる。

ただし、シオニズムにもいくつかの潮流があり、ヘルツルは極めて世俗的な考え方を持つ政治的シオニズムを唱えるグループに位置付けられる。ヨーロッパ諸列強の協力を得てユダヤ人国家を設立するという考え方である。そもそも、ヨーロッパにおける知識人は、ユダヤ教徒であれキリスト教徒であれ、基本的には信仰心が薄い。ヘルツルも世俗的な知識人であり、信仰レベルではその痕跡を探し求めるのは極めて難しい。

しかし、本来シオニズムとは、シオンの丘(エルサレム)に戻る運動だが、「なぜシオンか?」と問い返されると、やはりどうしてもユダヤ教に理由を見出さざるを得ないことになる。そこにシオニズムの問題の難しさが現われてくることになる。ナショナリズムは基本的に世俗的政治運動として展開されるが、シオニズムの場合、イデオロギー的な思想体系としてはユダヤ教という宗教を媒介とせざるを得ないのである。

つまりユダヤ教という宗教とナショナリズムという世俗的思想が切り離せないところが、シオニズムの抱える矛盾である。現在の二一世紀の段階においても、その矛盾はイスラエル国家内部で衝突している。イスラエル国家をユダヤ教の方向に導くのか、それとも民主主義的な理念に基づいて世俗的な方向に導くのか、という考え方の間で国家像は完全に分裂してしまっているのだ。そして、この分裂は最初の段階から孕まれていたものだった。その両者の関係が非常に曖昧なまま進んでいったことが、シオニズムを考え

図13-1　テオドール・ヘルツル

図13-2　アルフレド・ドレフュス

る際に常に問題になる。そもそも、次に取り上げるシオニズムの先駆者たちは、宗教としてのユダヤ教と思想としてのナショナリズムを相互に矛盾したものとして内在化してしまっているという深刻な問題を抱え込んでいる。

宗教シオニズムのメシア思想

シオニズムの歴史をひも解くと、ほとんどの書籍でイェフダー・アルカライ（一七九八―一八七八年）が先駆者の一人として挙げられる。(1) アルカライが生まれたのは現在のボスニア・ヘルツェゴビナのサラエヴォ（当時はオスマン帝国領）である。エルサレムで少年時代を過ごすが、その時にカバラーの影響を受ける。その後、ラビとして指導的立場となり、最初にハンガリー王国の町でスファラディー系の首席ラビとなり、エリートとして活躍する。

首席ラビになることは大変な栄誉であった。オスマン帝国領では、ラビのステイタスには明確な序列があり、帝都イスタンブルにおいてスファラディー系ユダヤ教徒の最高権威はハハム・バシュ（最高の賢者）と呼ばれ、これを頂点としてラビ庁では位階が形成されていた。ラビたちは出世するために、オスマン帝国領内の各地に赴任して位階を昇っていって、それぞれの地域の首席ラビを目指し、最終的にハハム・バシュを目標とした。なお、ラビたちがオスマン帝国領内を回ることはユダヤ教徒の人的流動性を保証することにもなった。つまりオスマン帝国領内のコミュニケーションはラビ職を通じて行なわれ、さらにオスマン帝国を越えてヨーロッパのユダヤ教徒たちともつながっていった。この宗教的ネットワークが、同時に各地域のユダヤ教徒たちの関係性を保証するシステムとしても機能していたのである。

さて、アルカライの基本的発想は、メシアが到来すれば、それが祖国建設につながる、という考え方である。これは伝統的なユダヤ教の考え方に極めて近い。ユダヤ教の信仰についてかなり乱暴に一言で表現すると、メシア（救世主）が降臨すればこの地に神の国ができるという考え方である。メシアがやって来るのをひたすら待ち続ける。そのために祈る。これがユダヤ教の基本的姿勢である。メシアが降臨し地上に神の国ができることが彼らユダヤ教徒の究極の目標なのである。キリスト教も同じ考え方であり、その違いは、メシアがキリストと呼ばれるということに過ぎない。ただユダヤ教の場合は、メシアの到来と同時に、彼らが精神的意味で祖国と思っているエレツ・イスラエル（パレスチナ）に帰還が叶うという考えも伴っている。

そのようなユダヤ教信仰に基づく発想が、エルサレムを中心とする土地に戻ることをより一層強調することでユダヤ教信仰がナショナリズムにスライドしていく契機を孕んでいる。最初からユダヤ教の信仰と、祖国に帰るということが一体化していたのだ。このような背景が宗教とシオニズムを分離して考えることを難しくしている。

アルカライの活動していた当時、世の中ではユダヤ教徒に対する迫害が多発していた。最も有名な事件が、すでに何度か見た一八四〇年のダマスクスの「血の中傷」事件である。これを契機として、ユダヤ教徒たちに「自分たちの国を持たねばならない」という発想が出てきた。ただしこの段階ではナショナリズムという考え方はあまり強くはなく、信仰レベルでのエルサレムへの帰還が唱えられた（宗教的シオニズム）。その先頭に立ったのがアルカライであり、彼自身もエルサレムに向かう。彼の発想はあくまでもユダヤ教の枠内でのものであったが、後年、アルカライがシオニズムの先駆者として位置付けられているのは、結果的にシオニズム運動とまったく同じ形になったからである。

宗教シオニストの先駆者としてもう一人、当時ロシア支配下にあったポーランド出身のツヴィ・カリシャー（一七九五—一八七四年）が挙げられる。(2) アルカライとは活動した場所が異なるが、彼の発想も伝統的なユダヤ教の枠内のものである。

カリシャーは、ドイツ語圏を中心にいわゆる啓蒙主義の流れから出てきた改革派ユダヤ教に対する正統派ユダヤ教の擁護者だった。カリシャーは、神の命令を守るためにエルサレムに向かうという考え方をとった。

ユダヤ教の場合は律法から外れることが罪の状態となるので、それを避けるために律法を守ることが贖罪ということになる（キリスト教的な意味での贖罪とはまったく異なる概念である）。したがってエレツ・イスラエルに戻ることも、律法を守ることになるのだ。

実はこのような考え方は、正統派ユダヤ教徒の間では必ずしも支持されているわけではない。実際にエルサレムに向かうということより、エルサレムは心の中に存在すると考える正統派の人たちが圧倒的多数であった。しかしユダヤ人迫害が頻発し、物理的に自分たちが抹殺されかねないような迫害状況の下、それを逃れるためにエルサレムへ向かうという発想が起こってきたわけである。ユダヤ人迫害の問題と、信仰においてパレスチナへ行くことを正当化する考えがつながっていく。つまり身の安全につながる切実な問題であったのだ。これがシオニズムの初期的形態が出てくる要因であった。

ダン・コンシャーボクらによれば、「アルカライやカリシャーのような宗教シオニストの足跡をたどりながら、ユダヤ人国家の建設を完全なものにするメシアによる贖罪の構想を作り上げた」のが、ラビ・アブラハム・イツハク・クック（一八六五―一九三五年）[3]［図13－3］である。

クックは、第一次世界大戦後にバルフォア宣言（本書第16章）に基づきユダヤ人のナショナル・ホーム（民族的郷土）が作られると約束されてイギリス支配下となったパレスチナにおいて、最初のアシュケナジー系首席ラビとなった人物である。実はこれは画期的なことであった。それまでのオスマン帝国統治下の時代は、オスマン帝国は基本的にヨーロッパから来たアシュケナジーム（ドイツ系ユダヤ教徒）に対しては首席ラビを認めていなかった。首席ラビは一人、それもスファラディーム（スペイン系ユダヤ教徒）に対してのみ認めていた。イギリスは新たに移民してきたアシュケナジー系ユダヤ教徒であるクックを主席ラビとして認め、パレスチナ委任統治下においてはドイツ系ユダヤ教徒とスペイン系ユダヤ教徒の二つの首席ラビを置いた。現在でもイスラエルには二つの首席ラビ庁がある。なぜ二つ作らざるを得なかったかと言うと、ユダヤ教の宗教法の解釈が異なっているからである。首席ラビの服装自体もかなり違っている。

図13-3　アブラハム・イツハク・クック

クックの考え方は、現在における非常に過激なユダヤ教徒の源流となった。例えば、現在、ヨルダン川西岸等に入っていき「宗教的正統性で我々はここにいる」と主張する人たちの原型はこのクックにあるのだ。クックはメシア思想とエレツ・イスラエルへの入植をつなげて、ユダヤ教徒たちが聖書に書かれた場所に直接入って行き住みつくことが、メシア降臨の条件として必要だと説いたのである。ユダヤ教徒たちがより多くエレツ・イスラエルに戻ることで次第にメシア降臨の日が近づいてくるという議論である。したがって、パレスチナにはどんどん入植すべきという話になってくる。

彼らの中ではナショナリズムと信仰が分かち難く結び付いている。これが宗教シオニズムの近代版である。アルカライ等は原初的形態で宗教と民族の関係が曖昧であったが、クックになると完全に明確になっている。政治運動としては、一九七三年以降に出てきた「グーシュ・エムニーム」(信徒の集団)になる。イスラエル政党政治では宗教的意味での極右に位置付けられている。彼らは非常に頑固で一旦入植したら絶対に動かない。ガザからイスラエル軍が撤退した際も最後の最後まで粘っていたのは彼らであるし、一九六七年の第三次中東戦争の際にイスラエルはシナイ半島を占領したが、その時も彼らがそこにユダヤ人入植地を作った。

留意してほしいが、宗教シオニストは超正統派(ウルトラ・オーソドックス)とは一線を画している。格好だけ見ると分からないが、超正統派と宗教的シオニストと言われるユダヤ教徒はメシアについての考え方が異なる。超正統派は、宗教シオニストのメシア願望を批判する。そもそもメシア降臨は神が決めることであり、人間がその日を近づけられる等という発想は間違っているという理由からである。両者は非常に仲が悪く、長い歴史の中でも常にぶつかり合ってきた。超正統派が流れとして出てくるのは一八世紀以降だが、それ以降、彼らの間では衝突がまったく収まらなかった。現在に至るまで、政治勢力としても超正統派グループと宗教シオニズムのグループは異なる政党である。

クックの考え方は、ユダヤ教徒がパレスチナに帰還することによりメシア降臨が近づくというものであるが、実は一般のユダヤ教徒たちも、シオニズムの世俗的な目標の達成によってメシア降臨が近づいていることを感じているようだ。例えば、一九一七年にバルフォア宣言が出され、一九四七年の国連でのパレスチナ分割決議案によってユダヤ人国家建設が約束された。建国後も一九六七年の第三次中東戦争で嘆きの壁（西の壁）がイスラエルによって占領された。これらのプロセス自体がメシア降臨に向けての徴候だと考えるわけである。戦争による「占領」という言葉を使うと即物的な話になるが、ユダヤ教徒の目からはメシア降臨が近づいているようにも見えるのである。イスラエルに行く機会があれば、ユダヤ教徒の人たちと話すとよく分かるだろう。メシア来臨を非常に熱心に信じている人と、何となく感じている人と、様々な政治的潮流や信仰における濃淡があるにせよ、メシア再臨は宗教的実感として皆に共有されていることは強調すべきことである。(4)

精神シオニズムの「共存」の思想

以下では「精神シオニズム」と言われる、これまでとは違う流れの動向を紹介する。この流れもシオニズム初期の段階からあったものである。宗教シオニズムは内向きの議論だが、精神シオニズムの人々は外向きの議論を展開する。「我々がエルサレムに行った結果どうなるのか？　現在住んでいる人たちとの関係をどうすべきか?」を考えるグループである。発想自体はよく似ているのだが、宗教シオニストは自分たちがエルサレムに行った結果どうなるか等は一切考えない。あくまで信仰が成就されればいいとだけ考える。精神シオニストたちは、「我々が行ったら間違いなく争いが起こる、であれば我々が聖地を占有するのはおかしい、我々にとってエルサレムは精神的中心なのだ」という発想になる。エルサレムは我々の宗教において重要な場所である、しかし今そこに住む人たちを排除するわけではない、彼らとの軋轢はできるだけ避けたい、という考え方である。これはその後、最終的にはアラブ人国家も認め、アラブ人国家とユダヤ人の国家を二つ作るべきだという「二国家共存」という考え方につながる。

この精神シオニズムは、いわゆるピース・キャンプ、和平を求める人たちのグループの考え方につながった。しかし、今やイスラエル内では政治勢力としてはかなり弱い。精神シオニストはどちらかと言うと知識人が多く、物理学者のアルバート・アインシュタイン（一八七九—一九五五年）や精神分析のジークムント・フロイト（一八五六—一九三九年）、哲学者のハンナ・アーレント（一九〇六—七五年）等、よく知られている有名なユダヤ知識人は概ね精神シオニストの潮流に入っている。「文化シオニスト」という言い方もある。排他的に聖地を独占しないという彼らの発想は、その後の流れから言うと、理想主義的とされた。知識人のごく一部の考え方と見做され、一般の人の支持は取り付けることができなかった。

精神シオニストの代表的人物が、アシェル・ツヴィ・ギンスベルグ（一八五六—一九二七年）である。ロシアのスクヴィア（現在のウクライナ）で生まれ、伝統的なユダヤ教教育を受けた彼は、後に「アハド・ハアム」という名で知られるようになる［図13-4］。「アハド」とは「一人」という意味であり、「ハアム」は民族という意味の「アム」に定冠詞「ハ」を加えたもの。つまり彼は「ユダヤ民族の一人」と名乗ったのだ。

アハド・ハアムもユダヤ教的メシアニズムは宗教シオニストと共有している。それぞれユダヤ教的要素は極めて強いが、どこの部分を強調するかによって大きく変わってくるのである。精神シオニズムでは、精神的価値の方を重要視し、それが実現されるものがユダヤ人国家であると考えるが、とは言いながら、

その中ではアラブ人たちは排斥されないという考え方である。(5)

世俗的シオニズムと反ユダヤ主義

次に、今まで見てきたシオニズムと異なり、ヨーロッパにおいて反ユダヤ主義に対応するという文脈で出てきた「世俗的シオニズム」を見ていく。代表的人物としてドイツのモーゼス・ヘス（一八一二―七五年）が挙げられる。(6) もちろん宗教的側面がゼロというわけではないが、ユダヤ人に対する迫害に力点を置き、ナショナリズムを展開していった人々である。

ヘスは、ヘーゲル左派として知られる人物で、むしろ哲学の世界で有名な人物である。シオニズムの文脈では萌芽的シオニストとして位置付けられる。時代的にはシオニズムより前の段階の人物である。社会主義者と付き合いがあり、カール・マルクス（一八一八―八三年）とも知己であった。シオニズムの文脈で有名になるのは、一八六二年に『ローマとエルサレム』で、ユダヤ民族主義を擁護したことからである。

図13-4　アハド・ハアム

その後のシオニズムのプロトタイプとして位置付けられることになる。

そうは言いながらマルクスと付き合いがあったことからも分かるように、ヘスは初期社会主義者であり、上記のようなユダヤ教に軸足を置いている人々とは考え方が異なっている。

ダン・コンシャーボクらによれば、「ヘスにとってユダヤ人のルネサンスは民族的生活が聖地で実現されることで可能になるものなのである」[7]。

〔……〕民族がいったん新たな生命に目覚めると聖霊は再びユダヤ人に生命を与えるとヘスは主張した。残っている唯一の問題は、このような民族的忠誠心の復活という手段を通してユダヤ人大衆が解放されることだけではなく、近代ユダヤ人の愛国的感情をいかに刺激することができるかどうかということなのである。ユダヤ人はこの大きな課題に取り組まねばならないとヘスは主張する。全世界のユダヤ人すべてがパレスチナに移民することなどありえないと認識しているにもかかわらず、ユダヤ人国家が実現すれば、ユダヤ民族、そして人類すべての精神的なセンターとして機能するだろうとヘスは確信していた[8]。

このように、ナショナリズムの初期の形態とのつながりで聖地が位置付けられていく。つまり、世俗的な文脈でユダヤ人という民族の在り方が語られているのだ。ここではユダヤ教の考え方はかなり後退している。

レオン・ピンスカー（一八二一―九一年）も初期シオニストのプロトタイプと位置付けられる人物である。彼はロシアでポグロムを体験したことでシオニストとなった。ピンスカーは、黒海沿岸にある都市オデッサ（現在のウクライナ）に住み、そこで活動した。彼を有名にしたのが、ポグロムが始まってから著した一八八二年の著作『自己解放』である。ポグロムが眼の前で起こっている中、自分たちはいかにしたら解放されるのかを提起した。「自己解放」と言うと内面的な議論と思われるかもしれないが、考え方はシオニズムとほとんど同じと言っていい。ただし、ピンスカーはロシアにおける迫害の経験から発想しているということが重要だ。

さて、ここで注意しておきたいのは、「反ユダヤ主義」という語である。「反ユダヤ主義」は「アンチ・セミティズム」の訳語であるため、本来は「反セム主義」と訳されねばならない。しかし、「セム」とは元々は言語の分類であり、セム語派にはヘブライ語だけでなくアラビア語も含まれる。したがって、「反セム主義」と訳すと、対象にはユダヤ人だけでなくアラブ人まで含まれてしまうのである。しかしそれではヨーロッパ的文脈における議論では齟齬をきたすので、「反ユダヤ主義」と置き換えている。ヨーロッパ的文脈では、セム語を話す人は、ヘブライ語を使う人、つまりユダヤ人のことしか指さないためである。

そして、反ユダヤ主義は一九世紀末に「人種」概念とつながった。それまでの宗教的意味での反ユダヤ主義とはまったく違った考え方である。そもそも反ユダヤ主義はキリスト教において出てきた。あくまで前近代までは、キリスト教徒がユダヤ教徒を嫌うのはイエス・キリストを殺したという理由だったが、宗教的動機に人種論が新たに入ってきたのである。一九世紀末以降ヨーロッパでは、人々を人種という概念で区切り始め、ある人種は優れている、ある人種は劣っているという考え方につながっていく。ユダヤ人もそのような中に位置付けられる。

本書の議論はユダヤ教の側から考えているが、そもそも反ユダヤ主義（アンチ・セミティズム）はキリスト教徒の側から出てきた、人種論とつながった新しい問題だったのである。そして、アンチ・セミティズムへの対応としてシオニズムは出てきたわけである。こうした点も押さえておきたい。

ヘルツルの政治的シオニズム

新しい形のシオニズムを提示したのはテオドール・ヘルツルである。(9) ヘルツルの考えでは、世俗性が前面に押し出されている。ヘルツルの出自はハプスブルク朝のオーストリア＝ハンガリー帝国である。ハンガリーのブタペストで生まれ、オーストリアのウィーンで高等教育を受けている。つまりハンガリー語ではなくドイツ語で学んでいる。あまり注目されないが、ドイツ語で教育を受けたことは非常に重要な点である。その後の彼の思考法そのものを規定しているからである。彼は大学を出るとドイツ語の新聞の特派員としてパリに派遣され、そこでドレフュス事件を取材する。自由・平等・博愛のフランス革命を経たフランスで、非常に露骨な形での反ユダヤ主義が横行していることにショックを受け、ヘルツルはユダヤ人国家の建設を考えることになる。ヘルツルは、『ユダヤ人国家』の他に、『古くて新しい土地』(一九〇二年) という小説まで著し、未来を見据えたユダヤ人国家像を訴えた。何よりも彼の意識の中心にあったのはユダヤ人の悲惨な状況の回避であった。

彼の頭を最も悩ましていたのは一八八〇年代以降に行われたロシア帝国内のポグロムである。政府も民衆も一丸となってユダヤ人への迫害を行なった。ユダヤ人たちはロシアから避難し、とりあえずイギリスを含めた西ヨーロッパに逃げた。ドイツはその途中にあたるので、多くのユダヤ人たちが難民として流入した。難民となったこの大量のユダヤ人たちの救済が大きな問題になっていたのだ。現在でもシリアからの大量の難民を排斥するのと同じように、ロシア帝国から逃げて来たユダヤ人の難民たちに対して、現地の人々は非常に冷淡であった。特にロシアに住んでいたユダヤ人は黒装束の正統派が多く、ヨーロッパの人々には奇異に映ることに加え、そのような身なりではユダヤ人のイメージが非常に悪くなると、ヘルツルは心配した。彼らをとにかく生活できる場所に連れて行けば、当面のユダヤ難民問題を解決できるかもしれないとヘルツルは考えたのである。

「政治的シオニスト」と言われるヘルツルの考え方は、富裕層や大国の力に頼りながらユダヤ人国家を作るという発想である。そのためヘルツルは、モーリス・ド・ヒルシュやロスチャイルド家などの富裕層に働きかけた。彼らはパレスチナへの入植に関しては大変協力的であったが、シオニズムの考え方とは一線を画していた。一九世紀終わりのシオニズム初期の頃は、富裕層はシオニズムに対する熱心な支持者ではなかった点は強調しておきたい。前章でも言及したとおり、ヒルシュは、イスラーム世界に住むユダヤ教徒たちを救う、別の慈善活動を行ない、パレスチナへの入植や農業の技術指導の資金を援助した。フランスのロッチルドも、フランスから葡萄の種を持ち込み、栽培を始めた。このような支援活動により、シオニズム運動が展開する前の段階においてパレスチナには農業のための施設ができていた。しかし、それは将来のユダヤ人国家建設のためという意図ではなく、彼らは迫害されているユダヤ人たちがパレスチナで生活できるよう支援しただけである。富裕層によるこれらの活動はシオニズム運動と一緒のように見られているが、違う流れなのである。しかし最終的にはシオニズムに吸収されていく。

なお、ロッチルド等の慈善活動とは違う流れで、一八八二年以降ロシアでポグロムが始まると、若いユダヤ人たちが直接パレスチナに入っていき、農業活動を始める運動が起こってきた。数百人単位でパレスチナに向かい、支援活動とは関係なく入植していったのが、「実践的シオニスト」と呼ばれるグループである。彼らは一八八〇年代以降、政治的シオニストのヘルツルとはまったく異なる文脈で直接パレスチナに行き村を建設していった。この実践的シオニズムのグループは「ホヴェヴェイ・ツィヨーン」と呼ばれた。ヘブライ語で「シオンを愛する人たち」という意味である。このグループは、パレスチナで小規模な入植を続け、「パレスチナでのユダヤ人の社会を緩やかに発展させていくプロセスをとるべきだという考え方を採用していた[10]」。少数であろうと、とにかく直接パレスチナに入っていき、畑を耕すことから始めようという方針である。

しかし、「ヘルツルは聖地には大規模なレベルでユダヤ人が集まってこなければならないと信じていた[11]」ので、充分な土地の確保に動いたのである。

大国との外交交渉によって国を建設しようという考え方と、少数ごとでも直接パレスチナへ入って行き畑を耕しながら国を作っていこうという考え方、この二つのシオニズムの流れが一九世紀末に起こったのである。二〇世紀に入るとさらに二派は離れていく。最終的にその流れが一緒になるのは、イギリスが第一次世界大戦で勝利し、バルフォア宣言を出して以降となる。この二つの潮流が一緒にならざるを得ない状況が生まれたのである。

ともあれ、ヘルツルは間違いなくシオニズム運動の出発点に位置付けられる人物であり、「シオニスト会議」を開催した力量は高く評価しなければならない。一八九七年、第一回シオニスト会議がスイスのバーゼルで開催され、二〇〇人以上が参加し、二四の国や地域の代表が集まった[12]。シオニズム運動胎動の契機となった会議である。その後、世界シオニスト機構の設立につながり、ディアスポラ（離散）のユダヤ人たちがパレスチナへ向かうための様々なプログラムが組まれていく。なお、ヘルツルらの政治的シオニストとホヴェヴェイ・ツィヨーンらの実践的シオニストという二つの流れも、この会議には同様に出席していたが、先ほど述べたように、やはり考え方としては対立し別々の行動を取った。

さて、話を戻すと、ヘルツルは、ユダヤ人の富裕層の積極的な協力が見込まれないので、ドイツ皇帝ヴィルヘルム二世（在位一八八八―一九一八年）に訴えることになる。このヴィルヘルム二世の動きもシオニズムにとって重要な意味を持つ。ドイツ統一後、ヴィルヘルム二世は、当時パレスチナを統治していたオスマン帝国との関係強化を熱心に押し進めた。イギリスやフランスに対抗するため、スルタンから許可を得てバグダード鉄道を敷いてバグダード・ビザンティウム（イスタンブルの旧名）・ベルリンを結び、この地域に影響力を行使することを狙ったのだ（いわゆる「3B政策」）。その後ドイツは第一次世界大戦をオスマン帝国と共に戦うことにもなる。

実際、ヴィルヘルム二世が残した足跡は大変大きなものがある。現在、エルサレム旧市街には門がいくつかあるが、北西にあるカトリック宿舎の前にニューゲート（新門）という門がある。これはヴィルヘルム二世が訪問した際に、壁に穴を開けてそこから入れるようにしたといわれる場所ではあるが、実際に作られたのは時期的に異なっている。また、ヴィルヘルム二世は、シオン山にアウグステ・ヴィクトリア（ヴィルヘルム二世夫人の名）という教会と病院、宿泊所が一緒になったような施設を作った。現在のエルサレムでも、何処からでも見ることのできる大きな建物である。

しかしオスマン帝国のスルタン、アブデュルハミト二世（在位一八七六―一九〇九年）との関係もあり、ヴィルヘルム二世はシオニズム運動には消極的な姿勢しか示さず、結果的に、ユダヤ人国家建設には協力しなかった。ヘルツルはオスマン帝国にも赴いたが、当然オスマン政府は拒絶し、結果的にヘルツルの目論見は失敗する。

ヘルツルは最終的にイギリスを頼ることになる。しかしすでに述べたとおり、パレスチナは当時オスマン帝国領だったためイギリスには決定権がなかった。当時のバルフォア内閣の植民地大臣ジョゼフ・チェンバレン（一八三六―一九一四年）は、一八八二年に植民地にしたエジプトのシナイ半島の地中海沿岸にある土地を提案するが、英外務省やエジプト高等弁務官であったクローマー伯イヴリン・ベアリング（一八四一―一九一七年）の反対に遭う。そもそも、シナイ半島はほとんどが砂漠であり、大量の人を受け容れることができるような土地ではなかった。

ユダヤ人を追い出したいロシアもヘルツルにそれなりに協力したが、連携は結果的には上手く行かなかった。そこで出てきたのが有名なウガンダ案である。これは、現在のウガンダとは異なり、タンザニア寄りの地域にあったイギリスの植民地である。ヘルツルにとって最も重要なことは、パレスチナでなくとも、ユダヤ人が今の状態から抜け出すための土地を作ることであった。そのような意図の下、当時のウガンダ（他にもアルゼンチンなど）を候補地として挙げたのだ。ヘルツルはアフリカに実際に視察に向かったが、この地では無理だと判断する。また、このような行為はシオニズム主流派からの反発を呼んだ。その結果、ヘルツルは失意の中で亡くなっている。

現在、イスラエルではヘルツルは「ユダヤ人国家の父」であると大変高く評価されている。ヘルツルの丘と呼ばれる場所には歴代首相の墓が作られ、数年前にエルサレムを北東から南西に横断するトラムが完成したが、その出発点はヘルツルの埋葬されている墓の近くである。現在では、ヘルツルが『ユダヤ人国家』を出版しユダヤ人国家像を提示したことが、その後のイスラエル国家樹立の礎となったと位置付けられている。

第14章　アリヤーと新旧ユダヤ共同体

はじめに――イスラエルのイエメン系ユダヤ人

本章では、日本から見ると地域的には馴染みがないかと思うが、イエメン系のユダヤ教徒を取り上げる。イエメン系ユダヤ教徒は、シオニズム運動に連動する形で一八八〇年代からパレスチナに移民した。ただし、シオニズムとは目的がまったく異なっている。ユダヤ史においては、メシアが降臨するとすべての問題が解決され、世界の終わりとなるという、メシア降臨運動が歴史上何度も起き、現代においても散発的に起こっているが、一八八〇年代もちょうどその時期に当たっていた。イエメン系のユダヤ教徒は大変敬虔な人々で、「メシアが到来するのでエルサレムへ向かう」という宗教的な動機でパレスチナに向かったのである。シオニズムの考え方に基づいたヨーロッパの人々と、宗教的動機を持つイエメン系の人々がパレスチナへ向かったのが、奇しくも時期的に重なったのだ。そして途中からシオニズム運動がイエメン系のユダヤ教徒を利用する形で取り込んで行くことになる。

イエメンは地理的にはアラビア半島のちょうど踵の部分にあたる。地中海からスエズ運河を経て紅海を南に下って行き、インド洋に出る出入口に位置する国である。イエメンで一番中心的な都市はアデンという港町で、東西の交易の拠点となっている。明治以降、船で渡欧していた日本人は必ずこのアデンに寄港した。イエメンのユダヤ教徒たちが主に住んでいたのは、北側の山岳地帯寄りにあるサナアという現在の首都であった。標高二〇〇〇～三〇〇〇メートルの高地であり、空気が薄いため走ったりすると息苦しくなるような場所である。ほぼすべてのユダヤ教徒は一九四八年のイスラエル建国以前にパレスチナ・イスラエルへ移民したが、大々的には一九四九年の「鷲の翼」作戦（「魔法の絨毯《マジック・カーペット》」作戦とも呼ばれる）で、イエメン系ユダヤ教徒の多くが、アメリカのユダヤ人支援団体がチャーターした飛行機で運ばれた。そしてイスラエルで相当大きなコミュニティを形成することになる。現在はイエメンにはユダヤ教徒のコミュニティは残っていない。

イエメン系のユダヤ教徒は大変伝統的なユダヤ教の価値観を体現している。他の地域のユダヤ教徒とは格好からしてまったく異なっている。また、しばしば指摘されているが、彼らが話すヘブライ語はメソポタミア（バビロニア）の発音を残した大変古い形のヘブライ語であるという。私がイスラエルに滞在していた際も、学者たちからイエメン系のユダヤ教徒のヘブライ語が原型にもっとも近いと聞いたことがある。

さて、ヨーロッパ以外からパレスチナへやって来たユダヤ教徒にとって、新しく建国されたイスラエルとはどのような意味を持つのか。本章の話題は、ほとんどが「新旧イシューヴ」について割かれる。イシューヴとは「住んでいる場所」という意味で、パレスチナにおけるユダヤ人共同体を指す言葉として使用されている。「新イシューヴ」はシオニストたち、つまり新しいナショナリズム的な考え方を持ちヨーロッパから移民したユダヤ人コミュニティであり、「旧イシューヴ」はシオニストがやって来る以前のユダヤ教信仰が篤い人々によって構成されたユダヤ教徒コミュニティとなる。後者は信仰を中心に生きていたユダヤ教徒である。したがって、新旧イシューヴの関係は世俗vs.宗教の対立の図式と重なる。

以上のような意味ではイエメン系のユダヤ教徒は、旧イシューヴに位置付けられる場合も多いが、移民の時期はシオニストと同じ時期なのである。イエメン系ユダヤ教徒は信仰の共同体であり、ヨーロッパ的な意味での「近代」を知らない人々だとみなされた。そして、ヨーロッパ的なシオニズムにしたがえば、旧い共同体は文明化されねばならない、という考え方が主流になっていく。つまり、この問題を考える際、一番重要なのはシオニズムの根底にあるユダヤ啓蒙主義的な進歩史観の発想である。そして、ヨーロッパvs.アジア、つまり「文明」vs.「野蛮」、あるいは光と影といった二項対立的な図式につながっていくことになる。(1)

ヘルツルのヨーロッパ中心主義

「文明」vs.「野蛮」の二分法は、テオドール・ヘルツルがシオニズムについて著した著作『ユダヤ人国家』［図14－1］にも非常に明白な形で示されている。イスラエルという国家は極めてヨーロッパ的なものとして建設された。「文明」vs.「野蛮」の二分法は、「進んだもの（先進）」vs.「遅れたもの（後進）」という対立でもあり、常に社会問題となっていく要素を孕んでいた。

一九世紀末のヨーロッパにおいて反ユダヤ主義があまりにも激しくなったのに対し、ヘルツルがユダヤ人国家建設を提唱した。自分たちの国家を作ればヨーロッパで吹き荒れるユダヤ人に対する差別・迫害から逃れることができると考えたのだ。その際、オスマン帝国領内にあるパレスチナにユダヤ人のための国家を建設することが重要な意味を持った。

パレスチナは我々の忘れられぬ歴史的故国である。この名を唱えることは我々の民族にとっては、それだけで激しく人々を感動させる集合命令となろう。もしもサルタン〔スルタン〕殿下が我々にパレスチナを与えるならば、我々はその代償として、トルコ〔オスマン帝国〕の財政を完全に整理することを申し出るであろう。ヨーロッパのために我々はその地でアジアに対する防壁の一部を作り、野蛮に対する文化の前哨の任務を果たすであろう。我々は中立の国家として、我々の存在を保障せねばならない全ヨーロッパと連携するであろう。(2)

テオドール・ヘルツルはそのアジア認識においてはまぎれもなく一九世紀ヨーロッパの申し子であった。『ユダヤ人国家』に記された上記の一節は、進歩と理性という啓蒙主義の理念を信じて疑わなかった人物像を見事に表している。

このように、ヘルツルは非常に明快な形で啓蒙主義を体現している。ユダヤ人国家は、「ヨーロッパ」という文明をパレスチナに持ち込み、それにより「アジア」という野蛮を排斥していくという進歩的役割を担っているというのだ。

ここにはシオニズム運動の持つ一つの側面が表われている。シオニズム運動はアジア的な価値に対するヨーロッパ的な価値を代表する民族運動なのだ。その意味で進歩と理性を信じている。ヨーロッパ以外のユダヤ教徒の伝統的考え方は、この視点からは当然のことながら排斥されていくことになる。

ヘルツル自身は現在のハンガリーの首都であるブダペストの出身である。当時はオーストリア＝ハンガリー帝国下にあったのでヨーロッパとみなされているが、様々な民族が住む都市であった。彼はオーストリア＝ハンガリー帝国の公用語であるドイツ語で教育を受けていた。それゆえ、彼はドイツ的な意味でのヨーロッパを代表することになる。

ヘルツルが体現したものは、一九世紀当時主流であった価値観である。ヨーロッパは文明化の使命を負っているという優越意識で、アジア的野蛮を批判する考え方である。まさに当時の時代の象徴である。日本でも明治維新以降、文明開化が叫ばれ、福澤諭吉の『文明論之概略』（一八七五年）等、ヨーロッパ文明は達成すべき目標として設定された。シオニズムも同様に、文明を体現するユダヤ人国家の建設という考え方を持っていた。そうなると、それ以前の古いもの、あるいはヨーロッパ的ではないものを野蛮として切り捨てていく構図が出てくる。日本で言えば西洋を全面的に肯定し東洋を否定する「脱亜入欧」の流れと同じである。これがアジア的なものの排斥という重要な問題を生む。中東イスラーム世界からやって来た人たちがアジア的なものを代表する存在として、その役割を外側から規定されてしまったのだ。

DER
JUDENSTAAT.
VERSUCH
MODERNEN LÖSUNG DER JUDENFRAGE
VON
THEODOR HERZL
LEIPZIG und WIEN 1896.
M. BREITENSTEIN'S VERLAGS-BUCHHANDLUNG

図14-1　テオドール・ヘルツル『ユダヤ人国家』初版本（1896年）の扉

シオニズムは当初から、自ら設定した「西」と「東」のはざまで自己矛盾に直面する契機を内在させていたともいえる。政治的シオニストと呼ばれるヘルツルの世俗的なシオニズムは、「解放と同化」をめざすユダヤ啓蒙主義的な近代思想の脈々とした流れの延長線上で、宗教的レベルで「アジア」を体現する正統派ユダヤ教的諸規範を自己否定的に排除していった帰結であったからである。

ユダヤ人国家建設の計画を立てたヘルツルという人物がヨーロッパ中心的な発想であったことが、その後のユダヤ人国家を考える際に大変重要な意味を持ってくる。つまりイスラエルはヨーロッパの一部として建国されていくことになるのだ。今でもイスラエルの果たす役割が、初期段階に比べても、より明快な形でさらにヨーロッパ的、あるいはアメリカ的なものを代表するものになってきているとも指摘できる。

新旧イシューヴの対立

イスラエルの近現代史を考える際、イエメン系ユダヤ教徒の位置付けは大変重要である。しかし、イスラエル建国のイデオロギーとなったシオニズムの歴史の中では、イエメン系はシオニストとまったく同じ時期にパレスチナに移民しているが、ほとんど触れられることがなかった。シオニズムの文脈では彼らはヨーロッパ的なものを体現していない存在であり、傍流だからである。

シオニズムの歴史で語られるのは、ヨーロッパからパレスチナへ移民してきた人々となる。非ヨーロッパからの移民はイエメン系ユダヤ教徒が最も多かったが、マグリブ系、ブハラ系(中央アジアに住むユダヤ教徒の総称)、カフカース(コーカサス)系もいた。彼らの目的は主に巡礼であるが、パレスチナへやって来るという意味ではシオニストたちと同じである。しかしシオニズムではすべてヨーロッパ中心であり、東欧からロシアに住んでいたアシュケナジーム（ドイツ系ユダヤ人）の歴史として描かれるわけである。

非ヨーロッパ地域から建国後のイスラエルへやって来るユダヤ教徒は経済的にも貧しい人々が多かった。ヨーロッパ系がイスラエル社会の上層部を構成し、アラブ世界、トルコ、イラン、中央アジアを含む中東イスラーム地域から来た人々は下層を構成することになった。建国直後のイスラエルでは、このような出身地別の経済的な格差による対立が大変顕著であった。

この問題は建国後しばらく続くが、それが大きく変わっていくのが、一九七七年のリクード政権成立以後である。リクード政権を支えたのは非ヨーロッパ系のユダヤ人たち、とりわけ、宗教的に信仰の篤い人々であった。一九四八年のイスラエル建国から三〇年ほど経って初めて、それまで政治的発言権がほとんどなかった人たちが野党であるリクード党に投票することを通して、ヨーロッパ系ユダヤ人を代表する労働党からリクードへの政権交代を実現させたのである。イスラエル社会そのものが変容していった帰結である。それまでの世俗的な思想としてのシオニズムから、ユダヤ教という宗教的価値が前面に押し出される傾向も出てきた。

シオニズム的観点から歴史を考える際、不思議なことにディアスポラについてはほとんど触れられない。すでにこれまで何度か述べたようにシオニズム史の始まりは常に一八八〇年代からである。第一波アリヤーと呼ばれるユダヤ人の移民、特にロシアからやって来た人々の移民から語られる。もちろんそれ以前にもパレスチナにはユダヤ教徒はいた。しかしシオニズムの歴史の文脈では、それらの人々はシオニストではないので歴史の記述から排除されるのである。これに疑問を呈する議論が出てくるのは、やはりリクード党が政権を取って以降、つまり一九七〇年代後半以降である。新イシューヴ（シオニスト）に対して、旧イシューヴ（シオニズム以前からのユダヤ教徒コミュニティ）を対比させて論じられるようになり、新イシューヴの歴史はシオニズムの話しかしていないという批判が提示されたのだ。

新旧のイシューヴの対立と重なって議論されるのが、世俗派つまり宗教とは距離を置いた人々と、信仰の篤い宗教派と呼ぶことができる人々との対立である。この世俗ｖｓ．宗教の図式は同時にヨーロッパ的文脈においては近代ｖｓ．伝統という対立にもつながっていく。この文脈では、シオニズムは世俗的、なおかつ近代を代表するユダヤ人の解放運動、つまりナショナリズムという位置付けとなる。それに対し、伝統を代表するのがユダヤ教の信仰を墨守している人々である。これらの両者の対立がイスラエルに存在しているというのである。

なお、一九七七年のリクード政権成立のきっかけ、つまりこの政変が起きたのは、一九六七年の第三次中東戦争後の政治的変動である。この戦争時にイスラエルがエルサレムの旧市街を支配下に置いた。それにより「嘆きの壁」がイスラエル国家の支配下に入ったことが象徴的意味を持ち始めたのだ。いわばユダヤ教信仰が前面に押し出される形になってきたのである。(3)

シオニズム的歴史観の転換

繰り返すと、シオニスト的議論の出発点は一八八〇年代からの第一波移民（アリヤー）である。この移民と共に重要な意味を持つのが入植地である。最初は「モシャヴァー」（個人経営に基づく入植地）という新しい入植形態がアリヤーを支えた。ただし、第一波に位置付けられている移民は、シオニズム的考え方はそれほど強く持っていなかった。彼らはやって来て工場や農場を作ると、労働力を補うためにアラブ人たちも雇っていた。それではいわゆる民族主義的な意味での純粋なユダヤ人の共同体ではない、ということで第二波から様態が大きく変わってくることになる。

一九〇四年からの第二波アリヤーでは、第一次ロシア革命後、ロシアのユダヤ人を中心とした人たちが入ってくることによって、社会主義がもたらされた。これが後のイスラエル労働党につながる。シオニストであり社会主義者である彼らはその後イスラエル建国における主流になる。彼らはユダヤ人による「自己労働」を唱えた。つまり、第一波アリヤーの人々はアラブ人の労働者を使ったが、第二波アリヤーの人々においては労働力はすべてユダヤ人だけでやっていくという方向が明確になる。

それを具体的に代表するのが「キブーツ」という集団的農場である。そこからはアラブ人は一切排除され、ユダヤ人だけの共同体となった。キブーツという農場の形態は社会主義的な影響を受けているので、生産手段の個人所有の否定も行なわれた。しかしそれではやり過ぎだということで、もう少し緩やかな形として家族を経営単位として設定したのが「モシャーヴ」と呼ばれる農場である。

また、彼らは周囲に住んでいたアラブ人を徹底的に排除するために鉄条網を張り巡らし、監視台まで設置し銃でアラブ人たちを追い返した。アラブ人排除という意味での今のユダヤ人入植地のパターンがここで作られた。

このようなユダヤ人入植地が労働シオニストたちの目指した労働者国家の原型である。一九四八年、イスラエルが建国された時に中核になっていたのは、まさにこういった労働運動を主体とする共同体建設の考え方であった。国家そのものが労働組合によって運営されていたのが、イスラエルの初期形態なのである。まさに社会主義であるが、これもすでに述べた通り、ソヴィエトのようなマルクス主義的意味での社会主義ではなく、第二インターナショナル的な社会民主主義に基づく労働者国家の作り方であった。
労働シオニズム史観、具体的に言えば現在のイスラエル労働党のような歴史観では、一八八〇年代の第一波のアリヤーに関してはほとんど無視されることになる。それに疑問を呈する議論を打ち出したのが修正主義シオニスト（本書第16章）と、その政党であるリクード党である。第一波アリヤーが逆に再評価されることになったのだ。イスラエル労働党が作り上げた社会主義国家の建設の考え方を否定する側面もあった。新しい国家建設の在り方を呈示することになり、歴史の読み替えも起こったのである。
新旧イシューヴの対立をめぐる議論はヨーロッパ系の人々の間でのことであり、ヨーロッパ系以外の人々の歴史もきちんと拾い上げていかねばならないという動きが、一九八〇年代以降のイスラエル歴史学界の大きな課題となっていった。イスラエル国家を作った主流ではなく、傍流に追いやられた人々の黙殺されてきた歴史をもう一度新たに読み直すことで、イスラエル国家の新しい方向性を考えていこうという流れが出てきたのである。したがって、歴史学的な方法論のみならず、人類学的な手法も動員されることになった。[4]
新しい傾向として、シオニズムの主体となったヨーロッパからやって来たアシュケナジーム、つまりヨーロッパ系のユダヤ人の歴史だけではなく、それ以外の地域からやって来たユダヤ人の歴史、あるいは同じヨーロッパでも労働党の考え方とは異なる、ウルトラ・オーソドックス（超正統派）等の宗教的運動も読み直すという作業が始まっている。つまりユダヤ人の多様性が再認識されていくわけである。そのために「ヤド・イツハク・ベン・ツヴィ」（イツハク・ベン・ツヴィ大統領記念館）に新しい研究機関「東方ユダヤ教徒社会研究のためのベン・ツヴィ研究所」(Ben Zvi Institute for the study of Jewish communities in the East)も設立された。

もう一つの新しい傾向として、出身地別のユダヤ人の相違を強調する考え方も出てきた。シオニズムで一色に塗りつぶされる考え方から、シオニストではない、つまりヨーロッパ的意味でのユダヤ人のナショナリズムではない考え方を持つ人々も歴史記述の対象にすべきという方向性である。

その中の大きなものがスファラディーム、つまりスペイン系ユダヤ人たちの歴史である。スファラディームが最も多く移り住んだのがオスマン帝国支配下にあった地域であったことで、オスマン帝国のユダヤ教徒を読み直す動きも出てきた(5)。

この文脈でイエメン系ユダヤ人にも光が当てられることになる。つまり世界各地に住んでいたヨーロッパ系以外のユダヤ人を見ることによって、イスラエルという国は様々な地域の移民から構成されているという事実を見ていく姿勢である。

第15章　オスマン帝国からトルコ共和国へ

はじめに――オスマン帝国末期のユダヤ人

サロニカ（現在のギリシア北部にあるテッサロニキ）のユダヤ人は、オスマン帝国の下で随分繁栄したと言われている。サロニカは港市であったので、特にオスマン海軍関係の職が多くあったのだ。オスマン帝国時代は、この街の人口の半分以上がユダヤ人であったと言われている。元々ギリシアに住んでいたユダヤ教徒もいたが、大半が一四九二年にスペインから追放されてこの地にやってきたスファラディーム、つまりスペイン系ユダヤ人である。

以前に、オスマン帝国におけるミッレト（宗教共同体）について説明したが、帝国末期、一九世紀の歴史過程の中でヨーロッパのナショナリズムの影響を受け、それぞれの宗教共同体は自らを「民族」と位置付け直した。

その過程で、三大ミッレトのうち、ギリシア正教徒・アルメニア正教徒の二つのキリスト教会は、オスマン朝により弾圧を受けた。端的に言うと虐殺事件が数多く起こったのだ。ギリシア人は一九世紀初頭、特に一八二〇年代に独立運動を展開した。アルメニア正教会は人口がロシア側の地域に集中し、キリスト教徒だったこともあり、ロシア帝国に協力しているというスパイ嫌疑をかけられ、一九世紀末から第一次世界大戦中にかけて三度にわたりオスマン政府による組織的虐殺が行なわれた。(1)

人口統計がないので正確な数字は分からないが、三大ミッレトのうちユダヤ教会は一番小さかったこともあり、オスマン帝国内ではユダヤ教徒は常にオスマン政府と共同歩調をとっていた。それはトルコ共和国になっても基本的には変らなかった。ギリシア人とアルメニア人はキリスト教徒として位置付けられ、トルコ人という民族意識の形成プロセスの中では対立関係となったが、ユダヤ人はトルコ人と提携する形をとったのである。(2)

イランに関してもトルコと同じような状況がある。一九七九年のイラン・イスラーム革命以前、シャー（王の称号）による王政時代は、基本的にイランにおいてもユダヤ人、アルメニア人は大変優遇されていた。革命が起こってからは、ユダヤ人はイランでは生きづらくなり、イスラエルや欧米諸国へ向かった。一九四八年の建国後、多くのユダヤ教徒がイスラエルに渡るが、イラン・イスラーム革命以前は、イランにもユダヤ教徒のコミュニティが数多く存在していた。ちなみに、トルコとは異なり、アルメニア正教会は現在に至るまでイランとの関係が大変良く、今もイランには多くのアルメニア人が住む。(3)

オスマン帝国内のシオニズム

オスマン帝国末期のユダヤ人のことを考える場合、前にも触れたが「万国イスラエル同盟」（アリアンス）というフランスに拠点を置く教育機関組織が重要になる。この組織は学校を数多く設立し、とりわけフランス語教育を重視したが、むしろそれぞれの地域において、現地との関係を重視する方針をとっていた。つまり、アリアンスはオスマン帝国からユダヤ人が独立して新しい国家を建設することは考えていなかったため、シオニズムとは一線を画していた。

また、ヨーロッパにおいてシオニズムはユダヤ人に対する迫害、つまり反ユダヤ主義に対応して現われたものであった。だが、少なくともオスマン帝国において反ユダヤ主義は生まれなかったため、その意味ではシオニズムはオスマン帝国全体の中では強力な政治運動とはならなかった。

ただ、いま触れたように、サロニカにはユダヤ人が多かったこともあり、シオニストの団体が作られた。サロニカの最初のシオニスト団体は「カディーマ」（イスラエルにもアリエル・シャロン元首相の下にかつてこの同名の政党が出来たことがあった）というが、この名称は、「前へ」を意味する。この団体の目的は、ヘブライ語使用と宗教的信条の強化であった。ヘブライ語の強調はヨーロッパにおいても同様だが、しかしオスマン帝国内ではヨーロッパのように世俗的な方向には進まなかった。この場合のヘブライ語はもちろん近代言語としての現代ヘブライ語であるが、ヘブライ語自体は聖書で用いられている聖なる言語であるので、現代ヘブライ語の使用を強調することだけでは世俗的方向性は保証されない。

こうして、オスマン帝国内におけるシオニスト運動は、ヨーロッパとは別の方向に向かった。具体的には、「ユダヤ人はユダヤ人として民族的アイデンティティを持つべきである」と、ナショナリズム的考え方を持ちつつも、独立国家は必要ないという文化的シオニズムの考え方である。つまり、ユダヤ人国家建設の必要性を唱えたテオドール・ヘルツルらとの考え方とは相容れないということになる。

実際、シオニズム運動の文脈においても、ヘルツルと文化的シオニズムを代表するアハド・ハアム（本書第13章）との関係は良くなかった。ヘルツルは、とにかく国家建設が必要だとして、ヨーロッパ列強の力を借りてまでもユダヤ人国家を作ろうとした。しかし国家の内実については、とりあえず棚上げにした。便宜主義と言ってもいいが、それがヘルツルの考え方である。それに対し、文化的シオニズムでは、国家建設以上に重要なことはユダヤ人の民族的自覚を持つことであり、エルサレムをその精神的な中心だと考え、国家はその後に自然についてくるものと考えた。その国家というのも、当時パレスチナに多数住んでいたアラブ人と衝突するものであってはならず、共存すべきである、と文化的シオニストたちは考えたのだ。

民族的共存を前面に押し出しながら、理想主義的に他の民族、つまりアラブ人と衝突しない形でユダヤ人国家を作るというのが文化的シオニストなのである。したがって、このアハド・ハアムの考え方は、イスラエル国家の中では長い間無視されてきた。アハド・ハアムの再評価運動が中東和平と連動する形で出てきたのは、ようやく二〇世紀の終わりになってからである。

オスマン帝国のユダヤ人たちが一枚岩ではなかったことは、オスマン帝国の首席ラビ（ハハム・バシュ）であったハイム・ナフーム（一八七二―一九六〇年、主席ラビ職一九〇九―二〇年）［図15-1］という人物を見ても分かる。ハイム・ナフームは、最後までシオニズムとは距離を置いており、場合によっては反対していた。そして体制が変わって、新しくムスタファ・ケマル・アタテュルク（一八八一―一九三八年）によってトルコ共和国が成立した後も、彼は政治権力との良好な関係を保った。現在に至るまでトルコには首席ラビ庁がきちんと置かれ、自立したものとして継続していることを考えると、トルコ共和国初期の段階で政府との関係においてかなり上手く立ち回ったと言える。彼は亡くなるまでの三五年間、エジプトの主席ラビ（一九二五—六〇年）として生きた。彼にはイスラエルへの移民という選択はなかったのである。

以上の説明から分かるように、オスマン末期のバルカン半島からトルコ、そしてアラブ地域にかけて起こったシオニズム運動が、ほとんど話題にされてこなかったのはこのような複雑さがあるからである。それぞれの文脈の中では興味深いものがあるが、シオニズム運動としてはヨーロッパにおけるように、はっきりとした形にはなっておらず、現在においても評価が難しいということになっている。

トルコ・ナショナリズムの時代

オスマン帝国内部でも、ヨーロッパのナショナリズム運動に影響を受け、新しいナショナリズム（トルコ・ナショナリズム）が出てきた。なかでも「青年トルコ人」の運動は、オスマン帝国の様々な要素を大きく変えていく事件となった。

図15-1　ハイム・ナフーム

ギュルハネ勅令以降の近代化政策によって、一八七六年にオスマン帝国憲法（ミドハト憲法）が発布されたが、一八七八年、スルタンのアブデュルハミト二世は同憲法を停止し、専制政治を敷いた。ロシアとの戦争があったために憲法を停止したわけだが、戦後も復活されなかった。それに対し、憲法を復活させるべきだと、一九世紀末にナショナリズム的発想に基づく運動を起こした人々のことを、ヨーロッパでは「青年トルコ人」と呼んだ。彼らの運動は、新しい考え方をヨーロッパから導入し、スルタンの専制政治に対抗していくというものである。

一九世紀の考え方として「オスマン主義」というものがあった。オスマン帝国という枠の中で、臣民は法律の前に平等であり、「オスマン人」という意識を持つべきだというのがオスマン主義であるが、これがトルコ民族主義に敗れていくことになる。

ユダヤ人にとっては、ユダヤ教徒であることとトルコ人であることは矛盾しない。信仰のレベルではユダヤ教だが、国民としてトルコ人であることは可能である。実際にユダヤ人たちはユダヤ教徒として青年トルコ運動に関わっていく。ユダヤ人のみならず他の民族の人々も立場は同じであった。宗教的に異なっていてもトルコ人になるのは可能であり、青年トルコ運動には、もちろんムスリムが主体であるが、多くのキリスト教徒も関わっていたのだ。

青年トルコ人革命が起こると、憲法が復活し、ほんの一時期だが議会が開催された。しかし、実際にはすぐに憲法は再び停止される。この時期、オスマン帝国は領土をつぎつぎと失い、政治的に大変混乱していた。一番大きな問題は、属国であったバルカンにおける民族的独立運動の展開である。一九〇八年、最も近くに位置するブルガリアが国家として独立し、さらに同年、旧ユーゴスラビアに位置付けられているボスニア・ヘルツェゴビナは隣国であるオーストリア＝ハンガリー帝国に併合されていく。この時点でオスマン帝国は、ヨーロッパ側の領土をほとんど失うことになった。さらに、リビアがこの時期イタリアによって植民地化された（イタリア・トルコ戦争、一九一一年九月―一九一二年一〇月）。さらにバルカン戦争（第一次：一九一二年一〇月―一九一三年五月、第二次：一九一三年六月―八月）が始まり、外堀がほぼ埋められた状態となってしまう。第一次世界大戦の直前に内的危機と外的危機が同時に起こってしまったわけである。

大戦勃発直前、青年トルコ人たちが政治運動のために作った「統一進歩団」のエンヴェル・パシャ（一八八一―一九二二年）、ジェマル・パシャ（一八七二―一九二二年）、タラート・パシャ（一八七四年―一九二一年）の三人が、一九一三年のクーデタによって実質的に政府の権限を握る。この三頭政治が第一次世界大戦にオスマン帝国を引きずり込むことになる。二〇世紀に入りドイツとの関係が強化され、軍事協定の一環としての対独協力の下、第一次世界大戦に入っていくことになったのである。このことが実質的にオスマン帝国解体を準備することになる。

結果的にオスマン帝国は第一次世界大戦に敗北し、領土は占領軍によって占領されてしまう。とりわけギリシアはアナトリア（小アジア）のかなりの部分を占領し、それに対する抵抗運動が後の大統領になるケマル・アタテュルクらによって起こされる。それがトルコ共和国の誕生へとつながる。

ケマル・アタテュルクはシオニズムに対しては親近感を持っていたようだ。オスマン帝国という大きな枠が残っている間は、ユダヤ人が独立国家を持つことに対してどのような姿勢をとるか、非常に微妙な問題であった。しかし、ケマルがトルコ革命を成し遂げた後は、アラブ地域にできたユダヤ人国家に対して友好関係を持つという立場はかなり明快であった。オスマン帝国という枠を外した時にそのような態度が出てきたわけである。実際、イスラエル国家が誕生した際には、トルコ共和国は一九四九年五月には国交を樹立した。

以上のような歴史を背景として、トルコ共和国の父ケマル・アタテュルクはユダヤ人だったのではないかという噂が、イスラエルではしばしば語られる。にわかには信じがたい話であるし、ケマル自身も否定しているが、このような噂話が出てくるのは、ケマルがユダヤ人の多く居住していたサロニカ出身だったこともあるだろう。実際ケマルもシャブタイ派（デンメ）の学校で教育を受けた。そのような事実がユダヤ人の間でこのような噂を作り出し、現在に至るまで語り継がれている。それが現在のトルコとイスラエルの関係を論ずる議論にも波及しているところがある。(4)

しかし、現在のトルコ共和国では、レジェップ・タイイップ・エルドアン大統領（一九五四年―）がイスラーム主義を強く前面に押し出しており、シオニズムに対して非常に厳しい態度をとっているので、国交断絶までには至らないにしてもイスラエルとの関係は悪化している。

バルカン戦争から第一次世界大戦へ

さきほど少し触れたバルカン戦争は第一次世界大戦の前哨戦と言われる。バルカン地域の問題をきっかけにパン・ゲルマン主義とパン・スラブ主義がぶつかり合ったことが発火点となり、それがイギリス、フランス、ロシアの三国協商とドイツ、オーストリア、イタリアの三国同盟の対立へと発展した。こうして、一九一四年、ゲルマン系民族を代表するオーストリアの皇太子が、スラブ系民族のセルビア人の一青年によって暗殺されたサラエヴォ事件が第一次世界大戦のきっかけとなる。これはオスマン帝国がこの地域から後退していくプロセスの中で起こってきた問題である。

バルカンには多くのユダヤ人が住んでいたが、バルカン戦争を機に、国境を越えて民族としてまとまったかと言うと、そうではなかった。ユダヤ人は民族集団として国境を越えて手を取り合うことができなかったのだ。それぞれの国家に帰属し、それぞれの国の軍隊に入った。バルカン戦争時においては、バルカン地域ではまだシオニズム的発想は弱かったのである。

バルカン戦争により、ユダヤ人の主要な拠点の一つであったサロニカがオスマン帝国からギリシアの支配下に入ると、ユダヤ人の多くがそこから離れていかざるを得なかった。このことは第一次世界大戦直前のユダヤ人コミュニティにとって非常に衝撃的な事件だったと位置付けることができる。

さらに、第一次世界大戦勃発後、サロニカに大火が起こった。理由は未だによく分かっていないが、それによってユダヤ人たちは大打撃を受ける。そして第一次世界大戦後も、新しい紛争に巻き込まれる。オスマン帝国が敗北した結果、ギリシア人が多く住んでいることを理由にギリシアが領有権を主張し、敗戦国であるオスマン帝国に軍隊を派遣した。ギリシア・トルコ戦争（一九一九－二二年）である。トルコ側はケマル・アタテュルクが主体となって防衛戦にあたった。この戦争は「大祖国解放戦争」と呼ばれ神話化されており、現在でもトルコではその映像を多く観ることができる。英雄的な解放戦争と位置付けられている。当然、悪いのはギリシアであるという認識で、現在に至るまでギリシアとトルコとの関係を規定してしまっている。象徴的な土地がキプロスであり、トルコ系住民とギリシア系住民の間では今でも紛争が絶えない。

戦争が終わると、現在のトルコ領に住んでいたギリシア正教徒がギリシアに逃げ込んできた。逆に、民族としては多様だがイスラーム教徒たちは「トルコ人」と見做され、トルコ側へ逃げていった。この時、かなり大規模な人口交換が行なわれたのである。これが後々の紛争の原型と言われる。インドとパキスタンの間でも、ヒンドゥーとムスリムの対立により同じような人口交換を伴う紛争が起こった。トルコ・ギリシア間の紛争でも大きな人口比率の変動があった。もちろん、インド・パキスタン紛争に比べると、トルコ・ギリシア問題は人口的には少数であるが、同じような性格を持つものである。この時、ユダヤ人は基本的にトルコ側についた。

なお、後の第二次世界大戦中も、トルコはドイツ・イタリアの枢軸側にも英米仏の連合国側にもつかず中立を保ったため、ユダヤ人にとっては逃げ込む先の一つとなった。しかし一方で、ギリシアに住んでいたユダヤ人たちは、ドイツ軍の占領によりホロコーストの対象となり、絶滅収容所に送られてしまう。こうして、ギリシアのユダヤ人はほぼ消滅することになったのだ。現在のテッサロニキに行くと、シナゴーグが一つ残っており、若干の資料が展示されてはいるが、そこにはユダヤ人はほとんどいない。このように、ギリシアのユダヤ人の運命は大変過酷なものであったと言える(5)。

さて、話を戻すと、第一次世界大戦はユダヤ人にとって国家建設の面でも転換点と位置付けられている。重要なのは、民族自決権がアメリカ大統領ウッドロウ・ウィルソン(在任一九一三―二一年)によって提唱され、それがユダヤ人にも適用されることになったことである。ウィルソン大統領は歴代アメリカ大統領の中でも親ユダヤ的立場を明らかにした人物だった。そのような状況の中でアメリカでもシオニズム運動が本格化する。そしてパレスチナがイギリスによる委任統治領となり、ユダヤ人のナショナル・ホームを建設するという方向に動いていくことになる。

民族の問題が前面に押し出されてきたのは、第一次世界大戦で大きな帝国が崩壊したからである。最も大きな帝国はロシア帝国だったが、ロシア帝国の場合は革命によって社会主義政権が成立したことによる崩壊である。帝国が崩壊し、民族国家に分裂していったのはハプスブルク家のオーストリア＝ハンガリー帝国、そしてオスマン帝国である。ドイツ帝国も崩壊したが、ドイツの場合は民族的な継続性があるので他の帝国とは若干事情が異なる。この中から多くの民族国家が登場してくる。ユダヤ人の動向もその中の一つとして位置付けられることになった。

このような形で第一次世界大戦を契機とし、ユダヤ人のような元々国家を持つことにあまり現実味がなかった民族にも、委任統治という形ではあったが、国家を持てる可能性が出てきたのである。

領土としてヨーロッパ内にユダヤ人の土地を持つのではなく、パレスチナという地が重要な意味を持ってくる。イギリス帝国主義の下で、パレスチナに国家を持つ可能性が出てきたのだ。ただし実際には、ヨーロッパに住む圧倒的多数のユダヤ人はパレスチナではなくアメリカに向かった（本書第18章）。ユダヤ人国家を考える時、多くのユダヤ人にとって、向かう先の選択はパレスチナだけではなかったという点が重要な点である。(6)

いずれにせよ、イスラーム世界のユダヤ教徒を考える際、この第一次世界大戦が歴史的な転換点として大変重要な意味を持つことを改めて強調しておきたい。

第16章　両大戦間期の中東（1）——パレスチナ

はじめに——「バルフォア宣言」から「パレスチナ白書」へ

本章では、第一次世界大戦と第二次世界大戦の間、いわゆる両大戦間期と呼ばれる時期を扱う。まず強調しておくべき点は、第一次世界大戦がパレスチナにとっての転機となったことである。大戦まではパレスチナという行政的な単位は存在せず、漠然と聖地エルサレムを中心とした地域を指すにすぎなかった。パレスチナという地域自体は大戦後、イギリスによって設定され、当初は現在のヨルダン・ハーシム王国のヨルダン川東岸をも含んでいた。ところが、ヨルダン川の東側に当たるトランスヨルダン（パレスチナ側から見て「ヨルダン川の向こう側」という意味）はイギリスによってハーシム家の次男アブドゥッラーに与えられたため、パレスチナはヨルダン川の西側の地域だけに限定されることになった。パレスチナという地域の範囲の確定にはそのような歴史的な背景があるため、ユダヤ人シオニストの中には、トランスヨルダンを含む地域をエレツ・イスラエル（「イスラエルの地」）と呼んで、イスラエルの領土だと主張する大イスラエル主義を唱える修正主義シオニストも存在した。

第一次世界大戦勃発時にパレスチナを統治していたのはオスマン帝国であった。第一次世界大戦はそれまでの歴史にはなかった最初の総力戦だった。また、航空機、毒ガス、戦車などの新兵器が投入された。特に、ヨーロッパ戦線でのドイツとの戦闘は塹壕戦となって膠着した。その意味ではドイツと同盟を組んでいたオスマン帝国との戦線は、ヨーロッパ戦線の膠着状態を打開する可能性を秘めていた。そのためイギリスは一九一五年四月、オスマン帝国の中枢部の帝都イスタンブルを攻略するために、ダーダネルス海峡の地中海側の出入口にあたるガリポリ半島に攻撃を加えたが、ドイツ軍の指揮下に入っていたオスマン軍は強力であった。イギリス側は最終的に敗北することになってしまった。

この敗北を機に、イギリスの中東地域を統括する政治的拠点であるカイロ局はアラブ人を味方に引き入れ、オスマン帝国と戦う戦略を立てた。その過程で一九一五年七月から一〇回にわたり取り交わされた往復書簡がフサイン＝マクマホン協定だった。その書簡でイギリスは自国側に味方して戦う見返りとしてメッカのシャリーフ・フサインにアラブ人の独立国家を約束した。しかし、イギリスとフランスは翌一六年五月、サイクス＝ピコ密約を結び、戦後はオスマン帝国領を分割すると決めたのである。さらに、一九一七年一一月にはユダヤ人に、パレスチナに「民族的郷土」（ナショナル・ホーム）の設立を約束した。イギリスが狡猾に展開したいわゆる「三枚舌外交」である。(1)

第一次世界大戦時、オスマン帝国はドイツ・オーストリア・イタリアの三国同盟側に加わっていたのでイギリス・フランス・ロシアの三国協商側と対立することになる。イギリスは大戦前までオスマン帝国の現状維持を基本的な戦略としていたが、この戦争で対オスマン政策を大きく転換することになる。特に、スエズ運河は「インドへの道」の防衛という観点から死活的な戦略的重要性を帯びていた。パレスチナはシナイ半島を隔ててスエズ運河の東側にあたる。イギリスは、スエズ運河防衛という観点から、エジプトとパレスチナを確保したいという意図を持っていた。とりわけ、イギリスが重要視していたのは、スエズ運河東岸に位置するパレスチナからフランスの影響を排除することであった。イギリスは戦争中、ドイツとの対立構図の中でフランスと手を組んではいたが、勝利した後にはドイツ帝国は崩壊するという前提の下、戦後はフランスとの対立が強まると見ていた。フランスがパレスチナを含むスエズ運河周辺地域に政治的影響力を行使しえないように先手を打っておくという戦略から、先に述べたように一九一七年一一月二日、イギリスは「バルフォア宣言」によってスエズ運河の東岸に位置するパレスチナにユダヤ人のための「民族的郷土」を建設する約束をしたのである[2]。

第一次世界大戦後、イギリスはパレスチナの委任統治（mandate）を行なうことになる。委任統治は一九二〇年に結成された国際連盟から戦勝国に受任され、その地域に住む人々が独立できる状態になるまで受任国が代わって暫定的に統治を行なう仕組みである。第一次世界大戦を経た後にアメリカ合衆国やソ連が大きな力を持ち始めた時期に、イギリス、フランスのようなヨーロッパ諸列強が、これまでのような露骨な形での植民地支配ができなくなったことによる過渡期的現象と考えていい。委任統治は第一次世界大戦という総力戦の後に形成された戦勝国による国際的な取り決めであり、基本的には敗戦国の領土を奪う形で、イギリス、フランスは旧オスマン帝国領や旧ドイツ領等を、そして日本は旧ドイツ領南洋群島（ミクロネシア）を委任統治したのである。

パレスチナは、他の委任統治領とは異なり非常に特殊な性格を帯びていた。パレスチナの東側に位置するトランスヨルダン、さらにイラクもイギリスが委任統治した地域であり、その北側にあるシリアと、そのシリアから第一次世界大戦後に分離する形で成立するレバノンはフランスが統治することになっていた。

これらの地域では現地の住民が一定程度の自治能力を獲得するまでの暫定期間のみ英仏といった受任国が統治した。しかし、パレスチナに関してだけは例外的な設定がなされた。パレスチナに元々住んでいるアラブの人々ではなく、これからパレスチナに移民してくるであろうユダヤ人に対してナショナル・ホーム（民族的郷土）を与えると取り決められていたのである。もちろん現地にすでに住んでいるアラブ人に対しても形式的には将来的に自治を認めたのだが（しかし、アラブ側は徹頭徹尾イギリスの提案になる委任統治を拒絶した）、このようなユダヤ人の「民族的郷土」の設立という特殊な目的がパレスチナには賦与されていたのである。(3)

「民族的郷土」の設立はそもそも、バルフォア宣言によって規定されていたことである。両大戦間期は、イギリスがこのバルフォア宣言に基づいてパレスチナ委任統治を実施していく時期にあたる。しかし、ドイツ軍のポーランド侵攻により一九三九年九月一日に第二次世界大戦が始まるのだが、その直前の段階でイギリスはパレスチナ政策を一八〇度転換した。帝国防衛という戦略的理由から、バルフォア宣言に基づくユダヤ人国家建設の約束を事実上破棄したのである。イギリスやフランスはアラブ地域を広範に植民地支配していたので、アラブ人は英仏に対する反発が強かった。したがってイギリスは、第二次世界大戦でドイツ、イタリア、そして日本といった枢軸側と戦う際、不満を持つアラブ人たちが「敵の敵は味方」の論理でドイツやイタリアの枢軸側と手を組む可能性があると判断した。一方、ユダヤ人は反ユダヤ主義を公言するナチス・ドイツと手を組むことは絶対にない。したがって、イギリスがユダヤ人を切ったとしても敵方のドイツ側に与することは絶対にないという想定の下に、枢軸側にすり寄りかねないアラブ諸国に同盟の相手を変えてしまったのである。

本章では、このイギリスの政策転換を示す一九三九年のパレスチナ白書を中心に、イギリスがバルフォア宣言の約束を完全に反故にするという顛末を見ていく。

第一次世界大戦時のユダヤ人の戦い

第一次世界大戦時、パレスチナは大変悲惨な状況となっていた。「青年トルコ」(本書第15章)の流れを汲み、エンヴェル・パシャ、タラート・パシャとともに三頭政治の一翼を担ったジェマル・パシャは、第一次世界大戦中にシリア・パレスチナ戦線で展開するオスマン軍の第四軍司令官として、パレスチナのアラブ人がイギリス側に付かないよう徹底して抑圧したのだ。とりわけパレスチナには食糧が入って来ず、非常に多くの人々が飢餓で亡くなった。戦争そのものよりも経済的側面からパレスチナの人々は窮地に追い込まれた。

このオスマン帝国の抑圧に対してとったユダヤ人の動きは特筆に値する。ユダヤ人たちは自らユダヤ軍団を結成し、イギリス、フランス側の軍にボランティア・ベースで参加したのだ。(4) 正規の連合国の軍隊ではないが、密接な協力関係を作り、連合国側の一翼として戦った。このような動きが後の評価につながる。「連合軍がパレスチナ攻略にユダヤ軍団を加えることになった」わけである。後の第二次世界大戦においてもパレスチナのユダヤ人たちは自らの軍隊を組織し、イギリス人将校オード・ウィンゲート(一九〇三—四四年)と手を携え、後のイスラエル国防軍の基礎となる「ハガナ」を作っていく。ユダヤ人たちが自らの軍隊を作り上げていく前提となったのが第一次世界大戦中のイギリスとの協力であった。

その中で有名になったのが、ウラジーミル・ジャボティンスキー（一八八〇―一九四〇年）である。現在のイスラエルの政権与党リクードの源は、ジャボティンスキーが設立した修正主義シオニストの組織である。もう一人の主要な人物が、ヨセフ・トゥルンペルドール（一八八〇―一九二〇年）である。彼は委任統治が始まってすぐの一九二〇年三月、アラブ人との戦いの中でシリア・レバノン国境に近い高台テル・ハイという、対岸にゴラン高原を臨みフーレ湖を見下ろす軍事的拠点を死守して亡くなったが、彼の活躍は、ユダヤ人の軍隊の形成において重要な役割を果たした。彼はパレスチナにおけるユダヤ人国家建設の基礎となる入植地を守った人物として、イスラエルの教科書等に取り上げられた。余談だが、彼は日露戦争の際にはロシア軍兵士として参戦し、捕虜となって日本に連れて来られたことがある。大阪の南にある高石市の浜寺捕虜収容所に収容され、解放後は一旦ロシアに戻ってからパレスチナへ向かったという。

ここで強調しておきたいのは、ユダヤ人がイギリス軍の一翼として戦ったことである。この事実がその後、意味を持ってくる。イギリスとの交渉上、力を発揮することになるのだ。

バルフォア宣言が国際的に承認されるまで

バルフォア宣言は、今は「宣言」と呼ばれているが、形式的にはイギリスの外務大臣アーサー・バルフォア（一八四八―一九三〇年）が、イギリスにおけるユダヤ人団体の長であるライオネル・ウォルター・ロスチャイルド（一八六八―一九三七年）に宛てた一九一七年一一月二日付の一通の書簡という体裁をとった［図16‐1］。この文書には、「イギリス外務省」（Foreign Office）の名称が見られ、バルフォア本人の署名はあるものの「外務大臣」という肩書きは付けられていない。イギリスの公文書であるといえるか否か、かなり微妙な扱いになってくる。国内的に有効なだけであり、国際的には何の効力もなかったが、この書簡が事実上、イギリスがユダヤ人に対してユダヤ人国家建設を約束した根拠とされていくことになる。

バルフォア宣言は、第一次世界大戦後、国際連盟で決定されたイギリスによるパレスチナ委任統治が開始される際に作成された文書の中に、この宣言の表現がそのまま組み込まれたことで、国際的に承認されていくのである。我々は単純にバルフォア宣言が出されたことによってイギリスがユダヤ人の将来の国家を約束したと考えがちであるが、実は初期の段階ではどうなるかは分からなかったのだ。言い方を変えれば、事態がイギリスに不利になる方向に変われば簡単に反故にされた可能性もあった。たまたまイギリスが戦争に勝利し、国際的にもかなり発言権が増した中で、バルフォア宣言が事実上、成立していったのだ。繰り返すと、バルフォア宣言は一九一七年時点ではまだ何ら公的意味は持っておらず、外務大臣という職に就いているアーサー・バルフォアからロスチャイルドに宛てられた単なる個人的な手紙という位置付けであったのだ。

ところが、バルフォア宣言が組み込まれた国際連盟の委任統治規約では以下のようにはっきりと述べられていた。

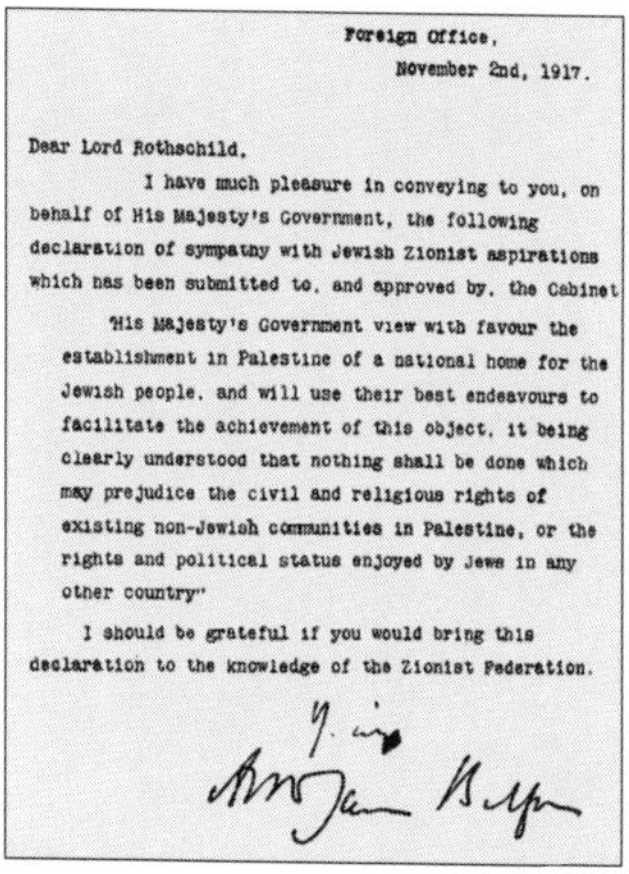
Foreign Office,
November 2nd, 1917.

Dear Lord Rothschild,

I have much pleasure in conveying to you, on behalf of His Majesty's Government, the following declaration of sympathy with Jewish Zionist aspirations which has been submitted to, and approved by, the Cabinet

"His Majesty's Government view with favour the establishment in Palestine of a national home for the Jewish people, and will use their best endeavours to facilitate the achievement of this object, it being clearly understood that nothing shall be done which may prejudice the civil and religious rights of existing non-Jewish communities in Palestine, or the rights and political status enjoyed by Jews in any other country"

I should be grateful if you would bring this declaration to the knowledge of the Zionist Federation.

図16-1　バルフォアがロスチャイルドに宛てた書簡、1917年11月2日付（バルフォア宣言）

主要連合国が、国際連盟規約第二二条の諸規定を施行するため、同連合国によって選ばれた委任統治受任国に、同連合国が画定した境界内において、以前トルコ帝国に属していたパレスチナの領域の行政を委ねることに同意した。

また主要連合国は以下の点にも合意した。すなわち、もともと一九一七年一一月二日に英国政府によってなされ、上記連合国によって承認された宣言〔=バルフォア宣言〕を実行に移す責任を委任統治受任国が負うことにも同意し、パレスチナに存在する非ユダヤ人諸コミュニティの市民的ならびに宗教的権利、もしくは他のあらゆる国においてユダヤ人が享受している諸権利と政治的地位を侵害するようなことは何ごとも行われてはならないことを明確に理解したうえで、パレスチナにおいてユダヤ人のための民族的郷土を建設することに賛成した[5]。

引用の傍線を引いた箇所が、バルフォア宣言から一字一句改められることなく組み込まれた文言である。それまでは個人間の書簡であった私的文書が、ここで初めて公的文書として国際的に承認されたのだ。この後は粛々と行政レベルにおける運営の仕方が問題とされていくのみになる。ここでユダヤ人の「民族的郷土」建設に向けて路線が引かれたことになる。

実はアメリカはこの時期非常に微妙な立場にあった。先ほど触れたように、中東はイギリス、フランスの権益が反映される場所であり、アメリカはあくまで新参者であった。当時のアメリカについて、第二次世界大戦後の米ソ冷戦時の超大国アメリカと同様に捉えると、第一次世界大戦時のアメリカの役割が見えてこない。当時のウィルソン大統領は、国際連盟設立に尽力し、実際にアメリカの考え方が国際連盟の理念に反映されていた。しかし、残念なことに、と言った方がよいだろう、アメリカ国内の上下両院議会においては、アメリカ政府が中東問題に直接関与することに対して凄まじい反対があった。いわゆるアメリカの孤立主義である。アメリカ議会は外交面において、イギリス、フランスなどのヨーロッパ列強の諸問題に関与していくことに対して非常に消極的であった。その結果、アメリカでは国際連盟には加盟しないという結論が出された。この孤立主義が第一次世界大戦後の国際政治において、アメリカの果たす役割が極めて限定的なものになった理由である。

ウィルソン大統領は、信仰の観点からバルフォア宣言、つまりユダヤ人国家建設は支持した。しかし、パレスチナにおけるアメリカの影響力はほとんどなくなり、イギリスのパレスチナ政策が前面に押し出されてくることになる。結果的には、アメリカの外交的な消極性がこの地域の混乱を助長することになる。

「チャーチル白書」が描いたパレスチナ国家の原則

当時のパレスチナは委任統治領という形で独立国ではないため、イギリスの省庁の管轄では、植民地省（Colonial Office：文書ではCOと略すのが一般的である）の担当となる（独立国は外務省が担当）。この段階ではイギリスは委任統治領パレスチナを自国の領土と見做していたわけである。一九二〇年七月、委任統治はそれまで軍人がトップであった軍政から、植民地省の管轄、つまり民政となった。そしてパレスチナ委任統治は二二年七月、国際連盟で正式に承認された。その植民地省の方針について、同年六月、当時植民地大臣であったウィンストン・チャーチル（一八七四－一九六五年）が明らかにしたのが「チャーチル白書」である。

なお、委任統治領の行政トップには、イギリスから派遣される役人である高等弁務官（High Commissioner）が就いた。パレスチナ委任統治の最初の高等弁務官はハーバード・サミュエル卿（一八七〇―一九六三年）[6]である。彼はユダヤ系イギリス人で、大変著名なシオニストである。つまりイギリス政府は、ユダヤ人国家建設を目指すユダヤ人をパレスチナのトップに据えたのである。サミュエルは一九二〇年七月からパレスチナ高等弁務官を約五年間務め、バルフォア宣言に基づくユダヤ人の「民族的郷土」の建設のための礎を築く。

さて、「チャーチル白書」の主要原則は以下のようなものであった。

1　イギリス政府は一九一七年一一月のバルフォア宣言を確認する。同宣言は変更不可能である。

2　ユダヤ人の民族的郷土がパレスチナに建設される。ユダヤ民族は同情ではなく当然の権利としてパレスチナに存在することになる。しかしながら、イングランドがイングランド人のものであるのと同じようにパレスチナがユダヤ人のものとなるべきである、というような目論見は、国王陛下の政府は抱いていない。

3　同様に、イギリス政府は、アラブの住民、言語もしくは文化の消滅や従属化を企図してはいない。

4　パレスチナの全市民の身分はパレスチナ国籍となる。住民のいかなるグループも、法律的に言って他の身分を持つことはない。

5　国王陛下の政府は、パレスチナにおける十全な自治の確立を促進しようと意図したのであり、次の一歩として、選挙で選ばれた議員が多数を占める立法評議会がただちに立ち上げられねばならない。

6　シオニスト執行部は、その特別な地位によっても、この国の行政に、いかなる程度であれ、参与する資格を持たない。

7　新たに到着した人々を吸収するため、移民はその時点でのパレスチナの経済的能力を上回ることはできない。

8　選出された立法評議会議員からなる委員会は移民の規制に関する事柄について、行政当局と協議を行う。

9　委任統治の条件が満たされていないと主張する宗教的コミュニティや相当規模の住民は、何者であれ、国際連盟に訴える権利を持つ。(7)

原則1で、バルフォア宣言は「変更不可能」とあるが、すでに触れたとおり、イギリスは一九三九年に白書を発表することで、宣言を事実上反故にすることになる。原則2と原則3は、微妙な回りくどい表現だが、パレスチナはユダヤ人の国民国家であるかのようにすべてユダヤ人に任せたわけではない、なぜならばアラブ人がいるからだ、と述べている。だが、かと言ってアラブ人の国でもない、という内容である。これにより、原則4にあるように、地球上に「パレスチナ」という国家が成立し、そこに住むのはパレスチナ市民であるとしたのである。誤解を避けるために言うと、第二次世界大戦後に、PLO（パレスチナ解放機構）が、解放されるべき領域としてのパレスチナの奪還を目指して活動する際に掲げた「パレスチナ」の内容とはまったく異なるパレスチナである。この白書における「パレスチナ」は、イギリスが委任統治する国家であり、このパレスチナ国家にはアラブ市民とユダヤ市民がいるという構成になっている。イギリスが統治を始めるのは一九二〇年だが、二〇～四八年までの間の二八年間においては、要するにアラブ人とユダヤ人によって構成される「パレスチナ」という国家が存在したと考えればいい。

したがってこのパレスチナに住む人々は、イギリス政府が発行したパレスチナ旅券を持ち、パレスチナという市民権を持っていた。この期間は非常に特殊な形であったわけである。「パレスチナ人」(Palestinian)という法的身分がここで登場したからである。パレスチナに住む人々はすべてパレスチナ人である、ということである。この理念は結果的に破綻することになる。パレスチナのパスポートを有し世界中を移動できることは大変な成果に見えるが、実際にその土地にはアラブ人とユダヤ人の市民がおり、この二つの民族的な勢力は常に対立していたのだ。パレスチナ委任統治領に住むパレスチナ・ユダヤ人(Palestinian Jews)やパレスチナ・アラブ人(Palestinian Arabs)という二つの用語は法律的な意味でごく普通に使用されたのである。

原則5にあるように、住民に選ばれた「立法評議会」、要するに三権分立に基づく議会が設立され、その結果、真の意味でのパレスチナ政府が成立する、という段取りであった。しかし、結論を先に述べておくと、立法評議会は出来なかった。ユダヤ人と共に議会を作ることに対して、圧倒的な多数派を占めるアラブ人が反対したからである。これはあくまで一九二二年の段階のことであり、ユダヤ人人口比率も一〇%を切っている時期であった。アラブ人にしてみれば、「この土地は我々のものである。ユダヤ人は人口的にも圧倒的に少数だ」という認識であり、議会設立など承服しかねることであった。そのような前提があるので、「チャーチル白書」は文書としては立派だったが現実的に実施するには難しい話であった。

原則6で、イギリス政府は、シオニスト・ユダヤ人に肩入れしているわけではない、あくまでも立法評議会という構成をとる、と再び宣言している。実際のところ、シオニスト執行部は国際的なユダヤ人運動として展開しており、パレスチナの現場にも実際に動ける人たちが数多くいた。パレスチナにおいて、その状態そのままを認めるわけではないとイギリス政府はクギを指しているのである。イギリス政府の両民族間の巧妙なバランス政策が見て取れる。アラブ人を立てつつ、ユダヤ人をも立て、なおかつ「どちらにも一方的に肩入れしない」という一見中立の姿勢である。しかし、パレスチナ委任統治は現実にはユダヤ人国家の設立を目指したものだった。

原則7は一般的には「経済的吸収能力」と表現する。要するにパレスチナという土地がどのくらいのユダヤ人移民による人口を収容できるかという尺度の算定である。あまりに多数のユダヤ人が新しく移民してくると、職がなく失業者が出るため、パレスチナの経済が労働力として受け容れることができる程度に見合う人口を保つべく、ユダヤ人移民の数を半年ごとに決定するということである。

原則8は、立法評議会の議員、つまり国会議員の役割を述べている。行政当局、つまりイギリスと協議を行なうと規定されている。

原則9は、実は後に問題を引き起こすことになる。なかなか立派な規定に見えるが、アラブ人たちの事実上の排除につながっていった条項なのである。「宗教的コミュニティ」とは、事実上、アラブ人のことを指している。アラブ人たちには、「イギリスの委任統治政策は元からこの地に住んでいた自分たちの意思を反映していない」という不満があった。それに対処するため、イギリス政府は、「あなた方は宗教的コミュニティとして保証されている。不満があれば委任統治という枠を決めたジュネーヴの国際連盟本部へ訴える権利がある」と述べているのである。実際にアラブ人たちは提訴するが、ジュネーヴではまともに取り上げない。国際連盟からイギリス政府に対し、「パレスチナの委任統治政策を変更すべし」という提言は一切されていない。その間にイギリスは自身にとって都合の良い統治システムを着々と作り上げていった。

このように文書で見るとなかなか立派な規定が書かれてはいるが、現実の事態にはまったくそぐわず、結果的に破綻するのである。

先ほどの原則7のとおり、イギリスによりパレスチナの経済的吸収能力に基づいて移民の数が決められることになったが、一九二〇年代はほとんど移民が進まなかったのが実情である。ユダヤ人たちがヨーロッパからやって来たが、受け容れ態勢が充分ではなく失業率も高かったことで多くがパレスチナから出て行ってしまった。一九二〇年代初頭にはパレスチナに入ってくる人よりも出て行く人の方が多くなり、委任統治自体が機能しなくなったほどである。

しかし、一九二九年、アメリカに端を発する世界恐慌以降、事態が大きく変わっていく。恐慌がヨーロッパにも波及し、ヨーロッパのユダヤ人たちも経済的に困窮した。そうなると「パレスチナの方がまだいい」という判断で、少しずつ移民が増えていった。結果的に世界恐慌がユダヤ人たちのパレスチナへの移民を促進したのだ。

嘆きの壁事件——緊張感高まる一九二〇年代

以上見てきたように、委任統治政策ではアラブ人とユダヤ人のバランスの上にイギリスが乗っかる形になっていたが、ユダヤ人は人口としては圧倒的に少数であるにもかかわらずアラブ人と対等に扱われるという規定にアラブ人側から不満が出るのは当然である。一九二〇年代を通じその緊張感が高まっていく。そして宗教に関わる問題が発火点となってアラブ人の反乱が起こった。一九二〇年のパレスチナ・アラブ人の蜂起に始まるパレスチナにおけるアラブ人とユダヤ人の対立は、現在に至るまで同じパターンを繰り返す。イギリス統治から約一〇年の初期段階で起こった有名な衝突が一九二九年の「嘆きの壁事件」(ブラーク反乱)である。

アラブ人たちは「嘆きの壁」を「ブラーク」と呼んでいた。預言者ムハンマドの言行録『ハディース』に、預言者が夢の中で白い馬に乗りエルサレムまで旅をし、そして天に昇って行った、という話がある(ダンテ『神曲』の元になった話で、「夜の旅」と呼ばれる)。その白い天馬の名を「ブラーク」といった。ムハンマドは夢の中でエルサレムにやって来ると、今のアル＝アクサー・モスクの地点に降りた。岩のドームの方に少し歩くと左に壁があり、その壁にブラークという天馬をつないだ。この話に従ってイスラーム教徒は「嘆きの壁」を「ブラーク」と呼ぶわけである。

「嘆きの壁」は、当時はユダヤ教徒の礼拝のために壁の前の二、三メートルくらいの狭い場所があったが、その壁の前にはアラブ人の家屋が密集して建てられていた。一九六七年の第三次中東戦争でイスラエル軍がこの地域を占領した後、イスラエル政府がアラブ人の住居を破壊し、現在の広場が作られたのである。この地区は元々モロッコからやって来た人々が住んでおり、マガーリバ地区と呼ばれていた。「マガーリバ」とはマグリブ(モロッコ)の複数形である。嘆きの壁のある地帯は、すべてワクフ(イスラームにおける宗教的な寄進地）に設定されていた。イスラーム法に則った共有財産であったのである。

一方、ヨーロッパから来たユダヤ教徒たちは、礼拝時には男女を分けるという習慣を持っていた。そのため、嘆きの壁の前に衝立を設置した。今でも嘆きの壁の前は男女の礼拝場所に分けられている。しかし、この場所で長い期間にわたって礼拝してきたのは、一四九二年にイベリア半島からやってきたスファラディームたちで、彼らには、嘆きの壁の前では男女を衝立で分けるような伝統はなかった。聖地では宗教的な伝統を遵守して、宗教的な原状を変更することは禁じられていた。そのためヨーロッパからやってきたユダヤ教徒たちとの習慣の違いが問題となった。ヨーロッパから来た人々は衝立だけではなく、長時間お祈りをするためにベンチまで設置したのだ。

宗教問題は、些細な事から大きな問題に発展するケースが多い。この地をかつて支配したオスマン帝国も、宗教施設における元々の状態を変えることによって問題が起こることを恐れ、一貫して一切変更は認めないという姿勢をとっていた。どのような要求があっても原状の維持を通していたのだ。そういった過去の慣例からも、ユダヤ教徒たちがどんどんヨーロッパからやって来て、男女を分ける習慣を持つので衝立を置きたいと要望したが、拒絶されていた。繰り返される設置、撤去というやり取りを見ていたアラブ人たちに不満が積もっていく。対してユダヤ人側は、そのような時は必ず政治的に過激なシオニスト修正主義者が出てくる。この時も代表的な修正主義シオニスト、ジャボティンスキーの支持者たちが出てきて暴力に至った。そこから衝突が起こりパレスチナの各地にどんどんと拡大し一九二九年の反乱へとつながっていった。宗教問題がきっかけで大きな事件へと発展した初期の事例である。

様々なやりとりの中で双方に不満が募っていき、些細な事から暴動に発展した。この構図は現在のパレスチナでもまったく変わっていない。当時パレスチナに進駐しているイギリスの軍隊は少なく、また警察では抑えることができなかった。パレスチナにおける警官はインド人がほとんどで、現地にまったく関係のないインド人が鎮圧してもかえって反発を生むだけであった。いずれにせよ、この暴動を鎮圧するため、イギリスはエジプトとマルタから軍隊を投入した。

一九二九年のパレスチナの暴動の調査のために、ショー委員会が派遣された。イギリスは、植民地で何か問題が起こると必ず調査団を派遣し、調査報告書を作成する。それに基づいて新しい政策を提言させるというやり方をとっていた。イギリスはパレスチナだけではなく、インド、ビルマ（現在のミャンマー）等のイギリス植民地でも同様の政策をとっている。

一九三〇年には、経済問題に関しホープ＝シンプソン調査団が送られ、新しい提言がなされる。ホープ＝シンプソン報告は、パレスチナ経済を知るために非常に良い資料で、よく歴史研究で利用される文書である。

ここで問題にされたのは土地問題である。ユダヤ人がどんどん不在地主から土地を購入し、そこに住んでいたアラブ人たちが追い出されるという問題が大きくなっていた。テクニカルな話であるが、ユダヤ人国家を作るためには当然のことながらユダヤ人が土地を所有しなければならない。ユダヤ人が金を支払ってレバノンなどパレスチナ以外に住むアラブ人の大地主から土地を購入した後、そこにいた小作人たちは追い出される結果となり、当然軋轢を生み出す。単にユダヤ人が買い漁ったというだけではなく、その結果追い出されたアラブ人たちが都市へ流入し、都市周辺に貧困地区がどんどん広がるという問題も発生した。都市が反乱の場所となっていくという悪循環が出来し始めたのがこの時期なのである。一九三〇年代はこのような事件が頻発していく。

後に述べるとおり、一九三六年にもアラブ人の反乱が起き、その際もイギリスは調査団を派遣したが、このままユダヤ人国家の建設を前提としながらアラブ人とユダヤ人が共に住むという政治的な枠組みはもはや維持するのは無理だと結論付けられた。そして、一九三七年の時点で、アラブ人国家とユダヤ人国家に分けるという提言がなされる。イギリスはついに困難な現状を認めざるを得なくなり、二つの国家に分けるという方向に進む。これが王立調査団報告（ピール報告）の結論である。

しかしアラブ人が反乱に至るには紆余曲折があった。ユダヤ人の中の修正主義シオニストたちは、労働党を中心とするグループに対し、イギリスへの妥協ばかりだと不満を爆発させた。イギリス委任統治政府に対してどのような態度を取るべきかについて、労働党系シオニストと修正主義シオニストたちの間で論争が起こり、結果的に修正主義シオニストたちが分離し別の組織を作ることになる。

〔……〕ユダヤ人内部の分裂は避けることができなった。ハガナ〔シオニストの軍事組織〕のうち軍事強化に成功したグループは、修正主義シオニスト右派組織のベタールにより政治的に指導されていた。ベタールはウラジミール・ジャボティンスキーの影響下、ラトヴィアのリガで一九二三年に結成された政治組織である。

〔……〕一九二九年にベタールがヒスタドルートを脱退して以来、イシューヴの政治はダヴィド・ベングリオンに指導されるヒスタドルート－ハガナとジャボティンスキー指導下の右翼のシオニズム修正主義運動に分裂したのであった。(8)

その後、このユダヤ人同士の対立は激しさを増して、指導者の暗殺等も行なわれるまでになる。これはユダヤ人内部の対立であり、後にイスラエル建国の際に一致団結できるかという問題につながった。イスラエル建国の際、初代首相ベン＝グリオンは修正主義シオニストから武器をすべて没収しなんとか収まったが、それまではずっと衝突をしており、この時期が一番のピークであった。

ハアヴァラ計画――ナチスとシオニストの協力

一九三三年一月のナチス・ドイツ成立は、ユダヤ人にとっては大転換点となる。一九二〇年代から明らかなことだが、ナチスがユダヤ人を排斥するのは目に見えていた。しかし、意外に思うかもしれないが、この時期にナチス政権とシオニストの協力が行なわれたのだ(9)。

ナチスが政権をとった当時、世界恐慌はまだ続いていた。貿易がうまく行かず各国は保護主義をとってブロック経済化していた。そこでナチスは、ドイツ経済を立て直すためのカードとしてユダヤ人を標的にした。ユダヤ人たちは出国したいのであれば、財産を置いて行け、という政策である。しかしそれではあまりにも露骨なので、ユダヤ人が移民をする際、彼らの財産でドイツ製品を購入させ、その製品をパレスチナに輸出するというやり方でドイツの利益になるように還元したのだ。ナチス・ドイツはそれにより貿易赤字を少しでも減らしたいと考え、シオニストと手を結ぶことになったのである。

製品は主に農機具であった。ユダヤ人としても、パレスチナでこれから農業生産を上げていくために農機具は必要であり、双方にとって利益となる取り決めであった。形式上は、ナチス・ドイツにとっては貿易黒字になるが、ユダヤ人にとっても財産をモノのかたちで輸出できるというプラスになる話であった。

一九三三年から始まった、このようなナチス政権とシオニストの協力は「ハアヴァラ計画」と呼ばれた。「ハアヴァラ」とは「移送」(transfer)という意味のヘブライ語である。実はこの計画は秘密裏に行なわれて公にはされなかった。ユダヤ人がナチスにより迫害を受け始めていた時期、このような協力関係は当然非難されるべき行為で、上層部の指導者たちのみが知っていた計画である。ユダヤ人シオニストの間では「ハアヴァラ計画」に関しては全員一致ではなかった。[10]

このことは、世界恐慌の後、保護貿易が世界中に広がり世界全体で貿易が縮小していく中、ドイツの最大の貿易国がパレスチナとなるという皮肉な結果となった。ドイツがユダヤ人の財産を輸出することによって、パレスチナとドイツ間の貿易額が増加した。一九三〇年代において、このハアヴァラ計画を通してドイツ系ユダヤ人とその財産がパレスチナに送られてきたことで、将来のユダヤ人国家の国民経済の基礎が出来たと言われているほど大量の資本がパレスチナに流れ込んだ。

「チャーチル白書」に関して述べたとおりイギリスは、パレスチナの経済開発において労働力超過にならないようにユダヤ人移民の数を制限していた。ただし、財産を一万パレスチナ・ポンド以上持つ者は「資本家」として数が制限されずに移民が認められたため、そのような人々は無条件で入ってきた。一九二〇年代初頭は、数多くの移民の流入によりただでさえ狭い労働市場のため失業者が増えたが、この一九三〇年代の時期はお金を持っているドイツ系ユダヤ人を受け容れた。その結果、投資が進み農場や工場が増え、そこが労働力を吸収していくパターンが作られた。都市化が始まった段階でもある。新しく移民してきた人が農村へは向かわず都市に住み始めるのもこの時期の特徴である。今のテル・アヴィヴやハイファのような街が急激に拡大していった。

シオニズム運動は農業に基づく自己労働を国家の礎としたかったが、皮肉なことにナチス・ドイツ成立以降は都市人口が急激に増大し、中間層が増えていった。都市生活者が急増していくことにより、イスラエルの経済の在り方は、シオニスト指導者たちが考えていたキブーツなどの集団農場の発展という方向には向かわなかったという皮肉な結果になった。特に都市住民は労働党ではなく、ジャボティンスキーを指導者とする修正主義者たちを支持することが多かった。この頃に労働党と修正主義者、現在でいうとイスラエル労働党とリクード党の対立の原型が出来上がったのである。

アラブの反乱とピール報告——一九三〇年代の混乱

ハアヴァラ計画に従ってドイツ系ユダヤ人を中心にユダヤ人が次々とパレスチナに移民してきたことで、当然のことながら、アラブ人たちは自分たちがマイノリティになるという危機感を募らせた。[11] ユダヤ人の大量移民に対する対抗処置として武力闘争を激化させていく者は必ず増えていく。そうしたアラブ人ムスリムの反乱の代表が、シャイフ・イッズッディーン・アル＝カッサーム（一八八一—一九三五年）である。現在のハマースがガザからイスラエルに撃ち込んでいるミサイルを「カッサーム・ロケット」と名づけているが、この人物から名をとっている。「カッサーム団」というハマース内の過激なグループ名も同様である。カッサームはシリア人であるが、パレスチナにやって来てパレスチナのために戦った。一九三五年に亡くなると、それ以降は殉教者を意味する「シャヒード」と呼ばれ、パレスチナ解放の英雄として崇められるようになった。ハマースも、イスラーム的文脈でカッサームを顕彰し、今も彼の名を積極的に使っているのだ。現代的に言えば、ユダヤ人から見るとテロリスト、パレスチナ人から見るとまさに殉教者である。

カッサームのような反乱の動きに対し、パレスチナ人社会全体の指導者であるハーッジ・アミーン・アル＝フサイニー（一八九三―一九七四年）はパレスチナ人の不満を抑えようとするが失敗し、結果的に一九三六年春にハーッジ・アミーンを委員長とするアラブ高等委員会が結成され、ゼネラル・ストライキが宣言される。パレスチナに住むアラブ人はイギリス政府には一切協力しないという意思表示でゼネストを行なったのである。商店はすべて閉店、公務員の職場放棄等を決め、パレスチナ委任統治における経済が麻痺することを意図してストライキを行なったが、結果的には逆効果であった。というのは、新しくやってきたユダヤ人移民が委任統治政府の公共部門の空いたポストに入ってしまったからである。パレスチナ経済は少しも機能不全に陥らず、アラブ人はかえって自分たちの職場がユダヤ人に奪われる結果となった。ユダヤ人の労働力代替策でこのストライキが意味をなさなくなったことがこのアラブ大反乱失敗の一番大きな原因である(12)。

アラブ人たちはアラブ高等委員会という全国組織を作ってゼネストを決行したが、その指導者に祭り上げられたのが、ハーッジ・アミーンであった。彼はイギリス委任統治政府とは以前から協力関係にあった。行政レベルにおいて設立されたアラブ執行委員会がイギリスに対する協力をずっとボイコットしていたため、アラブ人の側からはイギリスとの協力関係がまったくなかったが、宗教に関わる公的組織だけは機能していた。ハーッジ・アミーンがトップであるイスラーム最高評議会が、イスラームの運営する諸事項に関して責任を負っていた。ワクフ（寄進財産）の管理やイスラーム法に基づく裁判等は、このイスラーム最高評議会が権限を握っていた。つまり、普通の政治レベルにおける動きが止まった段階で、イスラーム関係の職場だけが動いていたということである。

パレスチナのアラブ人たちの政治運動はイスラーム的な方向に流れ始めたのである。イギリス委任統治政府と交渉をするのがハーッジ・アミーンなどの宗教的なトップクラスということで、パレスチナの政治がイスラームの方向にどんどん向かい始めることになった。ハーッジ・アミーンは、意図的にその方向に持っていった。結果として、アラブ大反乱もそのようなイスラームという文脈において起きてくることになる。

イギリスは一九三六年四月に起こったアラブの大規模な反乱に対して、ウィリアム・ピール卿を団長とした調査団を派遣した。調査団は現地で聴き取り調査を行ない、報告書を提出した。この報告書に基づき現地の植民地政府（パレスチナの場合はパレスチナ委任統治政府）が、新たな政策を白書という形で提示した。このピール報告は翌年の一九三七年に公表されるが、大きな政策転換をもたらすことになる。それまでイギリス委任統治という形でパレスチナを統治していたが、その原則を抜本的に変えることになったのだ。それまではアラブ人とユダヤ人双方が「パレスチナ人」として一緒にパレスチナに住むことを前提として統治されていた。しかし、それに対するアラブ人の反乱が何度も起こるため、この段階で初めてイギリスは、パレスチナはアラブ人とユダヤ人が一緒に暮らすことは不可能だと判断を下したのだ。ピール報告により、ユダヤ人国家、アラブ人国家、国際管理地に分けるというパレスチナ分割の提案がなされた。

しかしこの報告が公表されたのは、一九三七年七月、日本が満州国から中国に侵略していった日中戦争の勃発（盧溝橋事件）と同日であった。東アジアにおける日本の急激な動きは、イギリス側としては予想していなかった事態だった。ピール報告は、東アジアで戦争が起こることを前提とした報告書ではなかったのである。イギリスは中国にも権益を多く有していたので、中国に日本が侵略して来ること自体も大変な問題だが、さらにこれからの可能性として日本軍による東南アジアへの侵略を想定せざるを得なくなった。この東アジア・東南アジアにおける日本軍の動きが、ピール報告のその後に対して多大な影響を及ぼすことになる。

分割案については、シオニスト側は部分的にでもユダヤ人国家が約束されたので受け容れる姿勢であったが、当然アラブ人側は非常に厳しい反発を示し、反乱を起こす。イギリスはパレスチナに軍隊を派遣せざるを得なくなったが、アジアにおける日本の動きがあるので、できるだけ早くパレスチナの混乱した状況を抑えなければならない。とりわけインド兵の扱いが問題になった。イギリスは、パレスチナで揉め事が起こるとインドから軍隊を連れてきて抑えるというやり方をとっていたが、日本が中国を侵略し、早晩東南アジアに向けて動き出すことになると予想され、そこから動員ができなくなる。シンガポールやマレー半島の守備にもインドからの兵隊が必要になるからだ。

そのような状況下、アラブ側に大きな動きがあった。アラブ反乱は、最初はユダヤ人に対する攻撃として行なわれていたが、それが次第にイギリスに向かい始め、ルイス・アンドリューというイギリス人のガリラヤ地域副弁務官、要するに行政官が殺されるという事件が起こる。イギリス側は、アラブ人を指導していると見做していたハーッジ・アミーンが責任を負っていると判断した。イギリスは、イスラーム最高評議会の責任者である大ムフティーにハーッジ・アミーンを指名していた。この職は宗教的な公職である。彼は同時にアラブの政治家たちが作ったアラブ高等委員会の委員長も務めていた。結果的にイギリスが任命した人物が反乱を指導したことになる。反乱が起こりイギリスの行政官が殺害された責任は回避できないということで、ハーッジ・アミーンに対して逮捕状が出された。

ハーッジ・アミーンとしては、イギリスとそれなりに良好な関係を保ちながらアラブ人たちの反乱も抑えて行こうと調停に努めていたが、それもできなくなるほどにアラブ人の反乱が激しくなっていた。最終的に彼が選んだのはパレスチナを離れることだった。この亡命の判断が、その後のハーッジ・アミーンに対する批判も含め、様々な問題につながっていく。つまりパレスチナにアラブ人側の事実上の指導者が居なくなるわけで、その結果パレスチナのアラブ人はばらばらの状態に陥った。これはパレスチナ民族運動の指導という観点から大変な汚点となった。それまでは上からの指令でストライキを行なう等、それなりに組織化されていたパレスチナの反乱は、それ以降はそれぞれの地域の指導者による独自判断で武装闘争に動き出すようになる。なおかつハーッジ・アミーンは、敵の敵は味方ということで、イギリスと対立するナチス政権下のドイツへ向かった。こういった文脈の中、イギリス自身も方針を変えていく。

なお、このアラブの反乱の時期、先述のとおり、イギリス軍将校オード・ウィンゲートがユダヤ人の地下組織ハガナ（その後、イスラエル国防軍に発展していく、イスラエルの労働党のメンバーが組織する武装組織）を指導した。彼の高度な訓練によりハガナは、実戦に関しては相当に高い技術を獲得することができた。そのため、彼は現在でもイスラエルで大変人気がある。また、日本との関連では、日本軍が一九四四年、英領インドを侵攻するためにインパール作戦を行なった際、インド側を指揮していた指導者の一人がウィンゲートであった。

さて、このような状況の中、分割案を実際に実施するためにウッドヘッド調査団が派遣された。具体的にどのようにしたら上手くパレスチナを二分できるのか、テクニカルなレベルの調査を目的としていた。この調査に基づきウッドヘッド報告が出されるが、この調査団が派遣された時点から、この調査は結論ありきであった。「分割はできない」という結論をもたらすための調査団であったわけである。

結果的に分割案は放棄されるが、その政策転換を周知するため、一九三九年二―三月、イギリスはわざわざパレスチナのアラブ人とユダヤ人の代表を呼び寄せて会議を開催する。これはセント・ジェイムス（ロンドン円卓）会議と呼ばれる。これも「パレスチナに関しては分割しない方向で進める」という結論ありきの会議であった。イギリスはこの会議を通じ一八〇度政策を変えていくという決断を表明することになる。

一九三九年九月に第二次世界大戦が始まるが、その半年前にこの会議が開催された時点で、もはや戦争は不可避だという判断が出ていた。イギリスは、パレスチナにおいて問題が再び起きないようにするために何が必要か考えた。そして、アラブ諸国を立てて味方に引き入れるという結論に至る。アラブ諸国側に対して甘い言葉を与えればアラブ人を抑えることができる、アラブ諸国の諸政府が抑えてくれるので、アラブの民衆も反英の反乱を起こさなくなるだろう、という方針に切り替えたのである。

イギリスのこの判断はドイツ情勢を見てのことでもある。この頃から、ナチス・ドイツが何をユダヤ人に対して行おうとしているか、明らかになってきていた。まだホロコーストの事態には至っていなかったが、ナチス・ドイツが露骨な形でユダヤ人迫害をしていることはよく知られていた。イギリスは、ユダヤ人は放っておいても敵となるドイツに絶対に付くことはないという判断の下、ユダヤ人を切り捨てたわけである。このセント・ジェイムス会議からパレスチナ白書が出される一九三九年五月までの短期間で、イギリスは凄まじい政策転換を行なったのである[13]。

セント・ジェイムス会議には、イギリスはアラブ諸国からエジプト、サウジアラビア、イラク、イエメン、トランスヨルダンの五ケ国も招いていた。パレスチナ代表であったハーッジ・アミーンがパレスチナを離れ、ナチス・ドイツに亡命したので、パレスチナ内のアラブ人を相手にしても仕方ないという判断からである。パレスチナのユダヤ人代表とアラブ人代表がただ会って話し合っても解決しないだろう、だからより広いパン・アラブ的な枠で考えるためアラブ諸国も招き、その上で解決のための新しい枠組みを作ろうということだ。このことが第二次世界大戦後に、アラブ・イスラエル紛争（中東戦争）というアラブ諸国とイスラエルの対立を作り出す契機となる。第二次世界大戦前の段階で、イギリスはアラブ諸国がパレスチナ問題に関わるお膳立てをしてしまったのである。イスラエル建国後、アラブ諸国の軍隊がパレスチナに入り第一次中東戦争が起こるが、その前提が作られたのがこのセント・ジェイムス会議だった。

よく考えると、パレスチナ問題にアラブ諸国が首を突っ込むのは不自然な話なのだが、イギリスによるパレスチナ問題の解決をアラブ諸国を巻き込んで模索するという大きな枠内で考えていくという方針転換がこの時点で行なわれたからである。これによりパレスチナ問題は、パレスチナに住んでいるアラブ人だけの問題ではなく、アラブ諸国の政府の問題としても提示された。イギリスが紛争の舞台を作り上げたのだ。世界史の教科書だけを読んでいても、バルフォア宣言が出されパレスチナにユダヤ人国家建設が約束されたのに、何故アラブ諸国も参入する戦争につながったのか、判然としないだろう。

パレスチナ白書という転換点

セント・ジェイムス会議に基づき、イギリスはパレスチナについて新しい政策を発表する。この一九三九年五月のパレスチナ白書（当時の植民地大臣はマルコム・マクドナルドであったため「マクドナルド白書」とも呼ばれる）の内容は、一言で言えば、バルフォア宣言に基づくパレスチナ政策の事実上の破棄である。

コンシャーボクとアラミーによれば、白書では「パレスチナ分割とユダヤ人国家建設は論外だとされた。しかし白書では、一〇年以内にパレスチナ国家は建設され、その五年後にはユダヤ人移民はパレスチナ・アラブ人の合意なしには許可されなくなると定められた」[14]。パレスチナ国家を作るが、事実上のイニシアティブはユダヤ人ではなくアラブ人にある、ということである。ユダヤ人移民は行なわれるが、アラブ人の合意なしにはできないと述べている。これは事実上「ユダヤ人国家はできない」と言っているのと同じである。このように美辞麗句を用いて表現しているが、イギリスはもはやユダヤ人国家を作るつもりはまったくない、と言い切ったのと同じ政治的効果がパレスチナ白書にはあった。

日本の世界史の教科書は、バルフォア宣言、それに基づく委任統治に触れた後、そのまま一九四八年のイスラエル建国までその記述が飛んでしまう。一九三九年、つまり第二次世界大戦が始まる直前に、イギリスがバルフォア宣言を事実上放棄したことには一切触れない。しかし、これは非常に重要な点である。だからこそイギリスは、一九四八年にイスラエルが建国されて以降も、ほぼ何もしていないことを思い出すべきだろう。戦後にできた国際連合の場でパレスチナ分割案が再び議論されるが、その時もイギリスは採決を放棄している。イギリスは完全に第三者のごとき態度を取りながら、国際社会に解決を丸投げした。

このようなイギリスのパレスチナ政策転換の状況の中、一九三九年九月に第二次世界大戦が勃発する。

第17章　両大戦間期の中東（2）——イラク

はじめに——イラクのユダヤ人

本章では、イラクのユダヤ人を取り上げる。現在イラクにはユダヤ人はほとんど住んではいない。ほぼすべてのユダヤ人が一九五〇—五一年の間に、イラク政府から財産を没収され、そして国外追放の憂目に遭い、イラン経由でイスラエルに移民せざるを得なかったからである。この追放措置により事実上、イラクのユダヤ人共同体は消滅したと言っていい(1)。

イラクのユダヤ人といえば、現在の我々が想起するのは「バビロン捕囚」であろう。改めて確認しておこう。古代の紀元前五九七年にユダヤ人たちは新バビロニア王国のネブカドネザル二世によってパレスチナからバビロン、つまり現在のイラクへと捕囚された。彼らはアケメネス朝ペルシアの国王キュロス二世によって約六〇年後の前五三八年に再びパレスチナへ戻ることができた。しかし、すべてのユダヤ人がパレスチナに戻ったわけではなく、そのままバグダードを中心とする都市に残った者も多かった。ユダヤ史では、イスラームが勃興する七世紀以前の三、四世紀くらいは、いわゆる「ガオーンの時代」（ユダヤ教指導者の呼称は当時「ガオーン」であった）と呼ばれている。イスラーム勃興以前の現在のイラク（メソポタミア）

の領域ではユダヤ人コミュニティは大変繁栄していたという。イラク系ユダヤ人たち自身は、メソポタミアという呼び方もイラクという呼び方もいずれもせず、「バベルの塔」で知られているように、ヘブライ語的に「バベル」あるいは「バビロン」と呼ぶのが一般的である。このようにイスラーム以前からバグダードを中心とした地域にユダヤ人が存在していたことは間違いない。

イスラームの時代になって以降も、バグダード出身のユダヤ人は商人として活躍し、かなり広い範囲で交易を行なっていた。ユダヤ人は、インド洋交易にも深く関わっており、とりわけ近代以降にヨーロッパ、なかでもイギリスの貿易ネットワークに乗って巨大の富を築いた。東インド会社の専売制が廃止されると、イラク系ユダヤ人の貿易商が次々とインド洋貿易に参入していったのだ。

特に、第12章でも触れたサスーン家は「東洋のロスチャイルド」と言われるほどの繁栄を誇った。サスーン家が繁栄するきっかけを作ったのが、デイヴィッド・サスーン[2]（一七九二―一八六四年）である。英語風の「デイヴィッド」（ヘブライ語ではダヴィド）という名からもイギリス国籍を持っていることが分かる。彼はバグダード出身で、バグダードを支配していたダーウード・バーシャー（治世一八一六―三〇年）という支配者による迫害があったため、一九世紀初頭にボンベイ（現ムンバイ）に移住して商会を設立、大儲けをする。特にアヘン貿易で巨万の富を築いた。そしてデイヴィッドは一八五三年にイギリス国籍を取得する。サスーン家もそうだが、バグダード出身のユダヤ人商人の多くがイギリス国籍を取得したのである。サスーン家はインド洋を越えて、さらにネットワークを広げていき、シンガポール、香港、上海にまでその拠点を築いていった。

一八六一年にアメリカで南北戦争が始まりアメリカの綿花輸出が一時期止まると、毛足の長いエジプト綿の輸出が伸びたのは有名な話ではあるが、デイヴィッド・サスーンもインド綿をイギリスのランカシャーの工場群に供給し続けた。つまり一九世紀におけるイギリスの綿産業の発展を支える役割を果したのだ。

このようにデイヴィッド・サスーンの活躍は大変なものがあったが、同時にユダヤ人商人たちの一般的傾向だが、現地のユダヤ人コミュニティにも貢献した。商売で儲けると還元するわけである。病院やシナゴーグ、学校を建設する慈善事業も積極的に行なった。

私も一〇年ほど前に訪れたことがあるが、インドのムンバイにあるサスーン図書館は老朽化が激しく、修復されていない状況だったが博物館として残されていた。また神戸にあるサスーン・ハウス（サッスーン邸）は所有者が変わっても現役のままであり、上海のバンドと呼ばれる黄浦江に沿った地域にあるサスーン・ハウスは現在ホテル（和平飯店）になっている。サスーン家はアヘンで富をなしてそのネットワークを東アジア全体に広げた。日本にとっても無縁の人物ではないのである。

なお、イスラーム世界におけるユダヤ教徒は一般的に商人が多かったが、同時に宮廷などに仕える楽士も多く輩出した。バグダードのユダヤ教徒は、楽団として、アラブ世界、より広くはイスラーム世界では大変有名な存在であった。彼らはタルブーシュと呼ばれるアラブ帽（トルコ帽）を被り、言語もアラビア語を話していたので、イスラーム教徒と外見上は区別がつかなかった。

イラクのユダヤ教徒は大変長い歴史を持つと同時に、イスラーム文明の最盛期であるアッバース朝の首都バグダードに住んでいたこともあり、イスラーム世界において大活躍したことでよく知られている集団である。それが、どのようにイラクから追い出され、最終的にイスラエルへ移民することになったのか。

中東のユダヤ人人口

イラクにおけるユダヤ人は、先ほども述べたが商人が中心であった。第一次世界大戦前はイラクという国はなく、現在のイラクはオスマン帝国領としてモースル州、バグダード州、バスラ州から構成されていた。第一次世界大戦後、イギリスによるイラクの委任統治が始まり、イギリスがイラクという国家を新たに創出してハーシム家の三男ファイサルを国王に据え付けて支配するようになる。その支配者がオスマン帝国からイギリスに替わった時、ユダヤ人たちは新しいイラク国家を歓迎し、イギリスに協力した。

イギリスがイラクという国家を作った際、北部にはクルド語を話すスンナ派のクルド人、バグダードを中心とする中央部にはアラビア語を話すスンナ派のイスラーム教徒、南部にはアラビア語の話者ではあるが隣国のイランと同じシーア派のイスラーム教徒という主に三つのグループに分けられる地域を、その南北に油田があるために無理やり一つにしてしまった。そのため、イラクは建国以来、現在に至るまで常に政治的に不安定な状態が続いている。北部にはキルクーク、南部にはバスラという油田がある。イギリス統治が始まってからは北部のモースルにも石油が発見された［図17-1］。

二〇一七年九月、イラク北部のクルド自治区において住民投票が行なわれ、九八％を超える得票でクルド人国家の独立に賛成の結果が出た。それに対してイラク中央政府は強く反発し、またクルド人問題を抱え込むトルコやイランといった周辺の国々も住民投票の結果を無視している。さらに、内戦状態にあるシリアのクルド人勢力が米軍の支援を受けて旧ＩＳ（イスラーム国）支配地域を事実上制圧しているので、シリア・クルド人の存在も侮れないものとなっている。いずれにせよ、イラクのクルド人自治区の独立は、イラク中央政府のみならず、トルコ、イランなどの周辺諸国も反対しているため、今後の状況は不透明である。

ところで、イラクのユダヤ人は主にバグダードに住んでいたが、他のクルディスタン（クルド人居住地域）の諸都市にも少数が居住していた。バグダードのユダヤ人は、他の地域のユダヤ人と異なり極めてアラブ化した人々と言われている。言語もアラビア語を話し、彼ら自身、建て前としてイラクの一員であることを強調した。イラクにおいては、宗教の違いの区別はなく同じアラブ民族であるという意識を持っていたのだ。

図17-1　現代のイラクの地図

イギリスのユダヤ人協会、アメリカのユダヤ人委員会、フランスの万国イスラエル同盟（アリアンス）が、アルザス出身の社会学者ジークフリート・ランドシャット（一八九七—一九六八年）に中東のユダヤ人コミュニティの実態調査を依頼して作成された「ランドシャット報告書」は、イスラエル建国以前の中東地域のユダヤ教徒の状況を知るのに便利な資料である。(3) 現在でもランドシャットの報告書は復刊本で読むことができるが、報告書自体を手に入れることは難しい。以下において、ランドシャット報告書の一部を使いながら議論を進める。

アラブ・イスラエル紛争（中東戦争）以前、中東で最大のユダヤ人人口を誇っていたのがモロッコ（地中海岸部分）である。地中海世界の東側のマシュリク（東アラブ地域）はマグリブ（モロッコ、アルジェリア、チュニジアの西アラブ地域）に比べればそれほど多くはないが、その中でも大きなコミュニティを有していたのがイラク、イラン、そしてエジプトである（人口規模が大きい国に多いというのは当然とも言えるが）。トルコもユダヤ教徒の人口がそれなりにある。トルコとバルカン地域とアラブ世界の地中海西側（アルジェリア、チュニジア）に住むユダヤ教徒のほとんどは、一四九二年までスペインのイベリア半島に居住していた人々（スファラディーム）である。それ以外の地域の人々は、元々その地に住んでいたユダヤ教徒である。トルコはスファラディームの比率が圧倒的であるが、イラク、イエメン、イランとなると、まったく異なる系統のユダヤ教徒であるといわれる。

少なくともアラブ・イスラエル紛争が起こる以前、つまりイスラエル建国までは、このように中東地域のユダヤ教徒の存在は極めて可視的であった。しかしイスラエルとアラブ諸国との間の戦争の勃発がそれぞれのアラブの国のユダヤ教徒コミュティの存在を不可能にしてしまう。少なくともマグリブのモロッコを除いては、ユダヤ教徒はその大多数がアラブ諸国から去らざるを得なくなってしまう。

モロッコ、チュニジア、アルジェリアは、フランス領となったため、多くのユダヤ人がイスラエルではなくフランスに渡っており、またイスラエルから最も遠い距離にあるモロッコには依然大きなコミュニティが残っている。アルジェリアのユダヤ人に関しては、他の地域のユダヤ人とは事情がまったく異なる。一八三〇年にアルジェリアはフランスの植民地になるが、その後一八七〇年に、フランスで初めてユダヤ系で大臣となった当時の法務大臣アドルフ・クレミューが勅令を出し、アルジェリアのイスラーム教徒とは差異化して、アルジェリア出身のユダヤ教徒にはフランス市民権を与えることとした。これには、アルジェリアのイスラーム教徒とユダヤ教徒を分断することで、アルジェリア支配を分割統治で進めていこうとするフランスの方針があったからである。

また、地中海東側のマシュリク地域と異なり、西側のマグリブ地域にはキリスト教徒がほとんどいなかった。したがってマイノリティとして存在する宗教、宗派の諸集団のうちユダヤ教徒の数が圧倒的であったという特殊な事情もあった。フランス市民権を付与されたアルジェリア系ユダヤ教徒はほとんどイスラエルには移民していない。これは東アラブ地域と比較して非常に特徴的なことである。

またマグリブにはベルベル人（自称はアマーズィーグ）という先住民族が住んでおり、その中にもユダヤ教徒がいるということも考慮に入れなければならない。しかしマグリブ地域におけるベルベル人とアラブ人を論じる際、この問題はあまり表面には出て来ない。というのも七世紀以降、アラブ人たちが数多くやってきてかなり同化が進んだこともあり、ベルベル人とアラブ人の違いを強調することは、モロッコ王室などは例外としてアラブの権力者には好まれないからだ。もちろん、現在ではアマーズィーグ人としての誇りを取り戻す文化復興運動も盛んに行われている。さらに、ベルベル語は北モロッコのタリフィート方言、中央モロッコのタマズィグト方言、アルジェリアのタシュリヒート方言に分かれており、その諸方言にも関心が深まっている。

イラクのユダヤ人虐殺とシオニズム

パレスチナでイギリスの委任統治が始まると、バルフォア宣言に基づきユダヤ人移民をイギリスが支援するが、初期の段階では移民してきたユダヤ人の数は、一九二五年の前後の三年間を除いて、一九三二年までせいぜい四桁止まりで一万人に達することはなかった。ところが、一九二九年の世界恐慌を経てナチス・ドイツが政権を握る一九三三年以降、一九三五年に約六万二〇〇〇人のピークを迎え、ドイツ系ユダヤ人の移民数が急増した。しかし、一九三九年の約二万七〇〇〇人を最後に、第二次世界大戦勃発前に発表されたイギリスのパレスチナ白書(本書第16章)によってユダヤ人移民が極端に制限されると再び一万人以下に激減した。ユダヤ人の移民数が急激に増えるのが第二次世界大戦後のイスラエル独立のタイミングである。

イスラエル独立後にはイラクからのユダヤ教徒の移民数も一九五〇年には三万人を超え、ピークに達するのが五一年である。これでイラクに住むユダヤ教徒のほぼ全員と言ってもいい人数が、イスラエルに移民した。当時イラク政府がイスラエルとの戦争という政治的文脈の下において、徹底的な反ユダヤ主義的な政策に基づいて、ユダヤ教徒の財産没収法、そしてイラク国籍剥奪法にしたがってほぼすべてのユダヤ教徒に国外退去の処分を下した。国交がないため直接イスラエルには行くことができず、一度陸路でイランへ向かい、イランからイスラエルに飛行機で向かうというコースをとった。ただ、付け加えておかねばならないが、この時期に政府が立法措置までとってユダヤ教徒を強引に追放したのはイラクくらいであり、その意味ではアラブ諸国の中ではイラクは例外的であったということができる。

さて、イラクのユダヤ人のコミュニティの数が最多の地域はバグダードであり、バスラにも多かったようだ。居住地域はそのほとんどがチグリス川周辺である[4]。

トルコ、イラン、イラク、シリアにまたがるクルド地域に住んでいたのはクルド系のユダヤ教徒である。クルド系ユダヤ教徒はクルド語を話した。最近のクルディスタンの独立問題の報道を見ていると、中東諸国の中でクルド人国家独立を支持した唯一の国がイスラエルである。周辺の中東諸国がクルディスタン独立に基本的に反対している中で、「敵の敵は味方」の論理でイスラエルはあえて支持を表明したのだ。しかし、このイスラエルの動きを、単に中東地域における政治的位置で説明するだけではなく、イスラエルの中にクルディスタン出身のユダヤ教徒がいたということが重要な論点になる。

イラクにおけるユダヤ人は、ほとんどイラクに同化してアラブ化していたので、シオニズムの影響は少なかったと言われている。理由としては、イラクでは少なくともイスラエル建国までは国家的なレベルで反ユダヤ主義的政策が行なわれなかったことも挙げられる。逆に言えばシオニズムが強い地域は反ユダヤ主義的な傾向が強い地域なのである。

イスラエル建国以前のイラクからのパレスチナへのユダヤ人移民は、宗教的動機によるものが主であり、したがって数の上でもそれほど大きなものではなかった。この点がイスラエルへの移民を考える際に常に重要なところである。宗教的理由で移民する人と、政治的理由、つまりシオニズムに惹かれて行く人々とは区別して考えねばならない。建国前に移民したユダヤ教徒について、少し詳しく見ると、バグダード出身、つまりアラブ系ユダヤ教徒ではなくクルド出身のユダヤ教徒が多かったと指摘されている。

しかし、一九四一年六月、イラクにおいて「ファルフード」[5]と呼ばれるユダヤ人虐殺が起こり、この事件を契機として自己防衛を目的としてイラク国内でシオニズム運動が展開されるようになったことも銘記しておくべきだろう。

ファルフードは、イギリス軍がこの地に不在だった権力空白の時期に起こった。バグダードにあるナチス・ドイツの大使館に支持されたラシード・アリー・ガイラーニーが軍事クーデタを起こし、政権を獲得した。しかし彼は政権を支えることができず、わずか数ヶ月で政権が崩壊した後に権力の空白ができた。事実上の無政府状態にバグダードが陥った時に、ユダヤ人虐殺事件が起こったのである。正確な数字は分からないが、一説には一八〇〇人以上のユダヤ人が殺害され、一〇〇〇人以上が負傷したと言われている。さらには暴徒を抑えようとした人々も殺害されるという事態も起こった。[6]

この事件がイラクにおけるアラブ人とユダヤ人の関係が急速に悪化するきっかけとなったと言われているが、一九四〇年代初頭に起こったこのファルフードの後、パレスチナへのユダヤ人移民の数がすぐに増えたかというと実際にはそうでもなかった。したがってこの事件をどう評価するかは大変難しい問題となってくる。これが後々に及ぼした影響をどう評価するかによって、その人の政治的立場が見えてくる。シオニストの議論ではこの虐殺事件における「反ユダヤ主義」的性格を強調する。また、この暴動の直接的原因を無政府状態に陥ったことと考える人もおり、今に至るまで議論が分かれている。

イスラエルでは、規模がまったく異なるが、ファルフードはホロコーストと同じように位置付けられている。アラブ世界はヨーロッパと異なり反ユダヤ主義的な動機はなかったとはいえども、やはりユダヤ人は安全ではなかったという文脈で説明される。とりわけイスラエル建国後、イラク系ユダヤ人のほとんどがイラクから追放されイスラエルに移民した際、この事件は、アラブ世界にも「反ユダヤ主義」の動きがあったという事例として説明されることになったのである。

戦後イラクのユダヤ人弾圧

冒頭でも述べたように、イラクのユダヤ人の経済的な力は大変大きく、インド洋から東シナ海にかけての貿易ルートの拠点を牛耳っていた。一九三〇年から五〇年代までのバグダードの商工会議所のメンバー構成を見ると、圧倒的に高い比率をユダヤ人が占めている。[7] この商工会議所の構成員数の資料からは、少なくともイギリスの統治が終わった後も、ユダヤ人が経済的影響力を保っていたことを読み取ることができる。第二次世界大戦後になるとユダヤ人メンバーは急激に減少し、一九四八年にイスラエルとの戦争が始まり、一九五〇年になるとほぼすべてのユダヤ人たちはバグダードから離れざるを得なくなった。ユダヤ人がイラクにおいてかつて果たした経済的な役割は大変大きかったが、中東地域の政治的動向の中心的な問題であるイスラエルとの関係の中で、彼らは急速に力を落としていった。[8]

第二次世界大戦にはイラクも加わり、国内に戒厳令を布いたが、すぐに解除し政治的活動の自由を保証する措置をとる。イラクが最も大きく変わるのは、第二次世界大戦後である。ユダヤ人だけではなく、イラク全体で民主化を求める政治運動が盛んになり、非常に不安的な状況になる。そのような社会情勢の中、政府も下からの運動に対してかなり妥協せざるを得ない状況となった。そのままでは体制自体が持たないと判断されたからである。

パレスチナ問題解決のために、英米調査委員会がパレスチナのみならず、周辺アラブ諸国でも活動し、イラクにも調査委員が訪問する。イラクとしては政治運動を弾圧していると国際社会に見られたくないということもあり、政治運動に対し寛容な政策をとったのだ。ユダヤ人の政治運動で実態は共産主義者であった「民族解放同盟」も、イラクでは政治的活動の自由があることを宣伝するために許可された。

一九四七年一一月に国連においてパレスチナ分割決議案が決議されると、イラクでも大きな政治変動が起こり始める。四八年に入ると「ワスバ」と呼ばれる民衆蜂起が起き、イラク政府のイギリス従属の姿勢に反発を示したのである。さらにイラクにとって混乱をもたらすことになったパレスチナでの戦争が勃発する。だが、この時イラクは実にうまくこの戦争を切り抜ける。イラクでは、あまりにも様々なレベルにおける分裂が多過ぎた。宗派対立、民族対立、さらには戦後活発になった階級対立もあった。イラク政府は、パレスチナ問題を国内政治において反対勢力を抑え付けるための口実に使ったのだ。

イスラエル建国後にイスラエルと戦争（第一次中東戦争）を行なったのはパレスチナと国境を接していた周辺アラブ諸国（エジプト、トランスヨルダン、レバノン、シリア）であった。イラクはパレスチナに国境を接していない。しかし、イラクがパレスチナ問題に関わるための口実はたくさん作れる。例えば、西隣のヨルダン・ハーシム王国はイラク王国と同じハーシム家であるため、ハーシム家支援という名目も作れる（初代ヨルダン国王アブドゥッラーと初代イラク国王ファイサルは兄弟）。イラクに直接は関係ない問題であるにもかかわらず、国内があまりにも不安定なので、パレスチナ問題に関与することによってイラク政府は国民の関心を外に向けて、国内の危うい政治状況を切り抜けようとしたのだ。実際、イラク軍はパレスチナに派遣されて活躍し、政府への国民の支持は高まった。

しかし当然その反動も現われる。イラクがパレスチナ戦争に関わることは、イラク国内でイスラエルとつながっている存在には不利益となる。それがユダヤ人である。繰り返し指摘している通り、イラクに居住していたユダヤ人はイスラエルへの移民をそれほど望んでいなかった。彼らは経済的地位が高かったため、イラクに残っている方が良かったのである。しかしイラク政府は、第二次世界大戦後の民主化を求める激しい民衆運動の中で、パレスチナ問題という対外的問題を、国内問題を解消するために使おうとする。ユダヤ人たちを敵国の人間と位置付け、彼らに対する徹底的な弾圧を始めたのだ。

その典型例が見せしめ裁判である。最も有名なものが、以下の事例である。

［……］バスラ出身のユダヤ人貿易商シャフィール・アダスの事例である。彼は非公式のルートで屑鉄金属材をイスラエルに売却したかどで死刑判決を受けた。そして一九四九年九月、絞首刑が執行されたが、もう一人のムスリムの被告は釈放されたのである。このアダス裁判は戒厳令下とはいいながら、イラクのユダヤ人のもっとも有力な業種である貿易部門に携わる商人が標的にされたことで、イラクのユダヤ人社会には計り知れない衝撃が走ったのである。(9)

この事件は後にイスラエルで検証された。イラク政府は、国内のユダヤ人が敵対するイスラエルとつながっているという口実を作り上げた。国内の政情不安をユダヤ人にすべて押しつける形で危機を解消しようとしたのだ。

弾圧はユダヤ人のイラク国籍の剥奪にまで及ぶ。ユダヤ人だけを対象にした国籍法を改変することにより、彼らから国籍を奪った。イラク系ユダヤ人は財産を没収された上で出国せざるを得ない状況に置かれた。その中でイスラエル政府も関わる形で「エズラ・ネヘミヤ作戦」と言われるイラク系ユダヤ人移民のイスラエルへの大量輸送が始まる。

政府が直接ユダヤ人に対して反ユダヤ主義的な立法を行って追放したという点で、イラクはアラブ諸国の中で唯一例外的な国と言われている。他のアラブ諸国で、この時期に立法措置を取ってまでユダヤ人を追い出した国はない。国内の政情不安を、ユダヤ人を「人質」として利用して何とか切り抜けようとしたため、イラクではユダヤ人追放問題が発生したのである。このようなアラブ・イスラエル紛争の激化でのユダヤ人追放の事例としてイラク系ユダヤ人の議論はしばしば取り上げられる。

第18章　アメリカ社会のユダヤ系移民

はじめに――「虹の彼方に」とユダヤ人

アメリカは移民の国であるため、ユダヤ人の問題はやはり特殊であり、移民の波も重層的な構造になっている。最初にスペイン・ポルトガル系のスファラディームが、少数ではあるがかなり早い時期にアメリカにやって来た。植民地時代の一七世紀中ごろである。一九世紀になると、ドイツ系ユダヤ人移民が渡って来た。一番大きな移民の波は一九世紀末から二〇世紀初頭にかけての、いわゆる東欧・ロシアからのユダヤ人移民である。ポグロムという、ロシア帝国が意図的に行ったユダヤ人迫害が主な要因である。ユダヤ人移民としては数の上で圧倒的で、それまでの少数派であるドイツ系ユダヤ人、あるいはそれ以前に来たスファラディー系ユダヤ人たちはユダヤ人社会の中の少数派として、東欧・ロシア系ユダヤ人の強烈なイメージを前に見えざる存在になっていく。現在、我々が思い浮かべるアメリカのユダヤ人のイメージもこの時期の東欧・ロシアからのユダヤ人移民によって形成されている(1)。

アメリカではユダヤ教の教育がかなり盛んに行なわれているが、移民の波と共に様々な宗派も入って来た。いわゆる超正統派ユダヤ教から、アメリカで発展したドイツ系が中心である改革派ユダヤ教、それに

対して改革派は行き過ぎだと反発し、正統派に回帰するような保守派ユダヤ教も生まれた。(2)

ハリウッドを含め、アメリカのエンターテインメント業界ではユダヤ系の活躍が大きいことはよく指摘される。一例をあげると、我々はあまり認識していないが、映画『オズの魔法使』（一九三九年）の劇中歌「虹の彼方に」（Over the Rainbow）という名曲はユダヤ人ハロルド・アーレン（一九〇五―八六年）によって作曲された。

この曲を作曲したアーレンは、一九世紀末から二〇世紀初頭に高まった移民の波のちょうど終わり頃に生を受けた人である。概して移民が最初に住み着くのは貧しい人々が住む地域であり、アーレンもニューヨークの黒人居住区で生まれた。一九世紀末から二〇世紀初頭にかけては、ユダヤ系移民と黒人たちはかなり重なる形で活動しており、居住地域もよく似ていた。その後ユダヤ系の人々は貧困生活からは離脱していく。アーレンの両親は、バルト三国の一つであるリトアニア出身で、父はユダヤ教教会で聖歌を歌っていた。その影響でアーレンは幼少から音楽に親しんでおり、長じて歌手としてデビューする。成人してからはマンハッタンに出てピアニストとして活躍、ブロードウェイにデビューする。

「虹の彼方に」を作詞したエドガー・イップ・ハーバーグ（一八九六―一九八一年）は、両親がロシア移民の正統派ユダヤ教徒であった。この「虹の彼方に」の歌詞の中に「あなたは見つけるわ／高い煙突の遥か上にいる私を（Away above the chimney tops / That's where you'll find me）」という一節がある。作詞されたのは第二次世界大戦が開始される直前だったが、その後ホロコーストの実態が明らかになるにつれて、「高い煙突の遥か上に」という表現がユダヤ人絶滅収容所の焼却炉の煙突と重ね合わされて解釈されるようになり、この曲がユダヤ人犠牲者たちに対する追悼の意味を持ち始めたということである。戦後アメリカにおけるホロコーストの犠牲者を追悼するための多数のホロコースト博物館の建設の動きとも連動するものであった。

アーレンやハーバーグは、作詞家のアイラ・ガーシュウィン（一八九六―一九八三年）とのつながりもある人物である。ガーシュウィン兄弟は日本でも大変よく知られている。とりわけ弟のジョージ・ガーシュウィン（一八九八―一九三七年）［図18－1］は「ラプソディー・イン・ブルー」に代表されるように、今でもクラシック・シーンで人気のある作曲家である。彼らはロシア系ユダヤ移民の子としてニューヨークで生まれた。兄弟でコンビを組み、ポピュラー・ソングを中心に活躍し広く知られるようになる。

兄のアイラの本名はIsraelで、いかにもユダヤ的なファーストネームである。これはロシア的発音ではイズライリ、アメリカではイズレイアルと発音する。ファミリーネームはガーショヴィッツ（Gershovitz）。移民後、名の語尾などを若干変えていかにも英語風の名に改めた。弟のジョージは、元々のファーストネームはジェイコブ、つまりヤコブである。日本でも公開された映画『アメリカ交響楽』（一九四五年、原題Rhapsody in Blue）はガーシュインの生涯を描いたものである。

図18-1　ジョージ・ガーシュウィン

ジャズと言えば黒人というイメージが圧倒的だが、初期の頃はユダヤ系もジャズシーンで活躍していた。ジョージ・ガーシュウィン作曲の「スワニー」を歌ってヒットさせ、『アメリカ交響楽』にも出演したアル・ジョルソン（一八八六―一九五〇年）に代表されるように、ユダヤ系の人々は現在では差別的とされていることだが、顔に黒く墨を塗り、黒人に模して歌ったりしていた。ユダヤ系と黒人

の間の関係性は、当初はかなり近かったのである。その後、両者は民族的な存在としてはどんどんと離れていった。(3)

アメリカのユダヤ系の人たちが活躍する場所は、隙間産業、つまり既存の企業が進出していない、小さな分野や市場で成り立つ、比較的新しい業種であることに特徴がある。(4) 日本でもリーバイス（Levi's）というジーンズのブランドを知らない人はいないが、リーバイ（創業者の名）はレヴィ（Levi）というヘブライ語名の英語読みである。

イディッシュ文化の流入

繰り返すと、アメリカにおいて大きな規模のユダヤ系社会が形成されていくのは、ロシア帝国におけるポグロムをきっかけとする一八八〇年代に始まった大量移民による。第一次世界大戦後、移民制限がなされるが、その時点ですでに四五〇万人のユダヤ人がニューヨークを中心にアメリカ諸都市に住んでいた。初期の頃、アフリカ系の人々と共に彼らは貧民街に住んだ。(5)

また、アメリカにおける一九世紀末から二〇世紀初頭にかけての労働運動は、多くがユダヤ系の人々によって担われていた。アメリカにおける労働運動など、ヨーロッパ的な意味での左翼運動はユダヤ系によって展開されたのだ。ユダヤ系の人々は多くが労働者で、特に繊維産業、衣料産業に多く従事していた。例えば先ほど触れたように、リーバイスに代表されるようにジーンズの会社にはユダヤ系が多いことにも表れているだろう。衣料産業は低賃金で労働環境も良くなかったため、その中から労働運動が生まれて来たわけである。さらに二〇世紀に入り第一次ロシア革命後には、ユダヤ人労働者総同盟の指導者たちなど、新たなタイプのユダヤ人たちがやって来て、組合主義が力を持つようになった。(6)

東欧ロシアからやってきたユダヤ系の人々はイディッシュ語を話したので、イディッシュ語文化が彼らと共にアメリカ社会に入ってきた。イディッシュ語による出版が盛んに行なわれるようになり、さらに音楽出版まで現れた。それらは基本的には「非宗教的」なものであった。これは当然のことで、イディッシュ語は、文字はヘブライ文字を使用するが、基本的には礼拝の言葉とは切り離され、日常生活の中で使用されるものだからである。(7) 例えば、シナゴーグにおいてイディッシュ語で礼拝することはあり得ず、礼拝はすべて聖書の言葉のヘブライ語で行なわれる。

東欧ロシアからやってきた人々は、横のつながりで貧しい人たちに支援を行ない、シナゴーグが活動の場になっていった。ユダヤ教の場合、シナゴーグは単なる容れ物に過ぎないという発想が強く、キリスト教教会のような意味において神聖な場所という感覚はない。この点は注意を要すべき点である。シナゴーグはモスクと同様、人々が交流する場という意味合いもかなり強く持っているのだ。シナゴーグには典礼に使用される、もともとは羊皮紙にヘブライ文字で書かれたトーラー（「モーセ五書」と呼ばれる最初の五つの書）の巻物が安置されている。ちなみに「シナゴーグ」は英語的表現であり、ヘブライ語では「ベート・クネセット」と言う。イスラエル国会のことも「クネセット」と呼ばれるが、元々は「集まる」という意味で、「ベート」は「家」を意味する。つまり人々が集まる建物、それだけの意味しかない。シナゴーグはキリスト教教会とはいささか異なっているということになる。

しかしながら、イディッシュ文化はアメリカではそれほど長く続かず、アメリカ化が急速に進んだ。移民の国の中で伝統的ユダヤ文化に固執する必要はなかったのだ。この点がアメリカのユダヤ文化の特徴である。ただし、先取りして述べておくと、第二次世界大戦のホロコーストがアメリカにおけるユダヤ人の在り方も大きく変えていくことになる。ホロコーストの大量殺戮により、ユダヤ人の文化の見直しが始まり、ヨーロッパよりもはるかに多くのホロコースト・ミュージアムがアメリカ各地に作られることになる。

旧移民と新移民の軋轢

新たな移民は土着の人々から受け容れられず苦労する。これは移民社会の特徴と言っていいが、ユダヤ系についても例外ではなかった。一九世紀中盤頃からやって来て、それなりに社会的に安定した地位を得ていたドイツ系ユダヤ人たちにとっては、東欧・ロシアからの大量の貧しいユダヤ人たちは歓迎すべき存在ではなかった[8]。なにより、貧しいユダヤ人が大量に来ることによって、ユダヤ人に対する偏見がどんどん強くなり、それが自分たちにも及ぶことを恐れたのである。現在に至るまで、ユダヤ人同志でも出身地域によりかなり隔たりが見られる。ユダヤ人という同一民族として必ずしも連帯するわけでもないことも特徴であろう。

さらに、両者には基本的な思考において大きな隔たりがあったと、レイモンド・P・シェインドリンは指摘している。

ドイツ系ユダヤ人は自分たちを完全なアメリカ人であると考えており、他のアメリカ人との違いは宗教が異なっているだけであると信じていた（非ユダヤ人が同じように考えていたかどうかは別の問題である）。一方、東ヨーロッパからのユダヤ人は何世紀もの間、同化できない少数派としての立場に慣れてしまっていたため、アメリカにおいても相変わらず自らを異邦人と見なそうとする傾向があった。彼らのユダヤ人としての証はもちろんその宗教的行為に表れていたが、宗教的に次第にその色が薄まってきた後も、文化的に彼ら固有のものにこだわり続けた。ヨーロッパにおいて文化的発展に接することも少なかった彼らは、ドイツ系ユダヤ人に比べ、非ユダヤ人に受け入れられることを願う人々は少なかった(9)。

東欧・ロシアにおいてはかなり露骨な暴力的な形での反ユダヤ主義があったので、ユダヤ人たちはホスト社会に溶け込むことができなかった。その心情がアメリカに来ても残っていた。彼らもアメリカ的環境の中で宗教としてのユダヤ教からは離れていく傾向は見られたが、しかしながらユダヤ人としての文化的伝統にはこだわり続けた。これはアメリカのユダヤ人の特徴である。現在でも、信仰は持っていないが自分はユダヤ人であるというアイデンティティを持つ人は多い。

ヨーロッパにおけるユダヤ人の定義とは矛盾するが、アメリカではそれが主流になっている。このようにユダヤ人としての在り方がヨーロッパと異なる点はよく指摘されている。いわゆる「ジューイッシュ・アイデンティティ」の問題は、ヨーロッパと比べると随分と曖昧と言っていい。異教徒との通婚も進んだ。しかし文化としてのユダヤ性は守っている。宗教より文化的レベルのユダヤ的なるものに固執するのが特徴である。

一九世紀半ばにアメリカにやって来たドイツ系ユダヤ人は、アメリカ社会の中でそれなりに安定的な地位を獲得し、新しく東欧・ロシアからやって来た貧しいユダヤ人が差別や偏見を助長するのを恐れ、貧しい新移民の教育や同化に力を貸した。自分たちも差別に巻き込まれないようにしたいという発想から、慈善団体などを通じ彼らへの支援を積極的に行なった。しかし、ユダヤ人社会にはやはり二分化は見られた。ドイツ系ユダヤ人は東欧・ロシア系ユダヤ人を見下しており、この状況はなかなか変わらなかった。(10)

東欧・ロシア系ユダヤ人たちは日常的にイディッシュ語を使うが、これは中世高地ドイツ語と呼ばれており、方言の中でもドイツ語の崩れた言語というイメージが強く、ドイツ系ユダヤ人から見れば、ドイツ語に近いがゆえに逆に蔑みの感情が生まれた。しかしやがて東欧・ロシア系ユダヤ人たちが人口的に主流になっていくと、アメリカ社会のユダヤ人は東欧・ロシア系がそのイメージを代表するようになっていく。

ユダヤ教教育においても現地文化との融合が図られ、ニューヨークのアメリカ・ユダヤ教神学校では英語で説教ができるラビの養成も行なわれた。この神学校の再編を指導した学者ソロモン・シェクター（一八四七—一九一五年）は、保守派ユダヤ教の流れを作った。ドイツ系ユダヤ人の圧倒的多数は改革派であり、超正統派を含めた正統派には東欧・ロシア系ユダヤ人が多かった。第三のグループである保守派は、改革派の行き過ぎに対して伝統的なものを強調する立場では正統派に近いが、正統派ほど伝統には戻らない。この穏健な保守派がアメリカの主流グループとなる。いかにもアメリカ的である。以前も述べたが、保守派や改革派はイスラエルでは認められていない。高等教育における状況を見てみると、ニューヨークのイェシヴァー大学は正統派の教育を行なっていたが、アメリカでは主流にはならなかったため、現在では様々なユダヤ教を受け容れている。設立当初は極めて伝統的なタルムード教育を施していたが、その後変わっていき一般科目の教育も行なうようになった[11]。

アメリカのユダヤ人民間組織による国際的な活躍

また、ロシア帝国の命によりバルト海から黒海につながる帯状の地域に強制的に居住させられていた貧しいユダヤ人たちを救済する動きも出てきた。

世界のユダヤ人問題に関して非常に重要な役割を果たしているのが、アメリカ・ユダヤ共同配給委員会（American Jewish Joint Distribution Committee：JDC）という、一九一四年に設立されたユダヤ人救済のための国際組織である。組織名に関しては、日本ではほとんど知られていないので定訳はない。この組織は第一次世界大戦期から活動しているが、第二次世界大戦後、ホロコースト生存者のユダヤ人たちの救済に尽力したことで知られる。資金面では主にドイツ系ユダヤ人が担ったが、活動には東欧・ロシアからのユダヤ人も積極的に加わった[12]。

英語表記でのDistributionは、「（救済のために）分配していく」というくらいの意味で使われている。第二次世界大戦時に差別・迫害されているユダヤ人を救う目的で設立された、世界的なユダヤ人問題に影響を及ぼす最も大きなアメリカのユダヤ人組織である。この組織は四つのミッション、すなわち、rescue（危険に曝されているユダヤ人の救出）、relief（貧困下にあるユダヤ人の緊急の救済）、renewal（ユダヤ人共同体の再生）というrが頭に付く三つの単語とIsraelを掲げ、緊急支援のため現地の諸機関と協力している。イスラエル建国後は、イスラエル政府と密接な協力関係にある。

ＪＤＣの活動の開始は第一次世界大戦中である。ヨーロッパやパレスチナにおいて困窮の状態にあったユダヤ人たちを救うため経済支援を行なった。あまり知られていないが、第16章で述べたとおり、第一次世界大戦時のパレスチナはオスマン帝国末期にあたり、ユダヤ人のみならずアラブ人も、外側からの物資の搬入が禁止され、多数の人々が餓死で亡くなっている。自然現象の結果として起こったのではなく、意図的に飢餓状態に追い込んだオスマン帝国の「棄民政策」である。ここがまずＪＤＣの活躍の場になった。

パレスチナにおけるユダヤ人社会を「イシューヴ」と言うが、このユダヤ人指導者たちが米大使に窮状を訴えると、大使は銀行家ヤコブ（ジェイコブ）・シフ（一八四七―一九二〇年）を通し、アメリカの有力なユダヤ人たちに救援を求めた。シフは日露戦争時、日本政府に対し資金を提供した人物としても知られている。日露戦争時はユダヤ人迫害が広がった時期でもあり、シフはロシア系ユダヤ人を間接的に救援することになるという発想から日本に資金提供を行なったのだ。

第二次世界大戦直前、一九三三年にナチスが政権を握ったときは、ユダヤ人のドイツからの出国を支援した。また、一九四八年にイスラエルが建国され、アラブ諸国との間で戦争が始まると、当然アラブ諸国に住むユダヤ人は敵国に属するものとして迫害を受けるため、アラブ諸国に住むユダヤ人をイスラエルに輸送するという活動も行なった。そのような救出作戦が行なわれる際、もちろんイスラエル政府がリーダーシップを採ったが、実質的な運搬の役割を果たしたのがこのＪＤＣであった。

第二次世界大戦中のホロコーストに対しては、ＪＤＣはナチ政権下で非合法活動をしながらも、国際的連携の下でユダヤ人救済にあたった。映画『カサブランカ』（一九四二年）はこの状況を背景としている。イングリッド・バーグマンがラストシーンで飛行機に乗り込むが、行先は直接アメリカにではなく、まずは中立国ポルトガルであった。当時、ポルトガルのリスボンにJDC司令本部が置かれていたので、ヨーロッパから避難する人々は一旦リスボンに入り、そこからアメリカへ送り出されたのだ。

イギリスは一九一七年のバルフォア宣言によって民族的郷土建設を約束したが、事実上その政策を破棄したのが、一九三九年のパレスチナ白書である。白書に基づいて極端な移民制限が行われたためパレスチナへのユダヤ人の合法的移民が難しくなった。そのような状況に対応するためにシオニストたちが設立したのが「アリヤー・ベート」(シオニスト非合法移民機関：アリヤーは移民、ベートはヘブライ語アルファベットの二番目のB)という支援団体である。この団体に対してもJDCは協力している。

非合法にパレスチナへ入ろうとしたユダヤ人は英当局によって捕えられると、イギリスがキプロス島に作った収容所に送られた。JDCはこの収容所におけるユダヤ人の生活レベルを上げるべく、支援を行なった。ポール・ニューマン主演の映画『栄光への脱出』(一九六〇年)の冒頭シーンでは、キプロス島のユダヤ人収容所の様子が描かれている。

その後もJDCは、ソ連のユダヤ人にも救済の手を差し伸べたり、さらにはエチオピア系ユダヤ人の救援(ソロモン作戦)も行なったりした。アメリカのユダヤ人の果たす役割はJDCに象徴されているとしばしば言われる。JDCの活動は歴史の表舞台には出てこず、イスラエルという国家の陰に隠れてしまっているが、実はイスラエルへのユダヤ人移民という観点からはイスラエル政府以上の活動をしていた点は注目すべきである。それほどアメリカのユダヤ人民間組織が果たした役割は大きなものがあった。この点はあまり日本では知られていないだろう。ユダヤ人シオニストとアメリカ合衆国とのつながりについては、イスラエル政府とアメリカ政府という文脈で捉えられがちだが、実はこのような民間レベルにおける非常に強力な協力体制があって初めてイスラエル支援が可能になっている点を見逃してはならない。

アメリカのユダヤ人団体とシオニズム

アメリカ最大のユダヤ人組織としてはアメリカ・シオニスト機構（Zionist Organization of America：ＺＯＡ）を挙げることができる。アメリカのユダヤ人団体が活動を始めるのは、シオニズム運動が展開されるのと同時期、つまり一九世紀末からである。アメリカ・シオニスト機構は、テオドール・ヘルツル等が作った世界シオニスト機構のアメリカ代表機関という位置付けで設立された。

しかし、もともとアメリカのユダヤ人たちのあいだではシオニズム運動は盛んではなかった。ドイツ系ユダヤ人は、アメリカ社会に同化し、社会的にかなり安定した位置を占めていたため、シオニズムをアメリカ社会で唱えることは、同化という観点からユダヤ人社会を危機に曝すものと考えたのだ。それに対し、東欧・ロシア系ユダヤ人はシオニズムを支持した。彼らは、アメリカのユダヤ人の意見を集約するために設立されたアメリカ・ユダヤ人委員会（American Jewish Committee：ＡＪＣ）に積極的に代表を送り込み、多数派を占めるようになると、アメリカ社会への同化政策を進めていたこのＡＪＣもシオニズム支援に動き始めるようになる。(13) また、ハーヴァード大学出身でアメリカにおけるユダヤ人の一番の出世頭と言われ、ウィルソン大統領によって一九一六年にユダヤ人初の最高裁判事に任命された人物であるルイス・ブランダイス（一八五六—一九四一年）(14)［図18－2］も世界のユダヤ人をシオニズムによって救うべきだと考えた。いずれにせよイスラエルが建国されると、シオニストの影響が強くなっていく。しかしながら初期段階ではそうではなかったことは丁寧に見ておく必要がある。

さて、ZOAの指導権をブランダイスが握るようになると、第一次世界大戦を機に大きくメンバーの数を増やし、資金面でも大きな組織となっていった。組織が大きくなると、機関としての登録問題が持ち上がった。国境を越えて活動する組織は、どの国の組織であるかを明確にしておかないと、納税など様々な問題が生じる。ZOAは、外国組織と位置付けられていたが、FBIの捜査が入ったことを契機にアメリカの国内団体として登録し直した。

ところでブランダイスを最高裁判事に任命したのは第一次世界大戦の時期のウィルソン大統領であるが、彼もしばしば親シオニストの大統領として挙げられる。このようにアメリカにおいてユダヤ人たちが政治的な影響力を持ち始めるのだが、ブランダイスはそのシンボル的存在と言えよう。

アメリカにはほかにもユダヤ人という言葉を含む名の付く組織がたくさんある。ユダヤ人人権擁護団体であるAJCはロシアのポグロムに対する小規模な支援団体から始まった。先ほど触れた銀行家ヤコブ・シフもこの組織の当初からのメンバーである。アメリカで成功した経済的に豊かな人たちが、この組織を支援した。前節で述べたアメリカ・ユダヤ共同配給委員会（JDC）もその設立の際にこの委員会が重要な役割を果たした。

図18-2　ルイス・ブランダイス

AJCは、ユダヤ人がアメリカ社会に同化する必要性を説いた。アメリカ社会に溶け込まないためにユダヤ人差別が助長されるという判断からである。そのため、先ほど挙げたシオニズム運動を積極的に支援するユダヤ人組織とは立場が異なる。

このAJCの創設者であり議長でもあったルイス・マーシャル（一八五六―一九二九年）もまたブランダイスと同様、弁護士である。アメリカにおいて社会的に進出して出世するために有効な方法は弁護士になることであるが、現在でも訴訟社会であるアメリカではユダヤ人の弁護士は大変多いことが知られている。マーシャルはドイツ系ユダヤ人で、コロンビア大学を卒業して弁護士の職に就いた。JDCの設立メンバーでもあり、世界のユダヤ人の救済事業にも積極的に携わった。保守派ユダヤ教ラビ養成のためのアメリカ・ユダヤ神学校理事長でもあった。また、非シオニストであったが、彼自身はバルフォア宣言を支持した。

シオニズムに対する立場は、アメリカのユダヤ人社会の中で微妙な問題である。アメリカ社会におけるシオニストの定義の仕方は非常に難しい。非シオニストでありながらバルフォア宣言を支持することは、ある意味では矛盾なわけだが、そういった在り方も可能であることがアメリカのユダヤ人社会の特徴である。

このような同じユダヤ人の間での考えや立場の相違は、今の問題にもつながっている。トランプ大統領がイスラエルの米大使館のエルサレムへの移転を決定したが、アメリカのユダヤ人社会の反応は微妙に異なっている。基本的に支援するのが多数派であるが、しかしながら一枚岩的ではない。

自動車王フォードの反ユダヤ主義

もう一点、論じておきたい問題が、自動車王ヘンリー・フォード（一八六三―一九四七年）が大変な反ユダヤ主義者であったということである。アメリカでは有名な話だが日本ではほとんど知られていない。

第一次世界大戦の後、アメリカの外交政策は孤立主義に向かった。さらに、一九一九年から一九二一年にかけて起こった「赤色恐慌」は外国人に対する恐怖心をあおり、特にユダヤ人はその対象となった。この理由のひとつにはユダヤ人の中から多数の著名な共産主義者や左派グループの指導者が出たことがある。自動車王ヘンリー・フォードは公然とユダヤ人を、民族的に劣性であり、世界支配をもくろんでいると非難した。彼はさらに、『シオンの長老の議定書』を自社の新聞社で再出版するところまでその動きを激化させた。[15]

ヘンリー・フォードが著した『国際ユダヤ人（*The International Jew*）』という本がある。原著は今でも簡単に入手できるが、このタイトル自体が実は反ユダヤ主義的な特徴を表している。ユダヤ人は国際的な陰謀を巡らせている連中であるということを示唆しているのだ。そしてこの引用にもあるとおり、フォードは「秘密権力の世界征服計画書」という触れ込みで広まった会話形式の『シオンの長老たちの議定書』等も出版している。彼がユダヤ人嫌いになった理由は、「ユダヤ人の中から多数の著名な共産主義者や左派グループの指導者が出たこと」、要するに、フォード社の労働組合をユダヤ人が牛耳っていたことであると言われる。フォードは公然とユダヤ人は民族的に劣っていると言い、世界支配を目論んでいると非難した。

フォードの著作『国際ユダヤ人』は一六ケ国で翻訳され、ナチスのハインリヒ・ヒムラー（一九〇〇―四五年）はフォードを高く評価、アドルフ・ヒトラー（一八八九－一九四五年）もこの著作の読者の一人であったという。アメリカの自動車王がヒトラーから称讃されるという非常に皮肉な事態である。

しかしドイツとアメリカが戦争状態に入ると、さすがに問題になった。ただ、社会的批判を受けたということは、逆に言えば社会的に話題になったということでもある。アメリカにおいてユダヤ人の影響が強くなればなるほど、反ユダヤ主義が社会的問題として現われるようになる。また、アメリカが自由な国であるがゆえに、逆に陰湿な形での反ユダヤ主義につながっていくという側面も指摘できる。

映画『紳士協定』（一九四七年）は、トルコ系のギリシア正教徒で第一次世界大戦後のトルコ・ギリシア間の住民交換（本書第15章）を機にアメリカに移民した映画監督エリア・カザン（一九〇九－二〇〇三年）の作品であり、アメリカ社会の反ユダヤ主義を鋭く告発している。新聞記者がユダヤ人に偽装してアメリカ社会に入っていくと、陰湿な差別を受けたというストーリーである。アメリカにはユダヤ人差別はないと言われているが、実は非常に陰湿な形で行なわれていることを、第二次世界大戦直後に映画作品として発表し、かなりの反響を呼んだ。典型的なエピソードとして描かれているのが、ホテル予約時のシーンである。他の国に比べて反ユダヤ主義は少ないと言われながら、アメリカでもかなり浸透していることを暴き出している。

これまで見てきたように、反ユダヤ主義を分かりやすく表明したのが、ヘンリー・フォードということになる。フォードに関しては「例外的」とよく言われるが、本当に「例外的」なのかどうか、問われねばならないだろう。フォードはアメリカにおけるユダヤ人観を代表しているとも言えるのだ。アメリカ社会については、反ユダヤ主義が強い、あるいは弱いと簡単に断定することはできず、表面化されていない部分まで見る必要がある。

さて、本章では、アメリカ社会におけるドイツ系とロシア系のユダヤ人を中心に見てきた。本章で対比的に論じてきたように、一九世紀半ばにやって来たドイツ系ユダヤ人と、一九世紀末以降にやって来たロシア系ユダヤ人は、アメリカのユダヤ人社会を分裂させるほど、まったく異なる態度をとった。この点が重要であり、現在に至るまで微妙に尾を引いている問題となっている。

第19章　ホロコースト生存者とイスラエル建国

はじめに――ナチス・ドイツとの攻防

第二世界大戦以後のパレスチナを見る前に、まず、周辺地域の国際的な動きについて補足しておく。一九四〇年代に入るとナチス・ドイツはその圧倒的な軍事力によって占領地を増していき、ドイツが占領した東欧からソ連にかけての地域（現在のポーランドが中心となる）に絶滅収容所を建設し、そこでホロコーストと呼ばれるユダヤ人大虐殺が始まる。そのニュースがパレスチナに伝わって来たのは一九四二年前後と言われている。(1)

第二次世界大戦は、中東では一九四二―四三年で大勢が決した。ナチス・ドイツ軍はイタリアのファシストの軍隊と共にイタリア半島を南下し、リビアのトリポリに侵攻する。ナチス占領下でチュニジアのユダヤ人はアラブ世界では唯一、ヨーロッパにある絶滅収容所に収容され、殺戮された。ロンメル将軍の率いるドイツ軍はチュニジアからイギリスの拠点のあるエジプトを攻略しようと東に向かい、チュニジアからリビアを経由して進撃した。それに対抗してイギリス軍は、エジプトのカイロを拠点としながら西へ向かった。両者が衝突するのが一九四二年七月と一〇月の二度にわたるエル・アラメインの戦いである。エル・アラメインはエジプト西側に位置し、地中海岸に近い場所である。この戦いにおいて使用された地雷が撤去されないまま現在に至るまで残っており、世界で最も多く地雷が残っている危険な場所として知られている。砂漠地帯であるため、撤去作業に資金をかける価値がないという判断で放置されているようだ。この戦いでイギリス側はかろうじて勝利し、さらに西へ進む。アメリカもモロッコから上陸しイギリス軍と合流、そのままドイツが北アフリカに侵攻して来た逆のコースを北に辿り、チュニジアからイタリアに入り北上していく。アメリカ軍もヨーロッパ戦線に南の北アフリカからも同時に加わったのである。(2)

一九三九年九月に第二次世界大戦が勃発し、その後一九四一年一二月に日本が真珠湾攻撃を行ない、同時に東南アジアへの南下を開始する（日本軍はすでに同年七月、仏領インドシナには進駐していた）。イギリスとしては、中東地域が一時期軍事的に空白となっても東アジアでの日本の動きに対抗すべきだという方針を採り、シンガポールに英海軍の主力を移した。つまり東アジアにおける状況の方を重視した。中東に関しては、軍事的バランスから言うと、むしろ現地の人々に期待していた。イギリスは、第二次世界大戦直前からアラブ諸国に独立を与えて手を結ぶことで、イタリアやドイツの侵攻を抑える戦略をとっていたのだ。イタリアはリビア、そして南方ではエチオピアを確保していたので、イギリスの押さえるエジプトやスーダンに南北から入って来る可能性があった。さらにそれにドイツが加担してくるという危険があった。つまりイギリスは太平洋戦争が始まった時には東アジア、東南アジアにおいては危機的状況であったが、エル・アラメインの戦いでドイツを破ってからはかろうじてエジプトという英軍の中東司令部のある重要拠点を確保したわけである。(3)

対英協力から対英闘争へ

第16章で述べたように、第二次世界大戦勃発前の一九三九年五月のパレスチナ白書で、イギリスはバルフォア宣言に基づくパレスチナ政策を放棄すると決めると、ヨーロッパからパレスチナへのユダヤ人の移民を基本的に制限した。しかし、大戦中は、ユダヤ人もナチス・ドイツと戦わねばならず、やむを得ない事態だということで、ベン＝グリオン等のシオニスト指導部はパレスチナ白書の件は棚上げしてイギリスと協力しながらドイツと戦った。ユダヤ人たちの義勇兵は、イギリス軍の一翼を担って戦った(4)。

しかしこれはあくまで一時的なことだとシオニストは認識していた。第二次世界大戦直後からユダヤ人シオニストは、イギリスに対し、アラブ人がかつて行なったのと同じような形で武装闘争を始める。その闘争が可能となったのは、アメリカと手を組んだためである。シオニスト指導部はアメリカ詣でを頻繁に始め、一九四二年五月にアメリカのニューヨークのビルトモア・ホテルで会議を開催してパレスチナにユダヤ人国家を設立するとするビルトモア綱領を採択する。シオニストは初めて「ユダヤ人共和国」(Jewish Commonwealth) という表現を使って独立を明言したのである。第二次世界大戦中にはアメリカとの連携を築き上げていく。戦後、アメリカは全面的にイスラエルを支援する形となる。シオニストは第二次世界大戦の時期にイギリスからアメリカへとその支援国を変えたのである。

とりわけ第二次世界大戦終了直前に大統領になったハリー・S・トルーマン（在任一九四五年—五三年）が、ユダヤ人国家の建設に対して非常に同情的だった。トルーマンは、キリスト教徒でありながらシオニズムを熱烈に支援する、いわゆる「キリスト教シオニスト」の代表的人物と言っていい。トルーマンは信仰のレベルからユダヤ人国家を望んだのである。国務長官や国防長官といった大統領周辺の政治指導者たちは皆、トルーマンが一方的にユダヤ人国家に肩入れすることには反対していた。アラブ諸国が次々と独立している中、アメリカの中東外交にとっては国家の数が圧倒的に多いアラブ諸国の支持を得る方がプラスになるわけである。イスラエル一国への一方的な加担はアメリカの中東外交にとって非常にマイナスに働くという判断を国務省や国防省は下していたにもかかわらず、トルーマンは外交における大統領の権限によってイスラエル支持に動く(5)。

現在のトランプ大統領は、イスラエル建国七〇周年の二〇一八年、そしてイスラエル独立宣言(日本風に言えば建国記念日)の五月一四日に、国内のユダヤ人とキリスト教福音派の支持を背景にアメリカ大使館をテル・アヴィヴからエルサレムに移転することを決定したが、当時のトルーマンの言動もトランプと非常によく似ていた。そして、このことが大きく中東情勢を変えていくことになる。

ナチスの絶滅収容所から解放されたユダヤ人たちは、連合軍が作った難民キャンプ(「DP(Displaced Persons)キャンプ」と呼ばれていた)に収容されていた(6)。収容されていたのはユダヤ人だけではなかったが、戦争が終わるとユダヤ人以外の人々は自分たちの故郷へと帰っていった。難民キャンプには帰る場所のないユダヤ人のみが残った。このキャンプの環境が非常に悪く、米軍付きの従軍ラビがその状態を見て驚き、報告書にまとめてトルーマンに訴えた。トルーマンはその報告書を見ると、アメリカが関わっている難民キャンプに関しては状態を改善すべきだと命令し、同時にイギリスに対してもパレスチナにユダヤ人移民を受け容れるように圧力をかけた。ところがイギリスは、ユダヤ人移民に関しては一九三九年のパレスチナ白書に基づいて基本的に積極的には受け容れないという方針を採っていた。そのような中、様々なエピソードが生まれた。

有名なものとして、ユダヤ系アメリカ人作家レオン・ユリス（一九二四－二〇〇三年）の小説（一九五八年）で、オットー・プレミンジャー監督（一九〇五－八六年）、ポール・ニューマン（一九二五－二〇〇八年）主演で一九六〇年に映画化された『栄光への脱出』（一九六〇年、原作の題名は『エクソダス（出エジプト）Exodus』）[7]［図19－1］という作品が取り上げた事件がある。あまりにも露骨な親シオニスト的な映画だとの批判もあるが、興行的には大成功だった。ユダヤ人非合法移民組織アリヤー・ベートのユダヤ人指導者の主人公アリは、イギリス軍によりキプロスのユダヤ人収容所に収容されたユダヤ人たちをエクソダス号という船に乗せてパレスチナに向かおうとするが、イギリス軍は出航を許さない。その際、ユダヤ人たちはイギリスに対してハンガー・ストライキを含めた抵抗を行なって出航に漕ぎつける。ユダヤ人たちはパレスチナに辿り着き、ユダヤ人入植村に入る。しかし、戦争が始まり、アラブ人との対立は激化するばかりで、多くの犠牲者を出す。映画の中で興味深いエピソードは、アリの旧い友人のドゥルーズ派の信徒がナチス残党と協力するハーッジ・アミーンに処刑されてしまったと思われる場面である。この映画は、ドゥルーズ派の信徒はイスラエルの友で、ハーッジ・アミーンは親ナチスでユダヤ人の敵だというアラブ人ムスリムに対する負のイメージを作り上げる役割も果たしているのである[8]。

図19-1　『栄光への脱出』

ところで、イギリス政府は、パレスチナのユダヤ人問題に対して非常に冷たい態度をとっていたが、イギリス本土もナチス・ドイツによって相当な空爆を受け、戦後の経済的復興はアメリカの援助なしにはやっていけない状態であった。そのような文脈でアメリカが重要なカギを握ることになる。イギリスはアメリカの援助を期待しながらも、パレスチナやインド等の植民地問題に関してはアメリカには口を出させないという姿勢であった。そのような英米間の対立と協調の中、イギリス側が妥協案を提示し、ユダヤ人難民調査のための英米調査委員会が設立される。(9)

この場合のユダヤ人難民とは、先述したDP、すなわちナチス・ドイツの絶滅収容所を生き延びたユダヤ人のことである。彼らの故郷はポーランドを中心とした東欧地域であったが、カトリック教徒が多いため、現地では反ユダヤ主義が依然と存在し、ユダヤ人には非常に冷たい態度をとった。ユダヤ人は嫌がらせを受け、酷い場合は生命の安全に係わるような脅しもあった。結局、生き残ったユダヤ人たちの多くは元々住んでいた場所には戻れなくなり、難民になっていった。故郷を追われ、米軍・英軍の占領下にあるヨーロッパ地域の難民キャンプにいるユダヤ人たちをパレスチナに移民させるなどといった手段で難民問題を解決しなければならないということで設立されたのが、英米調査委員会である。委員会はイギリスに対するアメリカの政治的圧力の結果であった。

ところが、それに対してクレメント・アトリー英首相(在任一九四五—五二年)は、他の民族の人々が不平を言わないのと同じようにユダヤ人も不平を述べてはいけないと言明し、ユダヤ人は特別な扱いを受けるべきでないと発言した。(10)ユダヤ人だけが戦災に遭ったわけではないものの、ユダヤ人が迫害を受けたという事実からすれば、この発言に対しては当然、非難が巻き起こった。

一九四六年五月に英米調査委員会は報告書を提出し、パレスチナはアラブ人国家とユダヤ人国家の二民族国家になるべきであり、即座に一〇万人のユダヤ人の受け容れを許可すべきだと勧告した[11]。しかし、イギリス側は強硬な態度を示し、アトリー英首相は「アメリカがさらなる軍事的、財政的責任を共有する用意がない限り、イギリスがこの勧告を実施することはないと言明した[12]」。つまりアメリカにパレスチナ問題に関連して「金を出せ」と要求したのだ。さらにアメリカを怒らせるような発言をアーネスト・ベヴィン英外相も口にする。「アメリカがユダヤ人のパレスチナ移民に一生懸命に取り組む理由はアメリカが新移民を多く受け入れるつもりがないからだ[13]」。アメリカこそユダヤ人を含めて移民を受け容れるつもりがないからだと、責任をアメリカに転嫁した。

英米調査委員会には形の上では英米から同数の委員が入っていたが、アメリカの意向がかなり強く働いていた。パレスチナにユダヤ人を受け容れるよう勧告をする、結論ありきの委員会であった。トルーマン米大統領は勧告を遵守するよう忠告したが、アトリー英内閣はユダヤ人が武装解除するまで受け容れを拒否し、話はどんどん複雑になっていく。

英米のユダヤ人難民に対する温度差が広がっていく状況下、さらにイギリスの態度を硬化させる事態が起こる。一九四六年七月末、シオニズム右派の軍事組織「イルグン・ツヴァイ・レウミー（ユダヤ民族軍事組織）」のメナヘム・ベギン等がパレスチナのキング・デイヴィッド・ホテルに大量の爆弾を仕掛けたと通告したのである。イルグン・ツヴァイ・レウミーは修正主義シオニストたちによって構成される、後のリクード党につながる修正主義シオニストの武装グループである。このホテルにはイギリスの委任統治政府が置かれていた。つまりホテルそのものの爆破というより、イギリスのパレスチナ支配の拠点そのものを攻撃するという明確な政治的意図をもった爆破であった。しかも数多くの人々が亡くなった。イギリスは厳しい捜査を行なうが、アメリカではイギリスの強硬な態度が招いた事件という論調の方が強かった。

アラブ連盟の結成

アラブ世界もパレスチナの動向に注目していた。アラブ諸国は基本的にパレスチナ・アラブ人を熱心に支持した。大ムフティー、ハーッジ・アミーンはナチス・ドイツに協力していたため、本来は戦犯として裁かれなければならない立場であった。それにもかかわらず彼は戦後上手く逃げ切り、ドイツからパリ経由でこの地域に舞い戻ってくる。ハーッジ・アミーンは、パレスチナのアラブ人を代表してアラブ諸国の中でかなりの政治的影響力を行使するようになる。

イギリスは、パレスチナ問題にアラブ諸国が一体となって取り組むために政治組織が必要と助言し、一九四五年にアラブ連盟が結成される。パレスチナに独立アラブ国家、つまりパレスチナ・アラブ人の独立国家を建設するべきという態度をアラブ諸国は明確にしていった。これが結果的にアラブ・イスラエル紛争の対立構図を作り上げたことになる。パレスチナにおける問題は、単にパレスチナ一地域に限定された問題ではなく、アラブ諸国すべてが関わる全アラブの問題に拡大されたのだ。その原型は一九三九年のパレスチナ白書に帰結した、アラブ諸国をパレスチナ問題に関与させるようにお膳立てしたロンドンでのセント・ジェイムス会議にあった（本書第16章）。その意味で、イギリスは戦前から一貫した姿勢をとって来たとも言える。パレスチナ問題が全アラブ民族の大義として拡大していった背後にイギリスの中東政策があったということである。イギリスの非常に狡猾な外交が、アラブ・イスラエル紛争の激化といったアラブ世界が混乱していく原因を作ったと言ってもいい。

戦後のシオニストの動向

そのような状況の中、シオニスト側はどのような態度をとったのか。

〔……〕第二二回シオニスト会議が一九四六年一二月にバーゼルで開催された。会議はユダヤ人国家の設立を明言した一九四二年のビルトモア綱領を承認した。ヴァイツマンは会議において、パレスチナにおけるユダヤ人テロリストだけでなくアメリカにおけるテロリストの支持者をも非難した。彼の演説は各代表に強い衝撃を与えたにもかかわらず、代表の大多数は、シオニストは一九四七年一月に開催されるロンドン会議に参加すべきだというヴァイツマンの主張を拒否した。親英的なヴァイツマンはもはや会議の議長としてはふさわしくないとみなされ、議長職は空席のままであった。したがって、イシューヴ問題に関してはベングリオンが執行議長を務め、アメリカに関する執行議長としてはラビのアバ・ヒレル・シルバーが選出された。[14]

「ビルトモア綱領」とは、前述の通り、アメリカ合衆国ニューヨークのビルトモア・ホテルで開催された、アメリカの支援を受けながらユダヤ人国家を設立することを決めたシオニストの会議の結論をまとめた文書である。この綱領においてシオニストは前述のとおり「コモンウェルス」(commonwealth)という表現でユダヤ人国家設立の目標を明確に標榜した。この会議でシオニストは独立国家の支援者をイギリスからアメリカへ乗り換えることになった。

そんな中で後に初代イスラエル大統領となるユダヤ人指導者ハイム・ヴァイツマン[15](在任一九四九―五二年)は、親英派を代表するシオニスト指導者であった。元々はスイスの大学で化学の教授をしていたが、マンチェスター大学に引き抜かれた。第一次世界大戦時、爆弾製造に必要な有機化合物アセトンの大量合成方法を開発した人物である。イギリスはヴァイツマンが開発した合成法によりアセトンを量産し、海軍は大量の爆弾を使用することができた。彼の影響力もありイギリスはシオニストを支援するようになった。ヴァイツマンはマンチェスター大学で教えていたこともあり、マンチェスターを選挙基盤とし、首相も外相も経験したバルフォアと知り合った。後にバルフォアはシオニストを支援するようになるのだ。

つまりヴァイツマンはイギリスに多大な貢献をした人物であり、イギリスに対して発言力を持ち、親英派であった。ところがそれから二〇年以上経ち、イギリスが政策を一八〇度転換した後もヴァイツマンは親英的姿勢を変えなかった。そのような態度のため新たにアメリカに支援を求めるシオニスト指導者から総スカンを喰らった。彼はシオニスト会議の議長職を全うできない状況となる。

第一次世界大戦時のイギリスとの関係において多大な貢献をしたという、ヴァイツマンの政治的功績についてはシオニストも認めていた。しかしながら、新しい時代状況の中では彼の居場所はすでになく、彼はイスラエル建国後、名誉職の大統領に就任する。イスラエルの場合、ドイツと同じように大統領は国家元首ではあるが、その役割は形式的・儀礼的なものにほぼ限定されており、政治的実権を握るのは首相である。首相には、議会で選ばれた諸政党の第一党の党首が就く。大統領は国事行為を行なう。つまり、大使等に信任状を渡す、議会における開会宣言をする等の行為である。

政治的実権のない大統領にヴァイツマンを祭り上げた一方で、ダヴィド・ベン＝グリオン（在任一九四八－五四年、五五－六三年）〔図19－2〕が政治的実権を握る首相となった。政治力のあるラビのアバ・ヒレル・シルバーもアメリカのシオニスト会議の幹部メンバーとしてイスラエル建国に向けて活躍していく。ユダヤ人シオニストの間でも、イギリスから支援を引き出したい者、アメリカから支援を受ける者の間での微妙な温度差がこの時期には見られた。

さらに、一九四〇年代の大きな流れとしては、建国後に第一党になっていくイスラエル労働党（当時はエレツ・イスラエル労働党と呼ばれていた。略称マパイ）と、修正主義シオニストのグループの二つがあった。後者は武装組織イルグン・ツヴァイ・レウミーを拠点としながら、ベン＝グリオン等の労働党の流れと対立する形で政治運動を展開していた。つまり野党的立場であった。ジャボティンスキーが指導者として一九四〇年代まで修正主義シオニストを率いた。後に首相になっていくメナヘム・ベギンやイツハク・シャミール等も修正主義シオニストの軍事的地下組織の指導者として登場した。[16] 現在の首相ベンヤミン・ネタニヤフが属しているリクード党もこの修正主義シオニストの流れを汲んでいる。

図19-2　ダヴィド・ベン＝グリオン

国連パレスチナ分割決議へ

イギリスは、パレスチナ問題に関して徐々に態度を変えていく。パレスチナでは、ユダヤ人が激しい反英武装闘争を行なっている。かといってアラブ人たちが親英的になったわけでもない。パレスチナの秩序を維持するために費用もかかるため、イギリスはパレスチナを支配する意欲を失っていく。軍隊を派遣しなければ安定が保てない政治状況下、ユダヤ人もアラブ人もコントロールできないとなれば手放すしかない。しかしながら簡単に手放すわけにはいかない。イギリスが新たに利用しようと考えたのが、第二次世界大戦後の一九四五年に新たに設立された国際連合であった。

イギリスに残された手は、自ら問題を解決するのではなく、国際連合にすべてを委ねることであった。元々イギリスは国際連盟によってパレスチナ委任統治を任されていた、したがって問題解決の責任は国際連盟にあり、そのため後継組織である国際連合がその責任も継ぐべきである、というのがその理屈である。こうして、すべての責任を新たに結成された国際連合に丸投げしたイギリスは、パレスチナ問題の解決を要請した。国際連合は総会においてパレスチナ問題を議論するために特別セッションを設けたのである。

本来的には、このような問題は安全保障理事会が扱うべきである。常任理事国（当時はアメリカ、イギリス、フランス、ソ連、中華民国）の決定があれば軍事力を行使できるからである。ところが、当時の状況の中で当事国であるイギリスが提案したことを、常任理事国が全会一致で合意する可能性はほとんどなかった。結局、問題をどこに付託するか考えると総会しかなかった。しかし総会決議では、国連は軍隊を派遣することはできない。つまり国連総会決議とは、国際社会の合意形成には重要だが、実際に決議したところで、その決議を具体的に実施する権限はないからである。

このパレスチナ問題の解決案は国連総会で審議されることになるが、その前段階において具体的方法を探るために国連パレスチナ特別委員会（UNSCOP）が作られた。ここで戦後の米ソ冷戦状況下でかなり大きな役割を果たすことになるソ連の代表、当時の外務大臣アンドレイ・グロムイコ（一九〇九―八九年）は、ユダヤ人国家建設に賛成する立場をとった。アメリカはすでに賛成を表明している。ここで重要な点は米ソ冷戦が激化する中でソ連もユダヤ人国家支持の立場を明確にしたことである。これでパレスチナ委任統治の向かう方向性がほぼ決定されたことになる。

しかし、シオニストが反英行動を取り続けたため、イギリスはこの時期に及んでもかなり厳しい対応を余儀なくされていた。イギリスはイルグン・ツヴァイ・レウミーをテロ組織と見做していたので、パレスチナのイギリス軍事法廷はイルグンの三人のメンバーに死刑判決を下した。イルグンはそれに対して軍事的報復をした。イギリス委任統治政府とシオニストの関係は悪化の一途を辿った。このままの状態が続くと、両者間の戦闘がさらに大規模になっていく事態に陥ることになる。イギリスはもはや単独でパレスチナを統治し続けられないような状態となった。

このような緊迫した状況下、国連パレスチナ特別委員会が一九四七年八月に報告書を完成させた。多数派はイギリスによる委任統治の終了を勧告した。「多数派」と述べたのは、特別委員会を構成するメンバーの中で結論が一致しなかったためである。各国の利害が衝突し、多数派案と少数派案が出される結果となった。多数派案の勧告は、「パレスチナをアラブ人とユダヤ人の国家に分割し、聖地を国際管理地域にするというものであった」[17]。これに対しイギリスもアラブ人も反発する。この案はイギリスが一〇年前にピール報告のパレスチナ分割案として考えたことと同じことであり、再び同じような結果を引き起こすことは容易に予想されたからだ。

一九四七年一一月に国連総会は報告書を審議した結果、パレスチナはアラブ人国家とユダヤ人国家と国際管理地域に分割されることが決定された。

一一月二九日、国連総会は正式に報告書を審議した。その結果、三三カ国の代表が賛成に投じ、一一カ国のムスリム諸国を含む一三カ国の代表が反対票を投じ、一〇カ国の棄権があった。分割案は三分の二以上の得票を獲得したのであった[18]。

ここで重要なポイントは、当事国であるイギリスが棄権したことである。つまり責任は我々にないという態度を明確にしたのである。イギリスはさっそく、半年後にはパレスチナから英軍をすべて撤退すると明言した。これは、イギリスはパレスチナの治安に関しては責任を持てないという意味である。結果として、このパレスチナ分割決議案が出された後、国家予定地をめぐって陣取り合戦が始まった［図19-3］。ユダヤ人たちは、ユダヤ人国家に指定された地域を押さえるためにシオニストの武装組織を次々と派遣した。

一般的には一九四八年五月一五日に第一次中東戦争（パレスチナ戦争）が始まった、とされている。しかし実際の戦闘は、半年前の分割決議案が出された直後からすでに行なわれていたのである。分割案に示された土地をユダヤ人の民兵組織が押さえ、そこに住んでいたアラブ人を武力を使って意図的に追い出し始めたのだ。

もう一つ重要な点は、イギリスがパレスチナからの撤退表明後、「残りの数カ月間、イギリス軍は在留イギリス人の自衛のためにのみ動員された」ことである。[19]「これは英軍がアラブ人とユダヤ人のいかなる紛争にも介入しないことを意味した[20]」。つまり、アラブ人とユダヤ人の間の衝突を阻止すべき責任主体がなくなったのである。パレスチナにおける政治的秩序の完全な崩壊である。このようにイギリスの責任は

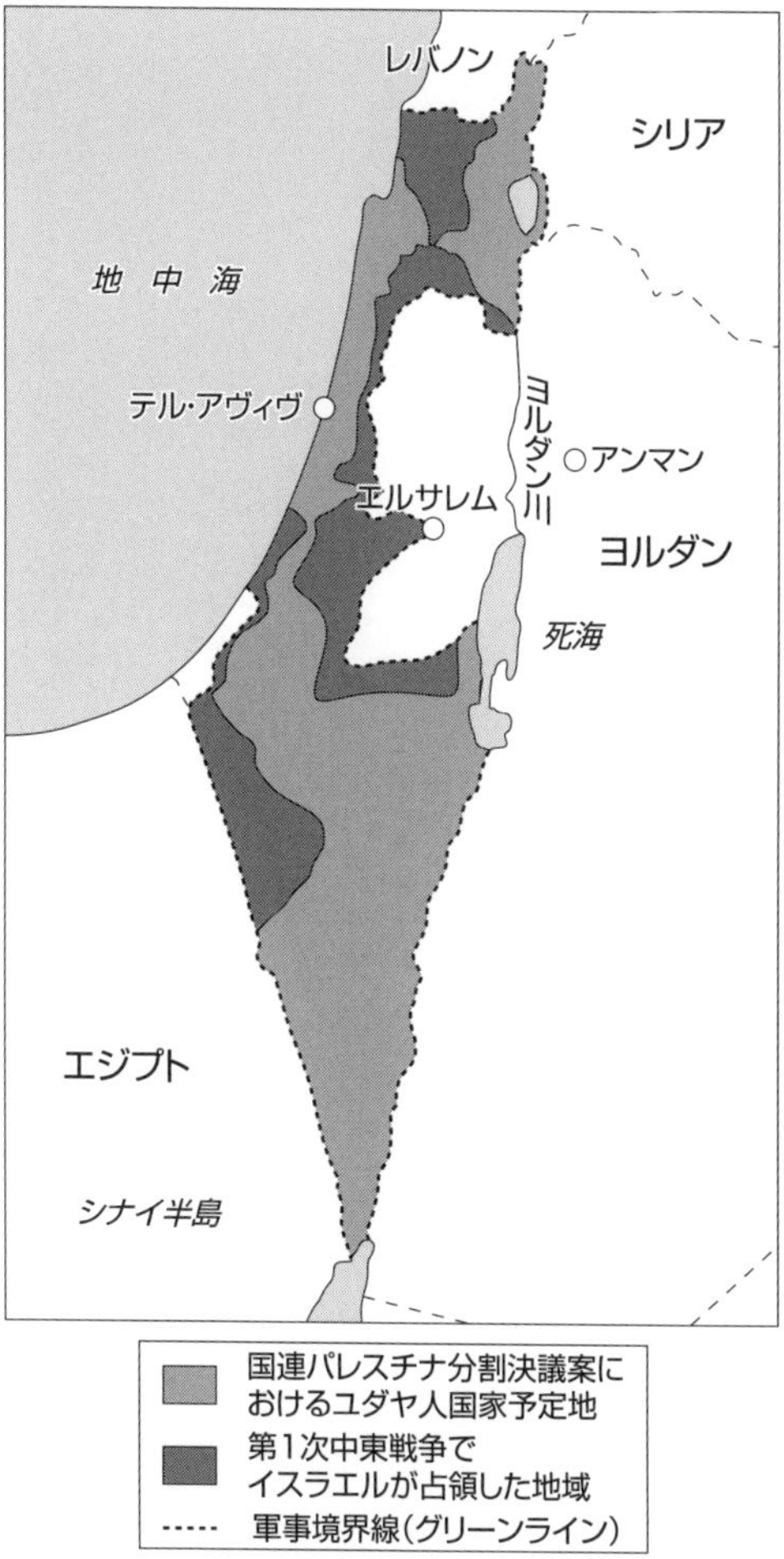

図19-3　第1次中東戦争後のパレスチナ・イスラエル周辺地図（イスラエルが国連パレスチナ分割決議案によって提示されたユダヤ人国家の領域よりも広い領土を獲得した一方で、ヨルダン（トランスヨルダン）はヨルダン川西岸を併合した）。臼杵陽『「中東」の世界史――西洋の衝撃から紛争・テロの時代まで』作品社、2018年より

非常に大きい。実際問題として、中東戦争に至るプロセスの中で、本来的にはイギリスが責務としてなさなればならなかった治安維持を、恣意的にほとんど何もしなかったため、戦争が起こったと言っても過言ではない。それどころかイギリスは、アラブ諸国にアラブ連盟を作らせて背後からけしかけた。このようなイギリスの態度がパレスチナ問題をめぐって武力対立を引き起こす間接的な要因となったのだ。

しかし現在、パレスチナ問題に関してイギリスを非難する人はいない。アメリカがイスラエル建国を支持する態度を明確にしてあまりにも派手に振る舞ったため、イギリスの過去の政治的責任を問う声はまったく上がってこないのだろう。ここで参照しているダン・コンシャーボク、ダウド・アラミーはイギリス在住のユダヤ人とパレスチナ人なのであるが、かなりきつい態度をとっている面もあるものの、当時のイギリスの責任については概して寡黙である。しかし、イギリスの責任は何度も問い返されねばならない。教科書では、アラブ諸国とイスラエルがそれぞれの国益のために争っているようにしか記述されていないが、アラブ・イスラエル紛争の舞台を作り上げたのはイギリスであることは忘れてはならないだろう。

また、戦争を抑止しようとする国際機関もなかった。安保理決議に基づいて止めるべきであったが、先述のとおりそれを実施するためには安保理構成メンバーの意見がすべて一致しなければならず、安保理常任理事国であったイギリスが当事国であったため、それはほぼ不可能に近かった。つまり、パレスチナ問題が火を噴くのを止める国際組織もない中で、戦争は必然的に起こってしまったのである。国際社会の無責任と言われても仕方ない事態である。

パレスチナでは、以下に述べるデイル・ヤースィーン村虐殺事件のような事件が多発していく。イルグン・ツヴァイ・レウミー等のシオニスト修正主義者たちによりアラブ人たちが殺されたのだ。その噂が実際以上に誇張されてパレスチナのアラブ人の間に広まり難民が発生した。

一一月、ユダヤ人社会は数多くの攻撃にさらされた。そしてアラブ人への報復攻撃も行われた。この報復にはハガナとイルグンが中心的役割を果たした。この新たな状況下においてシオニストの自制政策は放棄された。一九四八年四月、イルグンはエルサレム近郊のアラブ村落デイル・ヤースィーン村を攻撃し、一〇七名の村民が殺害された。この虐殺はユダヤ人が多く居住する地域からのアラブ人の避難を促進する結果をもたらした。五月中旬までに約三〇万人のアラブ人が避難し、周辺アラブ諸国に避難先を求めた。この虐殺への報復としてアラブ人は医療護送団を襲撃し、七七名の医師、看護婦、教師、学生が殺害された(21)。

パレスチナ難民は中東戦争の戦闘の結果で生まれたというイメージがあるが、それ以前からすでに発生していた。戦争が実際に勃発すると、イスラエル側がかなり有利に戦闘を展開し、アラブ人たちが軍事占領された故郷には戻れなくなったというのが実態である。

イスラエル独立宣言

ユダヤ人がパレスチナの土地を武力で実効支配していく中、一九四八年五月一四日イスラエル独立宣言が行なわれる。この独立宣言に関して注意を要する点がある。イスラエルには憲法がないという点である。

憲法制定のための議会が開催されたが、国家構想をめぐる意見の一致に至らなかったからだ。結果的に現在に至るまでイスラエルには憲法がなく、かわりに基本法で国の根幹に関わることを規定している。今現在、建国の理念を盛り込んだ独立宣言が憲法に相当するものと位置付けられている。

イスラエル建国を目指すシオニズム運動は、結局、建国まで一本化できなかった。労働党のシオニストもいれば、修正主義シオニストもいる。さらには宗教勢力もいる。もっと言えば人口の二〇%を占めるアラブ人にも国籍を与えてもいる。ユダヤ人市民のみならず、アラブ人市民も満足できるような憲法を制定できるはずがない。もちろん、アラブ市民は当時、軍政下にあって諸権利をかなり制限されていたのが実態であるが[22]。

独立宣言では、イスラエルは「ユダヤ人国家である」ことと「民主国家である」ことという二つの原則を掲げている。しかし、この二つの原則はそもそも両立しない。民主国家であるためには、アラブ人にもユダヤ人と同等の権利が与えられねばならない。しかし、形式的には同等の権利が与えられたが、実際にはイスラエルのアラブ人の市民は最初の一〇年間は完全に軍政下に置かれたのだ。行動の自由がなく、軍に届け出ないと移動も旅行もできない状態が続いた。敵である周辺アラブ諸国に味方する「第五列」と位置づけられるアラブ市民にとって、ユダヤ人国家という原則は、民主国家とは矛盾する関係にしかならない。民主国家という名目で与えられた自らの諸権利が棚上げされてしまうからである。しかし、少なくともイスラエル国籍を持つユダヤ系市民にとっては、ユダヤ人国家であり続けながら民主国家としても運営していくという原則は基本法のレベルでは貫かれることになる[23]。

前述の通り、国連パレスチナ分割決議以降、ユダヤ人国家に指定された地域を軍事的に確保するために労働党の軍事組織ハガナの活動は活発化した。テル・アヴィヴを中心に海岸部を押さえ、エルサレムへの道を確保するためにテル・アヴィヴとエルサレム間の戦闘が激化していく。また、ユダヤ人国家に指定された北部地域であるガリラヤ地方に関しては、アラブ人国家に指定されたガリラヤ地方の西部地域もイスラエル軍に占領された。ユダヤ人は北部地域に関しては最終的に港湾都市ハイファを中心に主要拠点を確保していくことになる。

イスラエルが五月一四日に独立宣言を行ったときには国連分割決議案でユダヤ人国家に指定されていた地域はほとんど占領下に置かれていた。翌日、イギリスによるパレスチナ委任統治が終了して、英軍は撤退を開始した。と同時に、エジプト、シリア、ヨルダン、レバノン、そしてイラクの軍隊がパレスチナに侵攻してくる。イスラエルの独立は即日アメリカのトルーマン大統領によって承認される。ソ連も続き、ユダヤ人国家はさらにヨーロッパ諸国を中心に承認を勝ち得ていくことになる。

しかし、先も述べた通り、イスラエルが独立宣言をした当初、ユダヤ人国家を構成する国民は必ずしも一枚岩とは言えなかった。というのも、まずシオニズムの党派ごとに形成された民兵組織の対立がある。とりわけ、イスラエル労働党系のハガナと後にリクードに発展していく修正主義シオニストのイルグン・ツヴァイ・レウミーとの対立は内戦の危機をも引き起こしかねないほど激しいものだった。最終的にはイルグン・ツヴァイ・レウミーの民兵を積んだ船舶アルタレナ号の武器などを陸揚げする前に爆破するということで内戦状態に陥るのを避けることができた。

イスラエル建国直後のアルタレナ号事件でイスラエルはかろうじて国家として内戦の危機を回避した。その後イスラエル国防軍（トゥヴァ・ハ・ハガナ・リ・イスラエール。略称ツァハル）が設立された。その最高司令官は首相であり、国防軍の軍人のトップは参謀総長であり、参謀総長は国防相によって指名される。ベン＝グリオンが初代首相兼国防相に就任して行政府の全権を掌握する。いずれにせよ、一九四八年五月一四日にベン＝グリオン首相がイスラエル国会（クネセト）でイスラエル国《メディナト・イスラエル》の独立宣言を読み上げたところで、本書におけるユダヤ人／教徒の世界史の記述をとりあえず終わりたい。これ以降はイスラエル国の歴史である。イスラエルの人々の中に、国民国家を構成するユダヤ人であると同時に、イスラエル人としての新たな国民意識も形成されていくという新たな段階に入るからである。

終章　イスラエル建国後のアラブ諸国・パレスチナとの関係

前章で述べたように、ベン＝グリオン首相がイスラエル国の独立宣言を読み上げて、ユダヤ人国家が成立した。これ以降はユダヤ人国家としてのイスラエル国（The State of Israel: Medinat Yisra'el）の歴史であり、同国に居住するユダヤ人は（あるいは新国家内に居残ったアラブ人も）イスラエル人としての新たな国民意識を形成していく。もちろん、ディアスポラのユダヤ人／教徒の歴史は続いているが、シオニズムの目標はユダヤ人国家の建設で達成されたとの認識の下に、古代以来のユダヤ人／教徒の歴史叙述はとりあえずここで終わりにしたい。二〇世紀後半以降のイスラエルとディアスポラの関係に関しては別途論じることにする。(1)

以下において、主として建国後のイスラエルと周辺アラブ諸国との戦争と平和というテーマに注目して、建国から現在までのイスラエル現代史における歴代内閣の概略を簡潔に述べていくと、次のようになる。すなわち、イスラエル労働党政権期（一九四八―七七年）、リクード政権期（一九七七―八二年）、挙国一致内閣期（一九八二―八八年）、労働党・リクード内閣交代期（一九八八―二〇〇五年）、カディーマ党政権期（二〇〇五―〇九年）、そして二〇〇九年三月からイスラエル内閣史上、最長の首相在任を誇るリクード党ネタニヤフ政権期（一九九六―九九年、二〇〇九年―現在）となる。(2)

まず指摘しておかねばならない点は、イスラエルとユダヤ人ディアスポラ諸共同体の関係である。イスラエル国では両者の関係は「世界シオニスト機構＝ユダヤ機関（地位）法―ユダヤ暦五七一三年／一九五二年」という法律で規定されている。世界シオニスト機構は全世界のユダヤ人ディアスポラを代表しており、それに対してユダヤ機関はディアスポラとイスラエル政府との間をつなぐ窓口の役割を果たしている。ユダヤ機関は建国前、イシューヴ（パレスチナのユダヤ社会）を代表するものであったが、建国後はイスラエル政府がイスラエル国民を代表するというかたちをとるようになったので、ユダヤ機関は両者をつなぐリエゾン・オフィスのような機能を持つようになった。

イスラエルは建国以来、アラブ諸国と戦争を繰り返していた。もちろん、イスラエルにとっては防衛戦争という側面もあるが、むしろベン＝グリオン初代首相の強硬な対アラブ観に支えられて、あえて戦争を選択していったといってよかろう。アラブ諸国との宥和政策を追求した第二代首相モシェ・シャレット（在任一九五四―五五年）との対アラブ政策との相違・対立が鮮明になる中で、ベン＝グリオンは子飼いの政治家たちを閣僚として送り込み、イスラエルをより強力な軍事力を持つ国家へと成長させていき、シャレット首相の後任として自らが首相に復権することになった(3)。

ところで、日本ではイスラエルとアラブ諸国の戦争を「中東戦争」（あるいはアラブ・イスラエル紛争）と呼び、第一次中東戦争から第四次中東戦争まであったと整理することが普通である。一九七三年の第四次中東戦争以降、一九七九年にエジプト・イスラエル平和条約が締結され、イスラエルとアラブ諸国が全面的に衝突する戦争は勃発していない。むしろ一九七〇年代以降はイスラエルとパレスチナ解放機構（PLO）との間の紛争が激化していった。しかし、このイスラエル・パレスチナ紛争も一九八二年のレバノン戦争でPLOがベイルートから追放されてチュニスにその拠点を移してからは両者の交渉が始まり、一九九三年のオスロ合意（パレスチナ暫定自治に関する原則宣言）以降、パレスチナ自治政府が成立し、イスラル・パレスチナ紛争の構図も大きく変容することになる。

ところで、第一次中東戦争（イスラエル独立戦争）は一九四八年五月一五日、アラブ諸国軍がパレスチナに侵攻して勃発した。第一次中東戦争にはエジプト軍、シリア軍、トランスヨルダン軍、レバノン軍、イラク軍に加えて、アラブ諸国の義勇兵も参戦していた。

戦争そのものに関しては、アラブ連合軍の総司令官であったトランスヨルダン軍のアブドゥッラーは国連パレスチナ分割案におけるユダヤ人国家の領域には進軍しないという密約(4)をイスラエルとの間に結んでいた。にもかかわらず、分割ラインをめぐっては実際にはイスラエル軍とヨルダン軍との戦闘は激烈を極めた。イスラエル軍は分割案の予定地よりもヨルダン側に食い込んだかたちで領土を確保した。パレスチナにおけるヨルダン領はヨルダン川西岸と呼ばれている。

一方、イスラエルは周辺アラブ諸国と各戦線で戦わざるを得なかった。最大の軍事力を誇るエジプト軍がシナイ半島を越えてイスラエルに侵攻してきた。エジプトはパレスチナ委任統治領の一部であったガザ地帯を占領した。しかし、エジプト国王ファールークの下に組織されたエジプト軍はばらばらで統一された軍隊とは言えなかった。後にエジプト大統領になるナセルが『革命の哲学』(5)で述懐するように、エジプト軍は指揮権もばらばらで、少数精鋭のイスラエル軍に対抗できるものではなかった。ナセルはネゲヴ戦線の塹壕の中でエジプトの敗因を振り返り、一九五二年に自由将校団によるエジプト革命を成し遂げたのである。

第一次中東戦争で激しい戦闘が行われたもう一つの戦場が対シリア戦線であった。イスラエル軍はシリア軍に苦戦するものの、シリアに接するガリラヤ湖からフーレ湖にかけてのフーレ峡谷といった要衝の地を確保することができた。

イスラエルは一九五〇年に入ってアラブ諸国とそれぞれ休戦協定を締結し、アラブ諸国との間に「軍事境界線」が引かれて独立国家として出発することになった。ここで軍事境界線と呼ぶのは、イスラエルには周辺アラブ諸国と外交関係がなかったために国境が正式には画定されなかったからである。したがって、両者の間には新たな戦争が準備されていくことになる。現在に至るまで、イスラエルとの国境が画定しているアラブ国家は、外交関係のあるエジプトとヨルダンのみである。

イスラエルでは独立後、ベン＝グリオン首相の下で国家統合がなされていく。とりわけ重要な点は一九五〇年代に当時の西ドイツ政府からホロコーストなどをめぐる第二次世界大戦の賠償金を獲得して経済発展を遂げたことである。その際、ベン＝グリオン首相はマムラフティユート（国家主義）と呼ばれる国家統合政策を実施した。とりわけ、アラブ諸国との軍事的な対立に鑑みてイスラエル国防軍の充実が重要な課題となった。(6)

ベン＝グリオン首相はイスラエルというユダヤ人国家の基礎を築いたといってもいいだろう。イスラエルはこのベン＝グリオン政権時代の一九四八年に第一次中東戦争と一九五六年に第二次中東戦争を戦った。特に後者の戦争ではイスラエルはイギリスとフランスと軍事的に協力した。というのも、エジプト大統領のナセルによるスエズ運河国有化宣言に対して、英仏軍がスエズ運河地帯に軍隊の派遣を決定すると、イスラエルもスエズ運河東岸のシナイ半島に出兵して占領したからである。第二次中東戦争後までアメリカのアイゼンハワー政権（在任一九五三―六一年）によるアラブ諸国とイスラエルに対する等距離外交政策もあって、イスラエルはフランスと積極的に軍事的協力を行っていた。特にイスラエルは原子力開発の分野ではフランスの技術を導入して、ネゲヴ砂漠のディモナに原子炉を建設した。イスラエルは核兵器を所持しているとも所持していないとも明言しない政策を今日に至るまで採り続けており、その政策をアラブ世界に対する核抑止のベースとしている。(7)

前述の通り、一九五六年の第二次中東戦争はスエズ運河をめぐる英仏とエジプトの対立であったが、(8)イスラエルもその際、シナイ半島を一時的に占領した。そして一九六七年の第三次中東戦争（イスラエル側は「六日間戦争」と呼ぶ）(9)ではシナイ半島を占領して支配下に置いたのである。同時に確認しておかねばならぬことは、一九五六年の第二次中東戦争まではシリア領のゴラン高原の高地からガリラヤ湖に対してシリア軍による砲撃が続き、一九六七年の第三次中東戦争でイスラエル軍がゴラン高原を占領するという事態を引き起こした安全保障上の要因も考慮すべきということであろう。イスラエルは行政的レベルでゴラン高原を併合して自国領とし、今日に至っている。

ベン＝グリオン政権期の対外政策の特徴としては、あえて自国の国境を明示しない方針を採ってアラブ世界との関係において戦時を想定して行動していたことを挙げることができる。そのような考え方を継承したレヴィ・エシュコル首相時代（在任一九六三―六九年）の戦争の典型が一九六七年に勃発した第三次中東戦争である。当時の国防相はベン＝グリオンの子飼いのモシェ・ダヤン（一九一五―八一年）であった。この六日間戦争ではイスラエルは先制攻撃によってエジプトからシナイ半島とガザ地帯、ヨルダンから東エルサレムを含むヨルダン川西岸、そしてシリアからゴラン高原を奪ったのである。

その後「中東和平」(10)と呼ばれるようになるイスラエルとアラブ諸国との和平交渉はこの戦争後に国連安

保理で採択された決議二四二号に基づいて行われることになった。この安保理決議二四二号の原則は「領土と和平の交換」と呼ばれ、イスラエルが戦争中に奪った占領地を返還すれば、その見返りとしてアラブ諸国はイスラエルを国家として承認して平和条約を締結するというものである。ちなみに、国連パレスチナ分割案（総会決議一八一号）は常任理事国であるイギリスが直接関与した問題だったので、安保理決議ではなく、総会決議であった。したがって、常任理事国は武力行使ができず、戦争の勃発を防ぐことができなかったので、結果的に将来に禍根を残すことになった。

このような「領土と和平の交換」の原則に基づいて一九七三年の第四次中東戦争[11]後にも国連安保理決議三三八号が採択された。この戦争の緒戦でエジプトはイスラエルに対して軍事的に勝利をし、アメリカの仲介もあって和平交渉の席に着くことになった。この和平交渉の結果、一九七七年に当時のエジプト大統領であったサーダートがエルサレムを訪問し、さらに一九七八年にはジミー・カーター米大統領の仲介でキャンプ・デーヴィッド合意が締結され、最終的に一九七九年にはエジプト・イスラエル平和条約が締結されたのである。この平和条約の締結でイスラエルはアラブ諸国と初めて外交関係を樹立したのである[12]。

一九六七年の第三次中東戦争後、パレスチナ解放機構の自立化という新たな要因が生まれた。PLOにおいてヤースィル・アラファート（一九二九—二〇〇四年）がその主導権を握ったのである。アラファートは内閣でいえば首相に相当するPLO執行委員会議長に就任して、それまでナセル大統領（一九一八—七〇年）のエジプトに従属していたPLOを政治的に自立させ、一九七〇年代には武力闘争による解放運動を展開した。イスラエルは、PLOが一九七一年のヨルダン内戦の結果、レバノンに拠点を移してから、PLOと軍事的に直接対峙するようになった。PLOは南レバノンからイスラエルの北部国境に対してカチューシャ砲による攻撃を加えたのである。イスラエルは一九八二年六月、ベギン内閣時にシャロン国防相（国防相一九八一―八三年、首相二〇〇一―〇六）の下にレバノン侵攻作戦を展開し、PLOを軍事的にベイルートから排除することに成功した。しかし、イスラエルのレバノン侵攻は西ベイルートのパレスチナ難民キャンプを攻撃し、サブラー・シャティーラ虐殺事件を引き起こすことになり、事件を調査するカハン委員会の調査報告が出された。その結果、ベギン首相とシャロン国防相はレバノンでの虐殺事件の責任を問われることになり、ベギン首相は一九八三年二月、辞任を余儀なくされたのである[13]。

PLOはレバノン戦争後、武装闘争路線から対話路線に方針を転換したのであるが、イスラエルは新たな政治的状況に遭遇することになった。一九八七年一二月、イスラエルの占領地であるヨルダン川西岸・ガザでパレスチナ人による民衆蜂起（インティファーダ）が勃発したからである。PLOはむしろ蜂起を契機にイスラエル占領地のパレスチナ人指導者との関係を強化していくことになった。しかし、イスラエルはアメリカと共にPLOをパレスチナ人の唯一正当の代表であるとは承認しなかったため、一九九一年の湾岸戦争後のマドリード中東和平会議でもこれを認めず、PLOとイスラエルでの間で直接、和平交渉を行なうことはなかった。

イスラエルによるPLO承認の転換点は、米ソ冷戦が終焉した一九九〇年八月の湾岸危機、そして九一年一月からの湾岸戦争の勃発であった。というのも、イラクによるクウェート侵攻を契機とする湾岸危機と湾岸戦争の勃発は、イラクを支持したPLOを国際的に孤立させることになったからである。ヨルダン川西岸・ガザのパレチナ人は、イスラエルをスカッド・ミサイルで攻撃したイラク大統領のフセインを熱狂的に支持したため、アラファート議長はイラク支持を表明せざるを得なかったのであった。また、イスラエルも敵対する隣国シリアがアメリカ側に立って湾岸戦争に参戦したため、アメリカから見た場合、米ソ冷戦終焉も相俟って、イスラエルの対アラブ世界の橋頭保としての軍事的な役割が急激に減じることになった。

そのような国際情勢の急激な変化を受け、ブッシュ・シニア大統領はソ連大統領のゴルバチョフと共に一九九〇年にマドリード中東和平会議の開催を呼びかけ、アラブ・イスラエル紛争が始まって以来初めてイスラエルとアラブ諸国は同じ交渉のテーブルに着いたのである。和平交渉は二国間交渉と多国間交渉の二つのトラックで行われたものの、PLO自体は交渉の参加を認められず、ヨルダン・パレスチナ合同代表団としてイスラエルと交渉していた。そのため、PLOなき和平交渉は全体として行き詰まってしまった。しかし、イスラエルは和平交渉と並行して、PLOとノルウェーの首都オスロにおいて水面下で秘密交渉を行っていたのである。

そのような秘密交渉の結果、一九九三年九月、クリントン米大統領（在任一九九三―二〇〇一年）の仲介でワシントンDCにおいて「パレスチナ暫定自治に関する原則宣言」（いわゆる「オスロ合意」）を締結し、相互の存在を承認するとともに、パレスチナ暫定自治に向けての交渉を開始した。しかし、両者の和平交渉のその後は多難を極めた。和平を推進したイツハク・ラビン首相（在任一九七四―七七年、九二―九五年）が一九九五年一一月に暗殺された。(14) そしてアブラハムの墓だといわれるヘブロンにあるユダヤ教とイスラーム教の共通の聖地マクペラの洞窟（イスラーム側はハラム・イブラーヒーミーと呼ぶ）のムスリムの礼拝所においてユダヤ人極右運動家が乱射事件を引き起こし、和平交渉自体が暗礁に乗り上げることになった。(15)

さらに一九九六年の選挙でネタニヤフ［図終―1］率いるリクード党が勝利して、和平交渉は停滞することになった。しかし、一九九九年七月の選挙では和平交渉に満を期したエフード・バラク（在任一九九九－二〇〇一年）率いる労働党がリクード党を破った。バラク首相は二〇〇〇年五月、一九八二年のレバノン戦争以来続いていた南レバノン占領を終わらせ、イスラエル軍は撤退した。また、同首相は二〇〇〇年七月、和平交渉の停滞を打開するためにクリントン米大統領の仲介でキャンプ・デーヴィッドにおいてアラファート議長と和平交渉を行った。しかし、交渉自体は物別れに終わり、二〇〇〇年九月、期待外れの和平交渉に不満を鬱積させたパレスチナ人は第二次インティファーダを引き起こすことになった。その後もバラク首相による和平交渉は試みられたものの、結局は失敗に終わった。[16]

二〇〇一年三月の選挙において、和平交渉に反対するリクード党のアリエル・シャロンが勝利して、首相に就任した。ところが、同年九月一一日、「同時多発テロ」と呼ばれる航空機によるテロが実行され、ハイジャックされた航空機がワシントンDCのペンタゴン（国防省）とニューヨークのツインタワーに突っ込んだ（九・一一事件）。この事件を契機にシャロン首相もブッシュ・ジュニア大統領の「対テロ戦争」の呼びかけに呼応して、ファタハのアラファート議長が拠点とするラーマッラーのパレスチナ自治政府の建物をイスラエル軍は包囲し、同議長を事実上監禁した。同議長がテロ組織ハマース（イスラーム抵抗運動）を擁護したという理由からであった。アラファート議長は体調を悪化させて、二〇〇四年一一月、死去した。[17]

シャロン首相は二〇〇五年八月、大方の見方に反してイスラエル軍をガザから撤退させた。撤退に対してはリクード党内の反対が強く、シャロン首相は二〇〇五年一一月、リクード党首を辞任して新党カディーマ（前進）

図終-1　ベンヤミン・ネタニヤフ

党を結成した。しかし、シャロン首相は翌月、脳溢血で突然倒れ、オルメルト（在任二〇〇六—〇九年）が首相代行を務めた。オルメルト政権は代行の期間を含めて二〇〇六年一月から二〇〇九年三月まで続くが、シャロン首相のつなぎという性格が強かった。その後、ネタニヤフ政権が登場し、二〇一九年九月現在まで続いている。ネタニヤフ首相は在任一三年四ヶ月を超えて、二〇一九年七月二〇日に四八六七日を迎え、ベン＝グリオン首相の最長在任記録を抜いて、イスラエル史上最長の在任期間を誇る首相となった。同年九月に選挙が実施され、リクード党は僅差で破れ、リブリン大統領は最終的に九月二三日、「青と白」党（イスラエル国旗の色）のガンツ党首（元軍参謀総長）に組閣を要請した。

二〇一七年一月にドナルド・トランプがアメリカ大統領に就任したが、同大統領はエルサレムをイスラエルの首都として承認し、二〇一九年五月一四日のイスラエル独立記念日にテル・アヴィヴにあるアメリカ大使館を正式にエルサレムに移転した。さらに、同大統領はゴラン高原もイスラエルの領土として承認した。この親イスラエルの米政権の登場で中東和平の行方はいよいよ不透明になった。トランプ政権はアメリカの親イスラエル団体（AIPAC）や福音派キリスト教徒の支持を受けており、イスラエルとアメリカの両国関係はいっそう結びつきを強めていくことになろう。

注

第1章

(1) A・シーグフリード『ユダヤの民と宗教――イスラエルの道』、鈴木一郎訳、岩波新書、一九六七年。
(2) 同上、二頁。
(3) シーセル・ロス『ユダヤ人の歴史』(新装)、長谷川真・安積鋭二訳、みすず書房、一九九七年。
(4) レイモンド・P・シェインドリン『ユダヤ人の歴史』、入江規夫訳、河出文庫、二〇一二年。
(5) 同上、一五頁。
(6) ポール・ジョンソン『ユダヤ人の歴史』全三巻(古代・中世篇、近世篇、現代篇)、石田友雄監修、阿川尚之・池田潤・山田恵子訳、徳間文庫、二〇〇六年。
(7) ジョンソン『ユダヤ人の歴史　古代・中世篇　選民の誕生と苦難の始まり』、七頁。
(8) 同上。
(9) ノーマン・F・キャンター『聖なるきずな――ユダヤ人の歴史』、藤田永祐訳、法政大学出版局、二〇〇五年。
(10) 同上、xiii-xiv頁。
(11) シュロモー・サンド『ユダヤ人の起源――歴史はどのように創作されたのか』、高橋武智監訳、佐々木康之・木村高子訳、ちくま学芸文庫、二〇一七年。
(12) イラン・ハレヴィ『ユダヤ人の歴史』、奥田暁子訳、三一書房、一九九〇年。

（13）Howard N. Lupovitch, *Jews and Judaism in World History*, London: Routledge, 2010.

（14）同上、一頁。

（15）同上、一頁。

（16）同上、一―二頁。

（17）以下、同上、二―三頁を参照。

（18）同上、三頁。

（19）ユダヤ人あるいはユダヤ教の概説に関しては、市川裕『ユダヤ人とユダヤ教』、岩波新書、二〇一九年が最近刊行された。本書で特に言及しなかったが、概説書の翻訳は近年数多く刊行されている。著者の手元にあるものを適宜挙げておく。イジドー・エプスタイン『ユダヤ思想の発展と系譜』、安積鋭二・小泉仰共訳、紀伊國屋書店、一九七五年（Isidore Epstein, *Judaism: A Historical Presentation*, London: Penguin Books, 1959）、E・R・カステーヨ、U・N・カポーン『図説ユダヤ人の２０００年』、全二巻（歴史篇、宗教・文化篇）、市川裕監修、那岐一尭訳、同朋舎出版、一九九六年（E.R. Castelló & U.M.Kapón, *The Jews and Europe: 2000 Years of History*, New York: Henry Holt, 1994）、ノーマン・ソロモン『〈1冊でわかる〉ユダヤ教』、山我哲雄訳・解説、岩波書店、二〇〇三年（Norman Solomon, *Judaism: A Very Short Introduction*, Oxford: Oxford U.P., 1996）、M・モリスン、S・F・ブラウン『〈シリーズ世界の宗教〉ユダヤ教』（改訂新版）、秦剛平訳、青土社、二〇〇四年（Martha A. Morrison & Stephen F. Brown, *Judaism* (*World Religions*), Revised Edition, New York: Facts on File, 2002）。なお、ソロモン著とモリスンおよびブラウン共著には、出版当時までの日本語のユダヤ教に関する文献目録が付されている。

第2章

（1）市川裕『ユダヤ教の歴史』、山川出版社、二〇〇九年。

（2）以下、加藤隆『一神教の誕生――ユダヤ教からキリスト教へ』、講談社現代新書、二〇〇二年を参照。

（3）同上、四四―四五頁を参照。

（4）同上、四九頁。

(5) 同上、六一―六五頁を参照。
(6) 同上、七八頁を参照。
(7) 同上、七九―八〇頁。
(8) ヨセフ・ハイーム・イェルシャルミ『ユダヤ人の記憶、ユダヤ人の歴史』、木村光二訳、晶文社、一九九六年。

第3章

(1) 加藤隆『一神教の誕生――ユダヤ教からキリスト教へ』、講談社現代新書、二〇〇二年、八七頁を参照。
(2) ゲルハルト・フォン・ラート『旧約聖書の様式史的研究』、荒井章三訳、日本基督教団出版局、一九六九年、R・E・クレメンツ『近代旧約聖書研究史――ヴェルハウゼンから現代まで』、村岡崇光訳、教文館、一九七八年。
(3) 加藤隆『一神教の誕生』、九〇頁。
(4) 同上、九七頁。
(5) 同上、一〇二頁。
(6) 同上、一〇八頁。
(7) 同上。
(8) 同上、一一六―一一七頁。
(9) 同上、一三九頁を参照。
(10) 同上。
(11) 同上、一四四頁。
(12) 同上、一四四―一四五頁。
(13) 同上、一四五頁。
(14) 「別冊NHK100分de名著」シリーズの一冊で旧約聖書をより分かりやすく解説した著作として、加藤隆『集中講義旧約聖書――「一神教」の根源を見る』、NHK出版、二〇一六年、がある。また、加藤隆『旧約聖書の誕生』、ちくま学芸文庫、二〇一一年、も著者の入門書として役に立つ。

第4章

(1) ユダヤ教の立場からイエスを捉え直す研究書が出版されている。例えば、ダヴィド・フルッサー『ユダヤ人イエス——決定版』、池田裕・毛利稔勝訳、教文館、二〇〇一年、前島誠『ナザレ派のイエス』(増補版)、春秋社、二〇〇九年、等がある。なお、本章の詳細については、臼杵陽『世界史の中のパレスチナ問題』、講談社現代新書、二〇一三年、第3講を参照。
(2) 加藤隆『一神教の誕生——ユダヤ教からキリスト教へ』、講談社現代新書、二〇〇二年、一四八頁を参照。
(3) 同上、一四八—一四九頁。
(4) メイール・カハネに関しては、臼杵陽「ユダヤ教と原理主義の未来——蘇るメイール・カハネの『亡霊』」『現代宗教創刊号、国際宗教研究所/東京堂出版、二〇〇一年、八一—九八頁を参照。
(5) 加藤隆『一神教の誕生』、一四九頁。
(6) 以下、同上、一五一—一五二頁を参照。
(7) 同上、一五二—一五三頁。
(8) 同上、一五四頁。
(9) 同上、一五六—一五七頁。
(10) 同上、一五八頁。
(11) 同上、一五八—一五九頁。
(12) 同上、一五九頁。
(13) 同上、一六〇頁。
(14) 同上、一六六頁を参照。
(15) 同上、一六六頁。
(16) 同上、一六六—一六七頁。
(17) モリス・アドラー「『タルムードの世界』を読む前に—訳者まえがき—」『タルムードの世界』、河合一充訳、ミルトス、一九九一年、五―六頁。

第5章

(1) Bernard Lewis, *The Jews of Islam*, Princeton: Princeton University Press, 1984. なお、本章の詳細については、臼杵陽『世界史の中のパレスチナ問題』、講談社現代新書、二〇一三年、第3講を参照。
(2) アラブ世界のユダヤ教徒に関する古典的概説書として以下の著作がある。Shlomo D.Goitein, *Jews and Arabs: A Concise History of their Social and Cultural Relations*, New York: Schocken, 1955; Norman A. Stillman, *The Jews of Arab Lands*, Philadelphia: Jewish Publication Society of America, 1979.
(3) 井筒俊彦『イスラーム文化――その根柢にあるもの』、岩波書店、一九八一年。
(4) 同上、一八頁。
(5) 同上、一九―二〇頁。
(6) 同上、二三頁。
(7) 同上、二四―二五頁。
(8) 藤本勝次『マホメット――ユダヤ人との抗争』、中公新書、一九七一年。
(9) 同上、一六―一九頁。
(10) カマール・サリービー『聖書アラビア起源説』、広河隆一・矢島三枝子訳、草思社、一九八八年。
(11) 藤本勝次『マホメット』、六六―六九頁。
(12) 同上、七三頁。
(13) 同上、九四―九五頁。
(14) W・モンゴメリ・ワット『地中海世界のイスラム――ヨーロッパとの出会い』、三木亘訳、ちくま学芸文庫、二〇〇八年。
(15) 同上、二四―二六頁。
(16) 同上、二六頁。

(17) ノーマン・F・キャンター『聖なるきずな――ユダヤ人の歴史』、藤田永祐訳、法政大学出版局、二〇〇五年、一六五頁。
(18) 同上、一六五頁。
(19) 同上、一七五―一七六頁。

第6章

(1) Simon S. Montefiore, *Jerusalem: The Biography*, New York: Vintage, 2012. なお、本章の詳細に関しては、臼杵陽『世界史の中のパレスチナ問題』、講談社現代新書、二〇一三年、第4講を参照。
(2) W・モンゴメリ・ワット『地中海世界のイスラム――ヨーロッパとの出会い』、三木亘訳、ちくま学芸文庫、二〇〇八年、九九頁。
(3) アラブの視点から描いた十字軍の歴史については、アミン・マアルーフ『アラブが見た十字軍』、牟田口義郎・新川雅子訳、ちくま学芸文庫、二〇〇一年を参照。
(4) ワット『地中海世界のイスラム』、一六〇頁。
(5) 同上。
(6) 同上、一六〇―一六一頁。
(7) 同上、一六一頁。
(8) ポール・ジョンソン『ユダヤ人の歴史　古代・中世篇　選民の誕生と苦難の始まり』、石田友雄監修、阿川尚之・池田潤、山田恵子訳、徳間文庫、二〇〇六年、四四八頁。
(9) 同上、四四九頁。
(10) レイモンド・P・シェインドリン『ユダヤ人の歴史』、入江規夫訳、河出文庫、二〇一二年、一四六頁。
(11) 同上、一四九頁。
(12) イェーリング『権利のための闘争』、村上淳一訳、岩波文庫、一九八二年、九五―九六頁。
(13) シェインドリン『ユダヤ人の歴史』、一一九頁。

(14)以下、同上、一一九―一二八頁を参照。
(15)伊東俊太郎『十二世紀ルネサンス』、講談社学術文庫、二〇〇六年を参照。
(16)マイモニデスに関しては、A・J・ヘッシェル『マイモニデス伝』、森泉弘次訳、教文館、二〇〇六年を参照。
(17)シェインドリン『ユダヤ人の歴史』、一六四―一六五頁。
(18)同上、一六八頁。
(19)同上、一六九―一七〇頁。
(20)中世イベリア半島の三つの一神教の関係に関しては、マリア・ロサ・メノカル『寛容の文化――ムスリム、ユダヤ人、キリスト教徒の中世スペイン』、足立孝訳、名古屋大学出版会、二〇〇五年を参照。

第7章

(1)レイモンド・P・シェインドリン『ユダヤ人の歴史』、入江規夫訳、河出文庫、二〇一二年、一七四頁。
(2)小杉泰・林佳世子編『イスラーム書物の歴史』、名古屋大学出版会、二〇一四年。
(3)シェインドリン『ユダヤ人の歴史』、一七六頁を参照。
(4)臼杵陽『見えざるユダヤ人――イスラエルの〈東洋〉』、平凡社選書、一九九八年を参照。
(5)以下、シェインドリン『ユダヤ人の歴史』、一八〇―一八三頁を参照。
(6)以下、同上、一八三―一八四頁を参照。
(7)同上、一八三頁。
(8)ユダヤ神秘主義全般については、ゲルショム・ショーレム『ユダヤ神秘主義――その主潮流』(新装版)、山下肇ほか訳、法政大学出版局、二〇一四年を参照。
(9)以下、シェインドリン『ユダヤ人の歴史』、一八四頁を参照。
(10)以下、同上、一八五―一八七頁を参照。なお、シャブタイ・ツヴィに関しては、ゲルショム・ショーレム『サバタイ・ツヴィ伝――神秘のメシア』(上・下)、石丸昭二訳、法政大学出版局、二〇〇九年を参照。
(11)シェインドリン『ユダヤ人の歴史』、一八七―一八八頁。

(12) 臼杵陽『世界史の中のパレスチナ問題』、講談社現代新書、二〇一三年、第5講を参照。

(13) 関哲行「追放後のユダヤ人――16～17世紀の地中海と大西洋世界」(www.tufs.ac.jp/21coe/area/insatsu/pmg_seminar_031031.pdf)。

第8章

(1) ネタニヤフ首相は国連大使以来、福音派を利用しようとしていた。グレース・ハルセル『核戦争を待望する人びと――聖書根本主義派潜入記』、越智道雄訳、朝日選書、一九八九年を参照。キリスト教シオニズムに関する研究は枚挙に暇がないが、とりあえず以下の文献を参照。Paul Charles Merkley, *The Politics of Christian Zionism 1891-1948*, London: Frank Cass, 1998.

(2) 森孝一『宗教からよむ「アメリカ」』、講談社選書メチエ、一九九六年、一八七―一八八頁。

(3) ノーマン・F・キャンター『聖なるきずな――ユダヤ人の歴史』、藤田永祐訳、法政大学出版局、二〇〇五年、三一七頁。

(4) 同上、三一七頁。

(5) 同上、三一七―三一八頁。

(6) マックス・I・ディモント『ユダヤ人――神と歴史のはざまで』、藤本和子訳、朝日新聞社、一九七七年、三二七頁を参照。

(7) レイモンド・P・シェインドリン『ユダヤ人の歴史』、入江規夫訳、河出文庫、二〇一二年、二二九頁。

(8) 同上、二二九―二三〇頁。

(9) ディモント『ユダヤ人』、三三〇頁

(10) 以下、シェインドリン『ユダヤ人の歴史』、二三〇―二三一頁を参照。

(11) 同上、一一九―一二八頁。

第9章

（1）ノーマン・F・キャンター『聖なるきずな——ユダヤ人の歴史』、藤田永祐訳、法政大学出版局、二〇〇五年、三四〇頁。ユダヤ啓蒙主義および改革派ユダヤ教に関する日本語のまとまった著作はない。ユダヤ啓蒙主義に関する概説としては以下の文献を参照。Shmuel Feiner, *The Jewish Enlightenment*, translated by Chaya Naor, Philadelphia: University of Pennsylvania Press, 2004. また、改革派ユダヤ教に関しては以下の文献を参照。Dana Evan Kaplan, *American Reform Judaism: An Introduction*, New Brunswick: Rutgers University Press, 2003.
（2）キャンター『聖なるきずな』、三四〇頁。
（3）同上、三四五頁。
（4）同上、三四一頁を参照。
（5）同上、三四一頁。
（6）以下、同上、三四一—三四二頁を参照。
（7）以下、同上、三四四—三四七頁を参照。
（8）同上、三四六頁。
（9）同上、三四七頁を参照。。
（10）同上、三四八—三四九頁。
（11）同上、三五〇頁。
（12）以下、同上、三五〇—三五一頁を参照。
（13）以下、同上、三五一—三五二頁。
（14）同上、三四二頁を参照。保守派ユダヤ教に関しては以下を参照。Daniel J. Elazar and Rela Mintz Geffen, *The Conservative Movement in Judaism: Dilemmas and Opportunities*, Albany: SUNY Press, 2000. 再建派ユダヤ教を代表するモルデハイ・カプランに関しては以下を参照。Mordecai Kaplan, *Judaism as a Civilizaiton*, The Jewish Publication Society, 1994.

第10章

（1）以下、ノーマン・F・キャンター『聖なるきずな——ユダヤ人の歴史』、藤田永祐訳、法政大学出版局、二〇〇五年、、二八五頁を参照。なお、ハシディズムの中核的な信仰であるカバラーに関しては、ゲルショム・ショーレム『カバラとその象徴的表現』（新装版）、小岸昭・岡部仁訳、法政大学出版局、二〇一一年、A．サフラン『カバラ――ユダヤ教思想の統一性と永続性』、西村俊昭訳、創文社、一九九四年を参照。

（2）キャンター『聖なるきずな』、二八五頁。

（3）同上、二八六頁。

（4）同上、二八六―二八七頁。

（5）同上、二八七頁。

（6）同上。

（7）同上、二八八頁を参照。

（8）同上、二八八―二八九頁。

（9）同上、二九〇頁を参照。

（10）同上、二九〇―二九一頁。

（11）同上、二九一頁。

（12）同上、二九一―二九二頁。

（13）同上、二九二頁を参照。

（14）同上、二九二頁。

（15）以下、同上、二九二―二九五頁を参照。

（16）同上、二九五―二九六頁。

（17）同上、二九六―二九七頁。

（18）同上、二九七頁。

（19）『屋根の上のバイオリン弾き』の原作の翻訳に関しては、ショレム・アレイヘム『牛乳屋テヴィエ』、西成彦訳、岩波文庫、二〇一二年を参照。

（20）キャンター『聖なるきずな』、二九七―二九八頁。

第11章

（1）オスマン帝国におけるマイノリティに関する研究については枚挙に暇はないが、以下の古典的な文献を参照。Bernard Lewis & Benjamin Braude, eds., *Christians and Jews in the Ottoman Empire*, 2 Volumes, New York: Holmes & Meier Publishers, 1982.

（2）Bat Ye'or, *The Dhimmi: Jews and Christians under Islam*, translated by David Maisel, Paul Fenton, David Littman, Rutherford: Fairleigh Dickinson University Press, 1985.

（3）Howard N. Lupovitch, *Jews and Judaism in World History*, London; New York: Routledge, 2010, pp.169-170.

（4）ibid., p. 170.

（5）ibid.

（6）イラク系ユダヤ人の研究に関しては新たな研究書が出版されている。Orit Bashkin, *New Babylonians: A History of Jews in Modern Iraq*, Stanford: Stanford University Press, 2012. イスラエルのイラク系ユダヤ人による歴史叙述として、Nissim Rejwan, *The Jews of Iraq: 3000 Years of History and Culture*, Louisville: Fons Vitae, 2009. がある。また、パレスチナ人研究者による研究として、Abbas Shiblak, *Iraqi Jews: A History of the Mass Exodus*, London: Al Saqi, 2005. がある。

（7）Lupovitch, *Jews and Judaism in World History*, pp. 170-171.

（8）ibid., p. 171.

（9）ibid., p. 171.

（10）ibid., pp. 171-172.

（11）ibid., p. 172. なお、アリアンスの概要に関しては、臼杵陽『見えざるユダヤ人――イスラエルの〈東洋〉』、平凡社選書、一九九八年、七五―八〇頁、を参照。

（12）Bernard Lewis, *The Jews of Islam*, Princeton: Princeton University Press, 1984, pp. 157-158.

第12章

（1）臼杵陽『見えざるユダヤ人——イスラエルの〈東洋〉』平凡社選書、一九九八年を参照。アリアンスに関する包括的な分析に関しては、スタンフォード大学教授のアラン・ロドリーグによる以下の一連の研究を参照。Aron Rodrigue, *French Jews, Turkish Jews: The Alliance Israélite Universelle and the Politics of Jewish Schooling in Turkey 1860-1925*, Bloomington: Indiana University Press, 1990; Aron Rodrigue, *Images of Sephardi and Eastern Jewries in Transition: The Teachers of the Alliance Israélite Universelle, 1860-1939*, Seattle: University of Washington Press, 1993; Aron Rodrigue, *Jews and Muslims: Images of Sephardi and Eastern Jewries in Modern Times*, Seattle: University of Washington Press, 2003.

（2）「帝国意識」に関しては、木畑洋一『大英帝国と帝国意識——支配の深層を探る』ミネルヴァ書房、一九九八年を参照。

（3）「旧イシューヴ」と「新イシューヴ」に関しては、臼杵陽『見えざるユダヤ人——イスラエルの〈東洋〉』、平凡社選書、一九九八年、第三章「知られざるユダヤ人——イエメン系ユダヤ人のパレスチナ移民」、八七—九二頁を参照。

（4）リクード政権成立の背景に関しては、臼杵陽『イスラエル』、岩波新書、二〇〇九年の「第6章　和平への道」を参照。

（5）Simon Schwarzfuchs, ed., *L' "Allinace" dans les communautes du bassin méditerranéen à la fin du 19éme siècle et son influence sur la situation sociale et culturelle*, Jerusalem: Misgav Yerushalayim, 1987.

（6）シュラーキーのアリアンスに関する著作は以下を参照。André Chouraqui, *Cent ans d'histoire. L'Alliance Israélite Universelle et la renaissance juive contemporaine (1860-1960)*, Préface de René Cassin, Paris: Presses universitaires de France, 1965. クセジュ文庫のシュラーキーの原著は以下を参照。André Chouraqui, *La Pensée juive*, Que sais-je?, Paris: Presses Universitaires de France, 1997; André Chouraqui, *L'État d'Israël*, Que sais-je?, Paris: Presses Universitaires de France,1998; André Chouraqui, *Histoire du judaïsme*, Que sais-je?, Paris: Presses Universitaires de France, 2002. また、ケドゥーリーの主要著作は以下を参照。Elie Kedourie, *The Chatham House Version and Other Middle-Eastern Studies*, London: Weidenfeld and Nicolson, 1970; Elie Kedourie, *Arabic Political Memoirs and Other Studies*, London: Frank Cass, 1974.

（7）Aron Rodrigue, *De l'instruction a l'émancipation: Les enseignants de l'alliance israélite universelle et les Juifs d'Orient*, Paris: Calmann-Levy, 1989.

（8）Michael M. Laskier, *The Alliance Israelite Universelle and the Jewish Communities of Morocco, 1862-1962*, Albany: State University of New York Press, 1983.

第13章

（1）シオニズム思想史の概略に関しては以下の序章を参照。Arthur Hertzberg, *The Zionist Idea: A Historical Analysis and Reader*, Philadelphia: Jewish Publication Society, 1997. また、ウォルター・ラカー『ユダヤ人問題とシオニズムの歴史』（新版）、高坂誠訳、第三書館、一九九四年、もイスラエル建国までのシオニズムの歴史を通史として描いたものである。本書の以下の叙述は主に次の文献に依拠している。ダン・コンシャーボク、ダウド・アラミー『双方の視点から描くパレスチナ／イスラエル紛争史』、臼杵陽監訳、岩波書店、二〇一一年。

（2）以下、コンシャーボク、アラミー『双方の視点から描くパレスチナ／イスラエル紛争史』、一一四―一一五頁を参照。

（3）以下、同上、一一五―一一六頁を参照。ラビ・クックの最近の評伝に関しては以下を参照。Yehudah Mirsky, *Rav Kook: Mystic in a Time of Revolution*, New Haven: Yale University Press, 2014.

（4）グーシュ・エムニームの先駆的論集としては、David Newman, *The Impact of Gush Emunim: Politics and Settlement in the West Bank*, London: Croom Helm, 1985. また、ユダヤ思想史の中で位置づけた研究としては次の文献を参照。Aviezer Ravitzky, *Messianism, Zionism, and Jewish Religious Radicalism*, Chicago: University of Chicago Press, 1996.

（5）以下、コンシャーボク、アラミー『双方の視点から描くパレスチナ／イスラエル紛争史』、一一六―一一八頁を参照。アハド・ハアムに関しては次の文献を参照。Leon Simon, *Ahad Ha-'am: Selected Essays*, Jerusalem: Sefer V'Sefel, 2003.

（6）以下、同上、一一九頁を参照。なお、モーゼス・ヘスらの論考に関しては、良知力・廣松渉編『ヘーゲル左派論叢 第3巻 ユダヤ人問題』、御茶の水書房、一九八六年を参照。

（7）コンシャーボク、アラミー『双方の視点から描くパレスチナ／イスラエル紛争史』、一一九頁。

（8）同上、一一九頁。

（9）以下、同上、一二一―一二八頁を参照。

（10）同上、一二五頁。

（11）同上。
（12）同上、一二四頁を参照。

第14章

（1）イエメン系ユダヤ人に関しては、臼杵陽『見えざるユダヤ人——イスラエルの〈東洋〉』、平凡社選書、一九九八年の第四章「知られざるユダヤ人——イエメン系ユダヤ人のパレスチナ移民」を参照。また、イエメン系ユダヤ人研究はほとんどが現代ヘブライ語であり、代表的な英語文献としては以下を参照。Bat-Zion Eraqi Klorman, *The Jews of Yemen in the Nineteenth Century: A Portrait of a Messianic Community*, Leiden: Brill, 1993; Tudor V. Parfitt, *The Road to Redemption: The Jews of Yemen 1900-1950*, Leiden: Brill, 1996; Bat-Zion Eraqi Klorman, *Traditional Society in Transition: The Yemeni Jewish Experience*, Leiden: Brill, 2014. 貴重な写真が多く掲載されている以下の書籍も参照。Zion Mansour Ozeri, *Yemenite Jews: A Photographic Essays*, New York: Schoken, 1985.
（2）テオドール・ヘルツル『ユダヤ人国家——ユダヤ人問題の現代的解決の試み』、佐藤康彦訳、法政大学出版局、一九九一年、三三—三四頁。
（3）Jeff Halper, *Between Redemption And Revival: The Jewish Yishuv of Jerusalem in the Nineteenth Century*, Boulder: Westview Press, 1991.
（4）イスラエルにおける中東（特に北アフリカ）出身のユダヤ教徒に関する人類学的研究の先駆的な論文集として以下の文献を参照。Shlomo A. Deshen and Moshe Shokeid, *The Predicament of Homecoming: Cultural and Social Life of North African Immigrants in Israel*, Ithaca: Cornell University Press, 1974; Shlomo A. Deshen and Walter Zenner, eds., *Jewish Societies in the Middle East: Community, Culture, and Authority*, Lanham: University Press of America, 1982.
（5）スペイン系ユダヤ人追放から五〇〇年が過ぎた際に出版された以下の書籍の翻訳を参照。エリー・ケドゥリー編『スペインのユダヤ人——１４９２年の追放とその後』、関哲行・宮前安子・立石博高訳、平凡社、一九九五年、Ｌ・Ｔ・アルカライ『セファラード——スペイン・ユダヤ人の５００年間の歴史・伝統・音楽』、谷口勇訳、而立書房、一九九六年。

第15章

（1）オスマン期サロニカのユダヤ人に関しては最近になって英語による研究が刊行され始めている。Aron Rodrigue and Sarah Abrevaya Stein, eds., *A Jewish Voice from Ottoman Salonica: The Ladino Memoir of Sa'adi Besalel a-Levi*, Stanford, California: Stanford University Press, 2012; Mark Mazower, *Salonica, City of Ghosts: Christians, Muslims and Jews, 1430-1950*, New York: Alfred A. knopf, 2005. を参照。

（2）オスマン帝国末期のアルメニア人・ギリシア人に関しては、佐原徹哉『中東民族問題の起源——オスマン帝国とアルメニア人』、白水社、二〇一四年、Heinz A. Richter, *The Greeks in the Ottoman Empire 1913-1923: Their Persecution and Expulsion*, Wiesbaden: Otto Harrassowitz, 2018. を参照。

（3）イランのマイノリティとしてのユダ教徒に関しては、Daniel Tsadik, *Between Foreigners and Shi'is: Nineteenth-Century Iran and its Jewish Minority*, Stanford, California: Stanford University Press, 2007. を参照。

（4）ドンメ（隠れユダヤ人）に関しては、Marc David Baer, *The Dönme: Jewish Converts, Muslim Revolutionaries, and Secular Turks*, Stanford, California: Stanford University Press, 2010; Cengiz Şişman, *The Burden of Silence: Sabbatai Sevi and the Evolution of the Ottoman-Turkish Dönmes*, Reprint Edition, Oxford: Oxford University Press, 2015. を参照。

（5）ホロコースト期のトルコに関しては、Stanford J. Shaw, *Turkey and the Holocaust: Turkey's Role in Rescuing Turkish and European Jewry from Nazi Persecution, 1933-1945*, London: Palgrave Macmillan,1993. を参照。

（6）Irving Howe, *World of Our Fathers: The Journey of the East European Jews to America and the Life They Found and Made*, New York: New York University Press, 2005.

第16章

（1）第一次世界大戦中の中東地域に関しては次の文献を参照。デイヴィッド・フロムキン『平和を破滅させた和平——中東問題の始まり（1914-1922）』（上下）、平野勇夫・椋田直子・畑長年訳、紀伊國屋書店、二〇〇四年、ユージン・ローガン『オスマン帝国の崩壊——中東における第一次世界大戦』、白須英子訳、白水社、二〇一七年。

（2）バルフォア宣言に関しては二〇一七年に一〇〇周年を迎えて、再版を含めて多数の書籍が刊行されているが、古典的な研究は以下の文献を参照。Leonard Stein, *The Balfour Declaration*, London: Vallentine, Mitchell, 1961. 最近刊行された文献は以下を参照。Ronald Sanders, *The High Walls of Jerusalem: A History of the Balfour Declaration and the Birth of the British Mandate for Palestine*, New York: Holt Rinehart & Winston, 1984; Mayir Vereté, *From Palmerston to Balfour: Collected Essays of Mayir Vereté*, London: Routledge, 1992; Jonathan Schneer, *The Balfour Declaration: The Origins of the Arab-Israeli Conflict*, New York: Random House, 2010. また、一〇〇周年を機に出版されたものとしては、Bernard Regan, *The Balfour Declaration: Empire, the Mandate and Resistance in Palestine*, London: Verso, 2017; Leslie Turnberg, *Beyond the Balfour Declaration: The 100 Year Quest for Israeli-Palestinian Peace*, London: Biteback Publisher, 2017. がある。

（3）イギリスによるパレスチナ委任統治に関しては、近年研究書をはじめとする多くの書籍が刊行されているが、古典的な文献としては次を参照。Nevill Barbour, *Nisi Dominus: A Survey of the Palestine Controversy*, Beirut: Institute for Palestine Studies, 1969; John Marlowe, *The Seat of Pilate: An Account of the Palestine Mandate*, London: Cresset Press, 1959; Christopher Sykes, *Crossroads to Israel*, Bloomington: Indiana University Press, 1973（Retrieved 4 June 2015）.

（4）ダン・コンシャーボク、ダウド・アラミー『双方の視点から描くパレスチナ／イスラエル紛争史』、臼杵陽監訳、岩波書店、二〇一一年を参照。

（5）同上、一九―二〇頁。

（6）ハーバート・サミュエル高等弁務官に関しては、Sahar Huneidi, *A Broken Trust: Herbert Samuel, Zionism and the Palestinians 1920-1925*, London: I.B.Tauris, 2001. を参照。

（7）コンシャーボク、アラミー『双方の視点から描くパレスチナ／イスラエル紛争史』、二七頁。

（8）同上、一四三―一四四頁。

（9）同上、一四五―一四六頁を参照。

（10）ハアヴァラ計画については、Edwin Black, *The Transfer Agreement: The Dramatic Story of the Pact Between the Third Reich and Jewish Palestine*, Cambridge: Brookline Books, Updated, 1999; Francis R. Nicosia, *The Third Reich and the Palestine Question*, London: Routledge, 2000.

（11）コンシャーボク、アラミー『双方の視点から描くパレスチナ／イスラエル紛争史』、一四六―一四七頁を参照。

（12）アラブ大反乱に至るパレスチナ・アラブ民族主義運動については、エルサレム・ヘブライ大学のユダヤ人研究者による研究として、Yehoshua Porath, *The Emergence of the Palestinian Arab National Movement*, Vol.1, London: Frank Cass, 1977; Yehoshua Porath, *The Palestinian Arab National Movement: From Riots to Rebellion 1929-1939*, Vol.2, London: Frank Cass, 1977. また、ハーッジ・アミーンに関する評伝として、エルサレム生まれのパレスチナ系アメリカ研究者による研究、Philip Mattar, *The Mufti of Jerusalem: Al-Hajj Amin Al-Husayni and the Palestinian National Movement*, New York: Columbia University Press; Revised Edition, 1988. がある。

（13）イギリスのパレスチナ政策の転換に関しては、Michael J. Cohen, *Palestine: Retreat from the Mandate - The Making of British Policy, 1936-45*, London: Harper Collins, 1978.

（14）コンシャーボク、アラミー『双方の視点から描くパレスチナ／イスラエル紛争史』、一五一頁。

第17章

（1）イスラエル移民以前のイラク系ユダヤ人に関する日本語による研究はほとんどない。以下の論考を参照。Akira Usuki, "Zionism, Communism and Emigration of the Iraqi Jews: A Brief Survey of An Ancient Community in Crisis, 1941-1951", *Annals of Japan Association for Middle East Studies*（『日本中東学会年報』）Vol.9, March 1994, pp.1-35. 同論文の日本語版は以下を参照。臼杵陽「イラク・「ユダヤ人」における反シオニズム運動――第2次世界大戦直後イラクのシオニズム、アラブ民族主義、および共産主義」『佐賀大学教養部研究紀要』第二一巻、一―二六頁、一九八九年。最近の研究としては、Orit Bashkin, *New Babylonians: A History of Jews in Modern Iraq*, Stanford, California: Stanford University Press, 2012; Nissim Rejwan, *The Last Jews in Baghdad: Remembering a Lost Homeland*, Austin, TX: University of Texas Press, 2004.

（2）デイヴィッド・サスーンについては以下の論考を参照。Shalva Weil, "The Legacy of David Sassoon: Building a Community Bridge", *Asian Jewish Life*, No.14, April 2014, pp.4-6（http://asianjewishlife.org/images/issues/Issue14-April2014/PDFs/AJL-Issue14-Allinone.pdf）.

（3）Siegfried Landshut, *Jewish Communities in the Muslim Countries of the Middle East : A Survey*, London : The Jewish

Chronicle, 1950. Reprint: Hyperion Press, 1976.

（4）Abbas Shiblak, *The Lure of Zion: The Case of the Iraqi Jews*, London: Al-Saqi Books, 1986.

（5）ファルフードに関しては、Shmuel Moreh & Zvi Yehuda, eds., *Al-Farhūd: The 1941 Pogrom in Iraq*, Jerusalem: Magnes Press, Revised Edition, 2010; Edwin Black, *The Farhud: Roots of the Arab-Nazi Alliance in the Holocaust*, Washington: Dialog Press, 2010.

（6）Hayyim J. Cohen, "The Anti-Jewish Farhûd in Baghdad, 1941", *Middle Eastern Studies*, Vol.3, No.1, 1966, pp.2-17.

（7）Hanna Batatu, *The Old Social Classes and the Revolutionary Movement of Iraq: A Study of Iraq's Old Landed and Commercial Classes and of its Communists, Ba'thists, and Free Officers*, Princeton: Princeton University Press, 1978.

（8）Charles Issawi, *An Economic History of the Middle East and North Africa*, London: Methuen, 1982, pp.89-92.

（9）臼杵陽「イラク・ユダヤ人におけるシオニズム、共産主義、そしてイスラエルへの移民、１９４１－１９５１」（原文は英語）『日本中東学会年報』第九巻、一九九四年、二六頁。

第18章

（1）アメリカのユダヤ人に関する日本語の文献については、比較的入手しやすい以下を参照されたい。本間長世『ユダヤ系アメリカ人――偉大な成功物語のジレンマ』、PHP新書、一九九八年、佐藤唯行『アメリカのユダヤ人迫害史』、集英社新書、二〇〇〇年、土井敏邦『アメリカのユダヤ人』、岩波新書、一九九一年、立山良司『ユダヤとアメリカ――揺れ動くイスラエル・ロビー』、中公新書、二〇一六年。また、英語文献は膨大な量になるが、とりあえず以下を参照されたい。Arthur Hertzberg, *The Jews in America: Four Centuries of an Uneasy Encounter: A History*, New York: Simon and Schuster, 1989; Howard M. Sachar, *A History of the Jews in America*, New York: Knopf, 1992; Max I. Dimont, *The Jews in America: The Roots, History, and Destiny of American Jews*, Chicago: Olmstead Press, 2001. また、青少年向けの読み物として、Hasia R. Diner, *A New Promised Land: A History of Jews in America*, New York: Oxford University Press, 2003. 等がある。

（2）アメリカのユダヤ教の概説に関しては、Jeffrey Gurock, ed., *The History of Judaism in America: Transplantations,*

Transformations and Reconciliations, Oxford: Routledge/ Taylor & Francis, 1998; Marc Lee Raphael, *Judaism in America*, New York: Columbia University Press, 2003. を参照。

（3）Michael Rogin, *Blackface, White Noise: Jewish Immigrants in the Hollywood Melting Pot*, Berkeley: University of California Press,1996.

（4）ハリウッドのアメリカ映画界におけるユダヤ人の役割に関する研究などは枚挙に暇はないが、とりあえず次の文献を挙げておく。Neal Gabler, *An Empire of Their Own: How the Jews Invented Hollywood*, New York: Crown Publishers, 1988; Paul Buhle, *From the Lower East Side to Hollywood: Jews in American Popular Culture*, London; New York: Verso, 2004; Daniel Bernardi and Murray Pomerance, eds., *Hollywood's Chosen People: The Jewish Experience in American Cinema*, Detroit: Wayne State University Press, 2012. を参照。

（5）東欧・ロシアからのアメリカへのユダヤ人移民に関しては、野村達朗『ユダヤ移民のニューヨーク――移民の生活と労働の世界』、山川出版社、一九九五年、を参照。

（6）アメリカの労働運動におけるユダヤ人の役割に関しては、Bennett Muraskin, *Jews in the American Labor Movement: Past, Present, and Future*, International Institute for Secular Humanistic Judaism, 2016.を参照。

（7）アメリカのイディッシュ語文学あるいはユダヤ文学に関しては以下の文献を参照されたい。広瀬佳司・佐川和茂・坂野明子編著『ユダヤ系文学の歴史と現在――女性作家、男性作家の視点から』、大阪教育図書、二〇〇九年、広瀬佳司・大場昌子・佐川和茂編著『笑いとユーモアのユダヤ文学』、南雲堂、二〇一二年、広瀬佳司・伊達雅彦・佐川和茂編著『ユダヤ系文学に見る教育の光と影』、大阪教育図書、二〇一四年、広瀬佳司・伊達雅彦編著『ユダヤ系文学に見る聖と俗』、彩流社、二〇一七年、広瀬圭司『ユダヤ世界に魅せられて』（増補版）彩流社、二〇一九年、広瀬佳司・伊達雅彦編『ユダヤの記憶と伝統』、彩流社、二〇一九年。

（8）アメリカのドイツ系ユダヤ人に関しては、Gerhard Falk, *The German Jews in America: A Minority Within a Minority*, Lanham, Maryland: University Press of America, 2015. を参照。

（9）レイモンド・P・シェインドリン『ユダヤ人の歴史』、入江規夫訳著、河出文庫、二〇一二年、二六八頁。

（10）同上、二六八―二六九頁。

(11) 同上、二六九―二七〇頁。

(12) アメリカ・ユダヤ共同配給委員会に関しては次の文献を参照されたい。Yehuda Bauer, *My Brother's Keeper; A History of the American Jewish Joint Distribution Committee, 1929-1939*, Philadelphia: Jewish Publication Society of America, 1974; Yehuda Bauer, *American Jewry and the Holocaust: The American Jewish Joint Distribution Committee, 1939-1945*, Detroit: Wayne State University Press, 1981.

(13) アメリカのシオニズム運動とパレスチナ問題との関係に関しては、池田有日子『ユダヤ人問題からパレスチナ問題へ――アメリカ・シオニスト運動にみるネーションの相克と暴力連鎖の構造』、法政大学出版局、二〇一七年、を参照。また、アメリカにおける労働シオニズム運動の展開に関しては、Mark A. Raider, *The Emergence of American Zionism*, New York: New York University Press, 1999.

(14) ブランダイスに関しては、Melvin I. Urofsky, *Louis D. Brandeis: A Life*, New York: Pantheon Books, 2009; Jeffrey Rosen, *Louis D. Brandeis: American Prophet*, Reprint Edition, New Haven; London: Yale University Press, 2017. を参照。

(15) シェインドリン『ユダヤ人の歴史』、二七一頁。

第19章

(1) ホロコーストとイスラエル建国に関しては最近さかんに研究が行われている。Shabtai Teveth, *Ben-Gurion and the Holocaust*, New York: Harcourt, 1996; Idith Zertal, *Israel's Holocaust and the Politics of Nationhood*, translated by Chaya Galai, Cambridge: Cambridge University Press, 2005; Eugene L. Rogan and Avi Shlaim, eds., *The War for Palestine: Rewriting the History of 1948*, Cambridge: Cambridge University Press, 2001; Tom Segev, *The Seventh Million: The Israelis and the Holocaust*, translated by Haim Watzman, New York: Hill and Wang, 1993. また、アラブ世界のホロコースト観に関しては次の文献を参照。Gilbert Achcar, *The Arabs and the Holocaust: The Arab-Israeli War of Narratives*, translated by G. M. Goshgarian, New York: Metropolitan Books, 2010.

(2) 第二次世界大戦中のパレスチナに関しては次の研究を参照。Ronald W. Zweig, *Britain and Palestine during the Second World War*, Martlesham, Suffork: Boydell & Brewer Inc., 1986; Dafnah Sharfman, *Palestine in the Second World War: Stra-*

tegic Plans and Political Dilemmas, *The Emergence of a New Middle East*, Brighton: Sussex Academic Press, 2015.

（3）中東地域でのエル・アラメインの戦いの意味に関しては次の研究を参照。Glyn Harper, *The Battle for North Africa: El Alamein and the Turning Point for World War II*, Bloomington: Indiana University Press, 2017.

（4）第二次世界大戦中のユダヤ軍に関しては次の研究を参照。Morris Beckman, *The Jewish Brigade: An Army with Two Masters, 1944-1945*, Gloucestershire: Spellmount, 2008.

（5）トルーマン米大統領のイスラエル建国支持に関する研究は枚挙に暇がないが、最近の出版物としてとりあえず以下を参照。Ronald Radosh and Allis Radosh, *A Safe Haven: Harry S. Truman and the Founding of Israel*, New York: Harper Perennial, 2010; Craig von Buseck, *I Am Cyrus: Harry S. Truman and the Rebirth of Israel*, New York: Straight Street Books, 2019.

（6）ユダヤ難民問題に関しては、野村真理『ホロコースト後のユダヤ人——約束の土地は何処か』、世界思想社、二〇一二年、武井彩佳『ユダヤ人財産はだれのものか——ホロコーストからパレスチナ問題へ』、白水社、二〇〇八年を参照。

（7）Leon Uris, *Exodus*, New York: Doubleday & Company, 1958. ユダヤ人の絶滅収容所からイスラエル建国までのアカデミー賞受賞作のドキュメンタリー映画としては、マーク・ジョナサン・ハリス監督『ロング ウェイ ホーム 遥かなる故郷——イスラエル建国の道』二〇〇五年、を参照。

（8）イスラエル人研究者から見たハーッジ・アミーンの代表的な研究としては、Yehuda Taggar, *The Mufti of Jerusalem and Palestine: Arab politics, 1930-1937*, Oxford: Taylor & Francis, 1987; Z. Elpeleg & Shmuel Himelstein, *The Grand Mufti: Haj Amin al-Hussaini, Founder of the Palestinian National Movement*, London: Routledge, 1993. を参照。

（9）英米調査委員会に関しては、Amikam Nachmani, *Great Power Discord in Palestine: The Anglo-American Committee of Inquiry into the Problems of European Jewry and Palestine 1945-46*, London: Routledge, 1987. を参照。

（10）以下の叙述に関しては、ダン・コンシャーボク、ダウド・アラミー『双方の視点から描くパレスチナ／イスラエル紛争史』、臼杵陽監訳、岩波書店、二〇一一年を参照。同書、一五八頁。

（11）同上、一五八—一五九頁。

（12）同上、一五九頁。

(13) 同上、一五九頁。

(14) 同上、一六〇頁。

(15) ヴァイツマンの評伝は以下を参照。Norman A. Rose, *Chaim Weizmann: A Biography*, New York: Viking, 1986.

(16) メナヘム・ベギンに関する研究書は数多くあるが、ベギン回想録は以下の翻訳を参照。メナヘム・ベギン『反乱――反英レジスタンスの記録』(上下)、滝川義人訳、ミルトス、一九八九年。

(17) コンシャーボク、アラミー『双方の視点から描くパレスチナ／イスラエル紛争史』、一六一頁。

(18) 同上、一六一頁。

(19) 同上、一六一頁。

(20) 同上、一六一―一六二頁。

(21) 同上、一六二頁。

(22) 建国後のイスラエルに住むアラブ人の研究に関しては多数あるが、イスラエル人研究者による古典的研究は以下を参照。Jacob M. Landau, *The Arabs In Israel: A Political Study*, London: Royal Institute of International Affairs, 1970. また、パレスチナ人研究者による古典的研究は以下を参照。Sabri Jiryis, *Arabs in Israel, 1948-1966*, Beirut: Institute for Palestine Studies, 1969.

(23) イスラエルの独立宣言および基本法に関しては次の文献を参照。Daniel J. Elazar, ed., *The Constitution of the State of Israel*, Jerusalem: The Jerusalem Center for Public Affairs, 1996 (http://www.jcpa.org/dje/articles/const-intro-93.htm).

終章

(1) ウォルター・ラカーはシオニズム史の叙述において、フランス革命からイスラエル建国までの期間に限定して語っている。建国後に関しては終章において論点をまとめて論じている。Walter Laqueur, *A history of Zionism: From the French Revolution to the Establishment of the State of Israel*, New York: Schocken Books, 1972.(ウォルター・ラカー『ユダヤ人問題とシオニズムの歴史』(新版)、高坂誠訳、第三書館、一九九四年)

(2) イスラエルの近現代史については以下を参照。臼杵陽『イスラエル』、岩波新書、二〇〇九年。

（3）シャレットの日記の英訳が刊行され始めた。Moshe Sharett, *My Struggle for Peace: The Diary of Moshe Sharett, 1953–1956*, translated by Yaakov Sharett and Neil Caplan, Bloomington: Indiana University Press, 2019.

（4）シオニストとトランスヨルダンとの間の密約に関しては次の文献を参照。Avi Shlaim, *Collusion across the Jordan: King Abdullah, the Zionist Movement, and the Partition of Palestine*, New York: Columbia University Press, 1988; Avi Shlaim, *The Politics of Partition: King Abdullah, the Zionists and Palestine, 1921-1951*, Gloucestershire: Clarendon Press, 1999.

（5）G・A・ナセル『革命の哲学』、西野照太郎訳、角川書店、一九七一年。

（6）イスラエル国防軍の形成に関する研究については枚挙の暇はないが、とりあえず以下を参照。Yaacov N. Goldstein, *From Fighters to Soldiers: How the Israeli Defense Forces Began*, Portland: Sussex Academic Press, 1998; Martin Van Creveld, *The Sword And The Olive: A Critical History of The Israeli Defense Force*, New York: Public Affairs, 1998. また、イスラエル内のアラブ人ムスリム、キリスト教徒、ドゥルーズ派ムスリム、チェルケス人、ベドウィンなどのマイノリティ諸集団のイスラエル国防軍への兵役に関しては以下の文献を参照。Randall S. Geller, *Minorities in the Israeli Military 1948-58*, Lanham, MD: Lexington Books, 2017.

（7）イスラエルの原子力政策・核開発に関しては以下を参照。Seymour M. Hersh, *The Samson Option: Israel, America and the Bomb*, New York: Random House, 1991.（セイモア・M・ハーシュ『サムソン・オプション』、山岡洋一訳、文藝春秋社、一九九二年）; Avner Cohen, *Israel and the Bomb*, New York: Columbia University Press, 1999.

（8）第二次中東戦争のイギリス側からの研究に関しては、佐々木雄太『イギリス帝国とスエズ戦争——植民地主義・ナショナリズム・冷戦』、名古屋大学出版会、一九九七年、を参照。また、最近の軍事史の研究として以下を参照。Yagil Henkin, *The 1956 Suez War and the New World Order in the Middle East: Exodus in Reverse*, Lanham, MD: Lexington Books, 2015.

（9）第三次中東戦争の研究に関しては枚挙に暇はないが、以下を参照。Richard B. Parker, ed., *The Six-Day War: A Retrospective*, Gainesville: University Press of Florida, 1996; Michael B. Oren, *Six Days of War: June 1967 and the Making of the Modern Middle East*, Oxford: Oxford University Press, 2002. また、イスラエル人ジャーナリストによる出版として以下を

参照。 Tom Segev, *1967: Israel, the War, and the Year that Transformed the Middle East*, New York: Metropolitan Books, 2007.

（10）中東和平プロセスの失敗に関するユダヤ人側とパレスチナ人側のそれぞれの批判的な言及としては以下の文献を参照。Zalman Amit and Daphna Levit, *Israeli Rejectionism: A Hidden Agenda in the Middle East Peace Process*, London: Pluto Press, 2011; Rashid Khalidi, *Brokers of Deceit: How the U.S. Has Undermined Peace in the Middle East*, Boston: Beacon Press, 2014.

（11）第四次中東戦争に関するイスラエル人研究者の研究としては以下の文献を参照。Abraham Rabinovich, *The Yom Kippur War: The Epic Encounter That Transformed the Middle East*, New York: Schocken Books, 2005.（アブラハム・ラビノビッチ『ヨムキプール戦争全史』、滝川義人訳、並木書房、二〇〇八年）

（12）キャンプ・デーヴィッド合意に関するメナヘム・ベギン首相について最近の研究としては次の文献を参照。Gerald M. Steinberg and Ziv Rubinovitz, *Menachem Begin and the Israel-Egypt Peace Process: Between Ideology and Political Realism*, Bloomington: Indiana University Press, 2019.

（13）イスラエル人ジャーナリストによるレバノン戦争の記録としては以下の文献を参照。Ze'ev Schiff and Ehud Ya'ari, *Israel's Lebanon War*, translated by Ina Friedman, New York: Simon and Schuster, 1985.

（14）Yitzhak Rabin, *The Rabin Memoirs, Expanded Edition with Recent Speeches, New Photographs, and an Afterword*, Berkeley: University of California Press 1996（イツハク・ラビン『ラビン回想録』、竹田純子・平良哲夫訳、ミルトス、一九九六年）。

（15）オスロ合意後のイスラエル社会に関しては次の論文集を参照。Sasson Sofer, ed., *Peacemaking in a Divided Society: Israel after Rabin*, London: Routledge, 2001.

（16）バラク首相の回想録に関しては次の文献を参照。Ehud Barak, *My Country, My Life: Fighting for Israel, Searching for Peace*, London: St Martin' s Press, 2018.

（17）シャロン首相の自伝に関しては次の文献を参照。Ariel Sharon and David Chanoff, *Warrior: An Autobiography*, New York: Simon & Schuster, 2001.

主な図版出典

第Ⅰ部扉　Orilubin 撮影（CC BY-SA 4.0）
https://commons.wikimedia.org/wiki/File:%D7%A4%D7%A0%D7%A8%D7%95%D7%9E%D7%AA_%D7%94%D7%A8_%D7%94%D7%91%D7%99%D7%AA.jpg

第Ⅱ部扉　jeny 撮影（CC BY-SA 3.0）
https://commons.wikimedia.org/wiki/File:Corudoba9.JPG

第Ⅳ部扉　C.Puisney 撮影（CC BY-SA 3.0）
https://commons.wikimedia.org/wiki/File:Auschwitz-birkenau-main_track.jpg

図 1-1　Grapkin 撮影（CC BY-SA 4.0）
https://commons.wikimedia.org/wiki/File:New_Museum_Entrance_Photo.jpg

図 2-1　Andrew Shiva 撮影（CC BY-SA 4.0）
https://commons.wikimedia.org/wiki/File:Jerusalem-2013(2)-Aerial-Temple_Mount-(south_exposure).jpg

図 3-1　Roylindman 撮影（CC BY-SA 3.0）
https://commons.wikimedia.org/wiki/File:ReadingOfTheTorah.jpg

図 7-2　Apostoloff 撮影（CC BY-SA 3.0）
https://commons.wikimedia.org/wiki/File:Synagogue_in_Sofia_20090406_002.JPG

図 7-3　Matic18 撮影（CC BY-SA 3.0）
https://en.wikipedia.org/wiki/File:Safed_2009.jpg

図 9-1　Isaac Mayer Wise, *The cosmic God. A fundamental philosophy in popular lectures*, Cincinnati, Office American Israelite and Deborah, 1876

図 12-1　公式ウェブサイトより（http://www.aiu.org/fr）

図 19-1　Esteban 147 撮影（CC BY-SA 4.0）
https://commons.wikimedia.org/wiki/File:Exodus_1960.jpg

あとがき

かつてインドのムンバイ（ボンベイ）を訪ねたことがある。バグダード出身のユダヤ人商人のサスーン（サッスーン）家が拠点を置いていたからである。このサスーン家はムンバイ・シンガポール・上海・長崎・神戸・横浜といった港市をつなぐ交易ネットワークを持っていた。私がエルサレムに留学するきっかけとなった一つの動機が、バグダード出身のユダヤ知識人たちの遺したアラビア語の歴史資料をマイクロ・フィルムというかたちでエルサレム・ヘブライ大学が所蔵しており、それを調査したかったというものだった。

一九九〇年から約二年間、エルサレムに留学した当時、よくお目にかかっていたのがバグダード生まれで、テル・アヴィヴ大学教授のサスーン・ソメフ（一九三三—二〇一九年）氏だった。ソメフ氏はこのあとがきを書いている約一週間前の二〇一九年八月一八日に亡くなった。よくラマト・アヴィヴのソメフ氏の自宅を訪ねて話を聞いた。ラマト・アヴィヴはテル・アヴィヴの少し北側に位置しテル・アヴィヴ大学の近くでバグダード出身のユダヤ人が多く住んでいたので、いささか揶揄的に「ラマト・バグダード」とも呼ばれていたそうだ。湾岸戦争のときにイラクのサッダーム・フセインがなぜかこの地域に数多くのスカッド・ミサイルを撃ち込んできたのである。サッダームの生家は貧しく、彼の故郷ティクリートのユダヤ人篤志家に救われたという話はイスラエルでもよく話題になっていた。

私がイスラエル滞在中に会って話を聞いたバグダード生まれのユダヤ系知識人としては、作家のサミー・ミハエル（一九二六年―）、ハイファ大学のシモーン・バラス（一九三〇年―）、サミール・ナッカーシュ（一九三八―二〇〇四年）等がいるが、彼らは何らかのかたちでバグダードを舞台にして作品を創作している。そして共通しているのがバグダードでは共産主義者だったことである。このイラク系ユダヤ人にアラビア語でインタビューをしてドキュメンタリーを制作したのがスイス在住のイラク人監督サミールで、その作品は『忘却のバグダット』（二〇〇二年、原題Forget Baghdad）である。監督自身はシーア派で、自分の父親が共産主義者だったことがこのような記録フィルムを制作するきっかけになったようだ。

この「あとがき」をバグダードのユダヤ人から始めたのは、この人々の存在が私自身とイスラエルをつなぐことになったからである。佐賀大学に勤務していた頃（一九八五―九五年）、「まえがき」でも触れたアラビア語の史料を使ってバグダードの左派ユダヤ知識人たちが結成した反シオニズム同盟について最初に書いた論文が「イラク・「ユダヤ人」における反シオニズム運動――第二次世界大戦直後イラクのシオニズム、アラブ民族主義、および共産主義」（『研究紀要』佐賀大学教養部、第二一巻、一九八九年三月、一―二六頁）だった。この論文が刊行されたのがエルサレムに留学する約一年八ヶ月前のことだった。

私は最初からユダヤ研究を目ざしていたわけではない。大学から大学院修士課程にかけてイギリスによるパレスチナ委任統治期のパレスチナ・アラブ民族主義運動史を研究していた。その後、ヨルダン・ハーシム王国の日本大使館専門調査員として働きながらヨルダン内政やチェルケス人などの民族的マイノリティ、ヨルダンに住むディアスポラのパレスチナ人に関心をもったりした。パレスチナ歴史研究に至るまでにははるかに迂回することになった。そのままパレスチナ研究そのものに戻ろうと思ったが、関心の拡散のために戻ることもままならず、なかなか難しくなっていた。専門調査員が終わってから運よく佐賀大学に勤務することになった。

佐賀大学の講義においては世界史という大きな枠組みの中で、地域としてパレスチナ／イスラエルの歴史をグローバルな視座から読み直すという試みを行うようになっていた。その過程で二年間のエルサレム留学のチャンスを得たのである。ところが、留学直後の一九九一年一月に湾岸戦争が勃発し、家族とともにカイロに一時的に避難した。二月末に停戦になるとすぐにエルサレムでの研究生活に戻った。ヘブライ大学を中心に資料収集を行ったり、インタビューをしたりしたのである。一九九二年秋には帰国し、翌年九月にはイスラエルとＰＬＯが相互承認してオスロ合意が締結され、パレスチナ自治が開始された。

しかし、和平への道も見えなくなってしまった新たな政治状況を踏まえて、問題はイスラエルそのものにあると考えて、私はイスラエルの近現代史を『イスラエル』（岩波新書、二〇〇九年）という新書にまとめた。そしてもっと大きな枠組みの中でユダヤ人とアラブ人の相互の歴史を描く必要性を感じた。そのような試みがその後『世界史の中のパレスチナ問題』（講談社現代新書、二〇一三年）という一般向けの新書の出版というかたちに結晶化した。市民講座や文化センターなどで中東近現代史について話す機会があり、その講座の内容をまとめたのが『「中東」の世界史』（作品社、二〇一八年）であった。

本書『「ユダヤ」の世界史』は『「中東」の世界史』の姉妹編となるべき書籍という位置づけである。本書も前著同様に一般向けに行った講義の記録や資料に基づいているが、大幅な書き直しがなされている。

編集者は『「中東」の世界史』の時と同じく渡辺和貴氏だったが、編集者以上に共著者といってもいいくらいに原稿完成までの過程ではたいへんお世話になった。渡辺氏の助力がなければ、ユダヤ人／教徒の世界史などという大それたテーマで単行本を出版することなどなかったと思う。また、本書の完成の最後の段階になって、渡辺氏が他社に移ることになったため、福田隆雄氏と倉畑雄太氏が編集者としてバトンタッチしてくれた。本書が何とか刊行に漕ぎ着けたのも三人の編集者のおかげである。お三人に心から感謝申し上げる次第である。

二〇一九年八月　信濃追分にて

索引

あ行

か行

さ行

た行

な行

は行

ま行

や行

ら行

わ行

英字

関連年表

前 1280 頃　出エジプト
前 1250 頃　カナンの地へ進出
前 1220 頃　士師の時代（- 前 1200）
前 1050 頃　サムエルの時代
前 1020　サウルの時代（- 前 1000）
前 1000　ダヴィデの時代（- 前 961）
前 961　ソロモンの時代（- 前 922）／エルサレム神殿建設
前 922 頃　イスラエル王国、北イスラエル王国と南ユダ王国に分裂
前 722　北イスラエル王国崩壊
前 597　新バビロニアのネブカドネザル 2 世、エルサレムに侵攻（第 1 回バビロン捕囚）
前 587　ユダ王国の崩壊（第 2 回バビロン捕囚）
前 538　エルサレムへの帰還が始まる
前 515　エルサレム神殿（第二神殿）の再建
前 445　エズラ、トーラーを公布
前 332　アレキサンダー大王、パレスチナを征服
前 168　マカベア戦争（- 前 141）
前 142　ハスモン朝始まる（- 前 37）
30　イエス、十字架刑に処される
66　第 1 次ユダヤ戦争（-70）
70　ローマ帝国により第二神殿が崩壊
115　エジプト、ユダヤ人の反乱（-117）
132　第 2 次ユダヤ戦争（-135）
135　ハドリアヌス帝、ユダヤ人迫害（-138）
200 頃　「ミシュナー」編纂
212　ローマ市民権を得る
380 頃　「パレスチナ・タルムード」編纂
499 頃　「バビロニア・タルムード」編纂
553　ユスティニアヌス 1 世、ユダヤ教弾圧
622　預言者ムハンマド、マディーナへヒジュラ（聖遷）
同地にはユダヤ教徒が多く住んでいた
1066　グラナダ、ユダヤ人虐殺／イギリス、ユダヤ人が定住を開始
1096　十字軍、ライン地方のユダヤ人虐殺
1190　イギリス・ヨーク地方、ユダヤ人集団自殺
1290　イギリス、ユダヤ人追放
1306　フランス、ユダヤ人追放

1492 スペイン、ユダヤ人追放
1496 ポルトガル、ユダヤ人追放
1516 イタリア・ヴェニス、ゲットー建設
1542 スレイマン1世、エルサレムの壁を完成
1648 フメルニツキー、ユダヤ人虐殺
1792 フランス、ユダヤ人解放令
1806 ナポレオン、サンヘドリン開催
1819 ドイツ、ヘップヘップ暴動
1836 ドイツからアメリカへ大量移民開始
1839 オスマン帝国、ユダヤ人の市民権を認める
1840 エジプト・ダマスクス、「血の中傷」事件
1860 万国イスラエル同盟（アリアンス）設立
1870 フランス、クレミューの勅令
1881 東ヨーロッパからアメリカへ大量移民開始
1882 第1波アリヤー（-1903）
1894 フランス、ドレフュス事件
1896 ヘルツル、『ユダヤ人国家』
1897 スイス・バーゼル、第1回シオニスト会議
1903 ロシア、大規模なポグロム
1904 第2波アリヤー
1914 アメリカ・ユダヤ共同配給委員会設立（JDC）
1917 バルフォア宣言
1919 第3波アリヤー（-1923）
1920 イギリス、委任統治を開始／パレスチナ、パレスチナ・アラブ人の蜂起
1922 **6.** チャーチル白書
1924 第4波アリヤー（-1932）
1929 パレスチナ、嘆きの壁事件（ブラーク反乱）
1933 ドイツ、ユダヤ人に対する大規模なボイコット命令
1937 **7.** ピール報告
1938 ドイツ、ポグロム（水晶の夜）
1939 **2-3.** セント・ジェイムス会議／**5.** パレスチナ白書
1941 **6.** イラク、ファルフード（ユダヤ人虐殺事件）
1942 **5.** ビルトモア綱領／アウシュヴィッツ等でユダヤ人の虐殺（ホロコースト）が始まる
1943 ワルシャワ・ゲットー蜂起が始まる
1945 強制収容所が解放
1946 **12.** 第22回シオニスト会議、ビルトモア綱領承認
1947 **11.** 国連でパレスチナ分割決議案が決議
1948 **5.** イスラエル独立宣言／第1次中東戦争（イスラエル独立戦争）（-1949）
1949 **3.** ベン＝グリオン内閣成立／「鷲の翼」作戦（「魔法の絨毯」作戦）
1950 帰還法制定

1956 **10.** 第 2 次中東戦争（スエズ戦争）／ファタハ設立
1961 **4.** アイヒマン裁判
1964 **5.** PLO（パレスチナ解放機構）設立
1967 **6.** 第 3 次中東戦争（六日間戦争）
1969 **2.** ヤースィル・アラファート、PLO 議長に就任
1972 **9.** ドイツ、ミュンヘン・オリンピック村事件
1973 **10.** 第 4 次中東戦争
1975 **4.** レバノン内戦（-1990）
1978 **9.** キャンプ・デーヴィッド合意成立
1979 **3.** エジプト・イスラエル平和条約
1982 **4.** シナイ半島、イスラエルからエジプトに返還／ **6.** イスラエル、レバノン侵攻／ **9.** PLO、ベイルートを退去
1987 **12.** 第 1 次民衆蜂起（インティファーダ）／ハマース結成
1988 **11.** パレスチナ国家独立宣言
1991 **1.** 湾岸戦争開始／ **10.** マドリード、中東和平会議
1993 **9.** オスロ合意（パレスチナ暫定自治に関する原則宣言）
1994 **10.** イスラエル・ヨルダン平和条約
1995 **11.** イスラエルのラビン首相暗殺
2000 **7.** キャンプ・デーヴィッド会談決裂／ **9.** 第 2 次民衆蜂起（インティファーダ）
2005 **1.** マフムード・アッバース、パレスチナ自治政府大統領に就任
2006 **1.** パレスチナ、ハマースが自治評議会選挙で勝利
2007 **6.** パレスチナ、ファタハとハマースの連立内閣崩壊
2008 **12.** イスラエル、ガザ空爆
2010 **5.** イスラエル、トルコのパレスチナ支援船を攻撃
2018 **5.** イスラエル建国 70 周年／在イスラエル・米大使館をテル・アヴィヴからエルサレムに移転

参考文献
・臼杵陽『「中東」の世界史』、作品社、2018 年
・レイモンド・P・シェインドリン『ユダヤ人の歴史』、入江規夫訳、河出文庫、2012 年
・歴史学研究会編『世界史年表』（第 3 版）、岩波書店、2017 年

[著者紹介]

臼杵 陽（うすき・あきら）

1956年生まれ。東京大学大学院総合文化研究科国際関係論博士課程単位取得退学。在ヨルダン日本大使館専門調査員、佐賀大学助教授、エルサレム・ヘブライ大学トルーマン平和研究所客員研究員、国立民族学博物館教授を経て、現在、日本女子大学文学部史学科教授。京都大学博士（地域研究）。専攻は中東地域研究。主な著書に、『見えざるユダヤ人——イスラエルの〈東洋〉』（平凡社選書）、『中東和平への道』（山川出版社）、『イスラムの近代を読みなおす』（毎日新聞社）、『原理主義』『世界化するパレスチナ／イスラエル紛争』『イスラエル』（以上、岩波書店）、『イスラームはなぜ敵とされたのか——憎悪の系譜学』『大川周明——イスラームと天皇のはざまで』『アラブ革命の衝撃——世界でいま何が起きているのか』（以上、青土社）、『世界史の中のパレスチナ問題』（講談社現代新書）、『「中東」の世界史——西洋の衝撃から紛争・テロの時代まで』（作品社）、『日本人にとってエルサレムとは何か——聖地巡礼の近現代史』（ミネルヴァ書房）などがある。

「ユダヤ」の世界史
——一神教の誕生から民族国家の建設まで

2020年1月15日　第1刷発行
2020年5月15日　第2刷発行

著者——臼杵 陽

発行者——和田 肇
発行所——株式会社作品社
〒102-0072 東京都千代田区飯田橋 2-7-4
tel 03-3262-9753　fax 03-3262-9757
振替口座 00160-3-27183
http://www.sakuhinsha.com
本文組版——有限会社閏月社
装幀——コバヤシタケシ
印刷・製本——シナノ印刷(株)

ISBN978-4-86182-757-0 C0020